U0566558

林蕴晖 / 著

刘少奇
与探索新中国之路

(1949—1956)

社会科学文献出版社
SOCIAL SCIENCES ACADEMIC PRESS (CHINA)

目　录

序

　　中国共产党领导的新民主主义革命，取得全国范围胜利以后，如何在中国建设社会主义，这是马克思主义书本没有也不可能回答的问题。这是因为马克思主义产生于西方资本主义国度，而旧中国则是资本主义没有得到正常发展的半殖民地半封建国家，农民小生产占着绝对优势。因此，在这里搞社会主义，遇到了一个在马克思主义书本中原本不存在的问题——怎样正确对待中国资本主义？从 1949 年迄今七十年的历史，由建设新民主主义到建设中国特色社会主义，毛泽东、刘少奇、邓小平先后作出了各自不同的贡献。

（一）

　　早在《新民主主义论》和《论联合政府》中，毛泽东就明确阐明，新民主主义革命的结果，既不是建立一个类似英美的资产阶级共和国，也不是建立一个类似苏联的社会主义共和国，而是建立中国式的新民主主义共和国。1949 年 3 月，毛泽东在中共七届二中全会的报告中更具体说明，新民主主义的政权，是以工人阶级为领导，以工农联盟为基础，由工人阶级、农民阶级、小资产阶级、民族资产阶级参加的人民民主专政；新民主主义的经济，由社会主义性质的国营经济、半社会主义性质的合作社经济、农民和手工业者的个体经济、私人资本主义经济、国家资本主义经济五种经济成分构成，而以国营经济为领导。公私兼顾、劳资两利、城乡互助、内外交流是国家经济建设的根本方针。

对新民主主义中国，为什么要允许资本主义的存在和发展，毛泽东有过很多论述，其中为大家熟知的有：

《论联合政府》中说，"有些人不了解共产党人为什么不但不怕资本主义，反而在一定的条件下提倡它的发展。我们的回答是这样简单：拿资本主义的某种发展去代替外国帝国主义和本国封建主义的压迫，不但是一个进步，而且是一个不可避免的过程。它不但有利于资产阶级，同时也有利于无产阶级"，后来编《毛泽东选集》的时候，在这里又加了一个短语，"或者说更有利于无产阶级"。接着说："现在的中国是多了一个外国的帝国主义和一个本国的封建主义，而不是多了一个本国的资本主义，相反地，我们的资本主义是太少了。"毛泽东强调说：我们共产党人是根据自己对于马克思主义的社会发展规律的认识，来明确地认识这一点的。①

中共七大的口头报告中还说："这个报告（指《论联合政府》——引者注）与《新民主主义论》不同的，是确定了需要资本主义的广大发展……资本主义的广大发展在新民主主义政权下是无害有益的。"②

毛泽东在中共七大的结论中还作过如下分析，他说："世界上的资本主义有两部分，一部分是反动的法西斯资本主义，一部分是民主的资本主义。反动的法西斯资本主义主要的已经打垮了。民主的资

---

① 《毛泽东选集》第3卷，人民出版社，1991，第1060页。
② 《毛泽东文集》第3卷，人民出版社，1996，第275页。

本主义比法西斯资本主义进步些，但它仍然是压迫殖民地，压迫本国人民，仍然是帝国主义……我们提倡的是新民主主义的资本主义，这种资本主义有它的生命力，还有革命性。从整个世界来说，资本主义是向下的，但一部分资本主义在反法西斯时还有用，另一部分资本主义——新民主主义的资本主义将来还有用，在中国及欧洲、南美的一些农业国家中还有用，它的性质是帮助社会主义的，它是革命的、有用的，有利于社会主义的发展的。"①

确定在新民主主义政权下，需要资本主义有一个广大发展。这可以说是毛泽东经过新民主主义社会再过渡到社会主义社会，这个新民主主义社会理论的精华，是毛泽东把马克思主义中国化的最高成果。

新民主主义社会理论的具体行动纲领，是 1949 年 3 月中共七届二中全会通过的决议，和同年 9 月由中国人民政治协商会议第一届全体会议通过的《共同纲领》。但是，纲领要转化为现实，既需要有一系列可供操作的具体政策，更需要使人们（各级领导干部和广大的共产党员）从理论上透彻地明白其中的道理。

（二）

1947 年 9 月，中共中央召开的全国土地会议提出了在全党、全军进行土地改革教育，并结合进行整党整军的政治任务。此后，解放区各级党组织普遍开展了"三查三整"（查阶级、查思想、查作风；整顿组织、整顿思想、整顿作风）运动，要求共产党员，尤其是出身于剥削阶级家庭的党员，从思想上认清地主阶级剥削的罪恶，激发对地主阶级的阶级仇恨；行动上划清同地主、富农阶级家庭的界限，站稳无产阶级立场。中共七届二中全会虽然对新民主主义的政治、经济、文化等各项政策都有规定，但由于战争的急速发展，还来不及在

———————————

① 《毛泽东文集》第 3 卷，第 384 ~ 385 页。

各级党组织中对党员进行深入教育。再者，如毛泽东指出的，关于党要广泛地发展资本主义这个问题，"在我们党内有些人相当长的时间里搞不清楚，存在一种民粹派的思想。这种思想，在农民出身的党员占多数的党内是会长期存在的。所谓民粹主义，就是要直接由封建经济发展到社会主义经济，中间不经过发展资本主义的阶段。"① 由于这种种原因，随着天津、北平的解放，进入大城市的党员干部以至高级干部，本能地对城市资产阶级抱有高度的阶级警惕，并在宣传、工会、贸易等各项工作中表现出对资产阶级的"左"的偏向，从而引起资本家的忧虑和不安。

与此相关联的是农村富农问题。由老解放区土改中没收富农的多余土地，到新区土改实行保护富农经济的政策，是毛泽东首先提出来的。但毛泽东的原意是"暂时不动富农"，较多地从有利于孤立地主阶级、稳定城市资产阶级的策略考虑。因此，土改结束不久，是否应当允许富农经济存在和发展的问题就尖锐地提了出来。

这两个问题归结到一点，就是如何看待存在于当时中国的资本主义剥削。正是在这个问题上刘少奇作出了自己的独特贡献。

是否允许资本主义的存在和发展，就必须要分清资本主义剥削与封建剥削的不同：从功利的角度来区分，就是在现实的中国社会，资本主义剥削的存在，是有功还是有罪？在党内，正面回答这个问题的只有刘少奇一人。

首次接触这个尖锐问题，是1949年4月刘少奇到天津视察，在天津同资本家的谈话。针对天津资本家内心对"剥削"一词的恐惧，担心共产党像对待地主阶级那样对待民族资产阶级，即剥削越多，罪恶越大，要审判，要枪毙。刘少奇就共产党人对待资本主义剥削与封建剥削的不同看法，向他们作了耐心的说明，指出："资本主义在一定的历史条件下是进步的，有功绩的。你想多开几个厂子，不但不是

---

① 《毛泽东文集》第3卷，第323页。

罪恶，而且还有功劳。""至于说到剥削，剥削是一个事实，有这个事实只好承认。但是认为'剥削多，罪恶大，要审判，要枪毙'，因而苦闷，这种想法是错误的。今天资本主义剥削是有进步性的。今天不是工厂开的太多，剥削工人大多，而是太少了。你们有本事多开厂，多剥削，对国家对人民有利，大家赞成。当前，你们与工人有很多共同利益。资产阶级在历史上是有功劳的，马克思在《共产党宣言》里就说过：'一百年中资本主义将生产力空前提高，比有史以来几千年生产的总和还多。'资本家剥削是有其历史功绩的，没有一个共产党员会抹杀资本家的功劳。""今天中国资本主义是在年轻时代，正是发挥它的历史作用、积极作用和建立功劳的时候，应赶紧努力，不要错过。今天资本主义剥削是合法的。"① 这就是后来被称为的"剥削有功"说。

再次谈这个问题，就是 1950 年 1 月 23 日同安子文等人谈东北局提出的富农党员的问题了。刘少奇认为，土改以后，农民具有单干的能力是好事。他说："东北土改后农村经济开始向上发展了。有三匹马一副犁一挂大车的农民，不是富农，而是中农。在东北，现在这种农户大概不会超过农民的百分之十。其中真正富农所占的比例，必然更少。这种有三马一犁一车的较为富裕的农户，在数年之后，可能应该发展到百分之八十，其中有百分之十的富农。其余百分之二十的农户，是没有车马的贫农。现在东北，应该使这种中农得到大量的发展。今天东北的变工互助是建筑在破产、贫苦的个体经济基础上的，这是一个不好的基础。""农民成为中农的更多了，他能够单干了，这也是应有的现象。"针对干部中以反对封建剥削的思维方式看待富农剥削，刘少奇直截了当地说："什么叫做剥削？现在还必须有剥削（指资本主义剥削——引者注），还要欢迎剥削，工人在要求资本家

① 参见黄小同、李文芳《刘少奇与天津讲话》，河南大学出版社，1998，第 148、151~152 页。

剥削，不剥削就不能生活。今年关里大批难民到东北去，关外的富农能剥削他，他就会谢天谢地。过去每年的一百多万劳动力到东北去若富农不剥削便不能生活。"因此，他提出："富农雇人多，买了马，不要限制他，现在要让他发展，没有坏处，这不是自流。将来我们对富农有办法，让他们发展到一定程度，将来再予以限制，三五年之后再予以限制，用国家颁布劳动法，把雇农组织起来，提高雇农待遇，征土地税，多累进一些，多加公粮等办法，予以限制。"对党员成了富农怎么办，他明确回答："党员成为富农其党籍怎么办？这个问题提得过早了。""即使东北将来有一万个富农党员也不可怕，因为过几年，东北可能会有一百万党员，这一万人若都不好，被开除也不要紧。""因此现在的农民党员，是可以单干的。我们的党规党法上允许党员单干而且也允许雇人，认为党员便不能有剥削，是一种教条主义的思想。但能单干与应该单干是两回事，我们允许党员单干，并不是我们鼓励他们去单干。"①

这就是在新民主主义的中国，要允许资本主义剥削，不要害怕资本主义剥削，资本主义剥削的存在、发展对中国社会的发展有功劳，而不是有罪过。整个理论的立论，就是资本主义在新民主主义中国的发展有利于社会生产力的发展。

正是从这个基本点出发，1950 年 6 月 14 日，刘少奇在《关于土地改革问题的报告》中说："我们所采取的保存富农经济的政策，当然不是一种暂时的政策，而是一种长期的政策。这就是说，在整个新民主主义的阶段中，都是要保存富农经济的。"② 这就显然不是把保存富农经济当作一种暂时的策略，而是作为先建设新民主主义，将来再向社会主义转变总体战略不可或缺的内容了。

但是，事隔不久，1950 年下半年，山西长治地区就开始提出如

---

① 《刘少奇论新中国经济建设》，中央文献出版社，1993，第 152～155 页。
② 《刘少奇论新中国经济建设》，第 165～166 页。

何防止农民自发走富农道路，以及防止互助组涣散解体的问题。[1]
1951 年 4 月，中共山西省委正式提出把互助组提高到合作社，以动
摇、削弱、否定农民私有的意见。这就不是允许不允许资本主义发
展，而是从现在开始就要削弱以至消灭资本主义了。对此，刘少奇从
怎样有利于发展社会生产力的高度指出："山西想对农民私有制又动
摇又保护是不对的，太岁头上不能动土，你去动摇一下，削弱一下，
结果猪、羊被杀掉，所以现在我们不能动摇，不能削弱，要去稳
定。"又说："目前在华北、山西各地的偏向还是害怕自发势力发展。
人家刚露出头，你就害怕，不对，这是机会主义思想。应该让它发
展，不能害怕，不能避免，发展了有好处。""把互助组提高到集体
农庄，来战胜自发趋势是危险的。"[2] 正是从这个意义上，刘少奇断
言：山西省委提出的"应该逐步地动摇削弱直至否定私有基础，把
农业生产互助组织提高到农业生产合作社，以此作为新因素，去
'战胜农民的自发因素'。这是一种错误的、危险的、空想的农业社
会主义思想"。[3]

把资本主义剥削与封建剥削严格区别开来，充分估计在人民民
主政权的条件下，资本主义发展对新民主主义建设的积极作用；把
农村两极分化的出现、资本主义的发展，看成新民主主义社会不可
避免的必然现象，对社会生产力的发展是有利的。共产党和人民政
府对于这种阶级分化和社会分配不公，可以采取经济的和行政的手
段去进行调节。如果企图人为地去阻止和压制资本主义的发展，将
造成社会生产力的破坏。这就是刘少奇所阐述的关于正确对待资本
主义剥削的基本思想。无疑，这是对毛泽东在《论联合政府》中提

[1] 参见中共山西省委考察组《关于武乡县农村考察报告》，《人民日报》1950 年 10
月 9 日；中共山西长治地委《关于组织起来的情况与问题的报告》，《人民日报》
1950 年 11 月 14 日。

[2] 《刘少奇论新中国经济建设》，第 211、221、222 页。

[3] 《刘少奇论新中国经济建设》，第 192 页。

出的要使资本主义有广大发展的思想，在新民主主义社会实践中的发展。

（三）

刘少奇的上述思想和主张，当年在党内高层未能取得共识。1951年冬，随着第一个农业生产互助合作决议的制定和执行，动摇、削弱、否定私有基础开始付诸实践；1953年过渡时期总路线提出后，对生产资料私有制的改造随之全面展开；1955年更急于使资本主义绝种，小生产也绝种了。这样做的消极后果当时就已暴露出来，最明显的就是商品短缺，品种减少，质量下降，供、产、销三者脱节。因此，1956年中共八大作出了"三个主体，三个补充"的重大决策，即要在公有制、国家计划、统一市场为主体的前提下，允许个体的私有经济、允许根据市场需要进行计划外的生产、在国家允许范围内的自由贸易作为前者的补充；当年12月，毛泽东更有"消灭资本主义，又搞资本主义"的设想。但在理论上把苏联斯大林的社会主义模式当成社会主义的经典，于是在实践中一碰到资本主义，又重走回头路。这就是1958年消灭资本主义残余和"文化大革命"割资本主义尾巴、限制资产阶级法权。结果造成的是一场共同贫穷。

以1978年中共十一届三中全会为起点，邓小平明确提出，为改变我国的落后面貌，实现四个现代化的目标，必须对生产关系和上层建筑进行改革。他强调，要解放思想，实事求是，开动脑筋，勇于探索，否则我们就无法摆脱贫穷落后的状况，就无法赶上更谈不到超过国际先进水平。1982年9月1日，邓小平在中共十二大开幕词中指出："无论是革命还是建设，都要注意学习和借鉴外国经验。但是，照抄照搬别国经验、别国模式，从来不能得到成功。这方面我们有过不少教训。把马克思主义的普遍真理同我国的具体实际结合起来，走自己的道路，建设有中国特色的社会主义，这就是我们总结长期历史经验得出的基本结论。"①

对生产关系的改革，不可避免会引发姓"资"姓"社"的争论。改革开放的过程，正是对资本主义再认识的过程。

这首先在1978年冬农村出现的包产到户问题上尖锐地提了出来。随后又因允许个体经营，引发了雇工问题的争议。经过9年时间的摸索，中共十三大对中国所处的历史阶段作出了明确的回答，即"我国正处在社会主义的初级阶段"。指出："社会主义社会的根本任务是发展生产力。在初级阶段，为了摆脱贫穷和落后，尤其要把发展生产力作为全部工作的中心。是否有利于发展生产力，应当成为我们考虑一切问题的出发点和检验一切工作的根本标准。"② 进而明确，社会主义初级阶段的所有制结构，应以公有制为主体，同时鼓励城乡合作经济、个体经济和私营经济的发展。私营经济是存在雇佣劳动关系的经济成分，是公有制经济必要的和有益的补充。与之相应的是明确了实行以按劳分配为主体的多种分配方式，即除按劳分配和个体劳动所得以外，允许私营企业雇佣劳动带来的非劳动收入。然而，在改革开放此后的实践中，这并没有解决人们对资本主义的忧虑，姓"社"姓"资"的争论从未中断。因此，1992年春，邓小平在南方谈话中，不得不再次强调指出：在一定范围内允许资本主义经济的发展，"归根到底是有利于社会主义的"。③ 1997年，中共十五大进一步肯定："公有制为主体、多种所有制经济共同发展，是我国社会主义初级阶段的一项基本经济制度。非公有制经济是我国社会主义市场经济的重要组成部分。"1999年全国人大九届二次会议通过了中共中央关于宪法修正案的建议，使非公有制经济的法律地位由原来作为公有制经济

---

① 中共中央文献研究室编《十二大以来重要文献选编》（上），人民出版社，1986，第3页。

② 《沿着有中国特色的社会主义道路前进——赵紫阳在中国共产党第十三次全国代表大会上的报告》（1987年10月23日），中共中央文献研究室编《十三大以来重要文献选编》（上），人民出版社，1991，第9~16页。

③ 《邓小平文选》第3卷，第372~373页。

的"补充"，成为社会主义市场经济的"重要组成部分"。

1999年8月30日修订通过的《中华人民共和国个人独资企业法》，打破了长期延续的将雇工7人以下的个人经营组织划定为个体工商户，将雇工8人以上的私人经济组织划定为私营企业这种不科学不合理的做法，明确规定："有必要的从业人员以及有人出资、有合法的企业名称、有固定的生产经营场所等，就可以申请注册为个人独资企业。"这就实现了对私营经济科学管理、依法保障、鼓励发展的新跨越。这是中国共产党人在对私人企业的认识和政策上又前进了一步。

可见，以邓小平命名的有中国特色社会主义理论的形成过程表明，重新认识和正确对待私人资本主义，是邓小平理论中的一项重要内容。

从1949年毛泽东等中共中央领导人认为新民主主义建设大体需要10～15年、20年，最多为30年的估计，到1992年邓小平强调社会主义初级阶段的基本路线要管100年；由当年认为在新民主主义社会，随着社会主义经济比重的不断增长，资本主义经济的比重将不断缩小，以至可以很快使资本主义绝种，到中共十五大认为，在社会主义初级阶段，"对个体、私营等非公有制经济要继续鼓励、引导，使之健康发展"，到九届全国人大二次会议修正后的宪法，确定非公有制经济是社会主义市场经济重要组成部分的法律地位，显然，是在认识上的一个历史性转变。但在经济文化相对落后的中国，在已经建立的由共产党领导的人民民主政权的条件下，如何认识和对待资本主义剥削这个问题上，80年代以后的邓小平与50年代的刘少奇的基本思想又是一脉相承、相互贯通的。

当我们把刘少奇关于如何看待资本主义剥削的理论观点放到马克思主义中国化的高度去考察，不难看出它既是对毛泽东新民主主义理论重要内容的深化，又是邓小平理论重要内容的认识基础。这就是站在毛泽东和邓小平之间的刘少奇，在探索新中国之路，把马克思主义中国化方面的独特贡献。

中共七届二中全会的战略部署

1949 年 9 月 29 日，经第一届中国人民政治协商会议全体会议通过的具有临时宪法性质的《共同纲领》，就新民主主义经济构成的具体内容来说，最早酝酿于 1948 年 9 月的中共中央政治局会议，而此前由张闻天为中共中央东北局起草的《关于东北经济构成及经济建设基本方针的提纲》，可称得上是最初的蓝本。中共七届二中全会决议，最后敲定了新中国建设的途径和目标。

1948 年"九月会议"的初步规划

中国革命要分两步走，第一步搞新民主主义革命，第二步再搞社会主义革命。新民主主义革命的胜利，将要建立的新民主主义共和国，是在无产阶级领导下反帝反封建人们的联合政权，它既区别于资产阶级专政的资本主义共和国，也区别于无产阶级专政的社会主义共和国。新民主主义共和国的经济，是在国营经济领导下，允许私有经济的存在和发展。毛泽东这个新民主主义理论，是毛泽东思想的核心。

当革命进程发展到战略决战的 1948 年秋季，在为夺取革命在全国范围胜利的同时，将要建立的新民主主义共和国的具体规划也就提上了日程。1948 年 9 月 8～13 日，中共中央在河北省平山县西柏坡村召开了政治局扩大会议，又称中共中央政治局"九月会议"。会议的任务是总结检查过去时期党的工作，规定今后时期党的任务和奋斗目标。

毛泽东在会上作了重要报告，就国际形势、战略任务、政权性质、财政统一以及发展党内民主和加强纪律等八个问题作了深刻论述。

在谈到未来政权性质时，毛泽东指出："要建立无产阶级领导的以工农联盟为基础的人民民主专政。我们政权的阶级性，是无产阶级领导的，以工农联盟为基础，还有资产阶级民主分子参加。我们采用民主集中制的人民代表会议制度，而不采用资产阶级议会制。要建立民主集中制的各级人民代表会议制度。"

在谈到社会经济时，毛泽东指出："关于我们的社会经济，有人说是'新资本主义'，这个名词不妥，因为它没有说明在我们社会起决定作用的是国营经济、公营经济，我们国家是无产阶级领导的，因而这些经济都是社会主义性质的。农村个体经济加城市私人经济在量上是大的，但不起决定作用。我们国营经济、公营经济，在量上较小，但它是起决定作用的。名字还是叫新民主主义经济好。我们反对农业社会主义，所指的是脱离工业的，只要农业来搞什么社会主义，这是破坏生产，阻碍生产发展的，是反动的。但将来在社会主义体系中，农业也要社会化。"①

刘少奇在会上的发言着重阐述了新民主主义经济建设问题。他指出："经济建设问题是个新问题，要弄清楚，这次会上已经提出来讨论了，要有系统地搞出点东西来，不然可能犯'左'倾或右倾错误。总方针在《新民主主义论》、《论联合政府》中已经讲过了，具体系统地讨论是在这次会上开始的，要在这个问题上不犯重大错误，就要

---

① 逢先知主编《毛泽东年谱（1893～1949）》（下），人民出版社、中央文献出版社，1993，第 343～344 页。

系统地搞出点东西来。这与革命胜利也密切相关。"

关于新民主主义的经济构成，刘少奇提出大体有四种成分，即国家经济、国家资本主义经济、合作社经济、私营经济。他说："整个国民经济，包含着自然经济、小生产经济、资本主义经济、半社会主义经济、国家资本主义经济以及国营的社会主义经济。国民经济的总体就叫做新民主主义经济。新民主主义经济包含着上述各种成份，并以国营的社会主义经济为其领导成份。"

刘少奇进而分析了新民主主义经济中的矛盾，他指出："基本矛盾就是资本主义（资本家和富农）与社会主义的矛盾。……斗争的方式是经济竞争……这种斗争的性质，是带社会主义性质的，虽然我们还不是实行社会主义的政策……是'谁战胜谁'的问题。我们竞争赢了，革命就可以和平转变……因此，固然不能过早地采取社会主义政策，但也不要对无产阶级劳动人民与资产阶级的矛盾估计不足，而要清醒地看见这种矛盾。（毛泽东：斗争有两种形式，竞争和没收，竞争现在就要，没收现在还不要。）"

他还指出："在这个斗争中，决定的东西是小生产者的向背，所以对小生产者必须采取最谨慎的政策。……小生产者是动摇的，可以跟着资产阶级走，也可以跟着无产阶级走，我们的任务就在于采取谨慎的政策，巩固地团结他们，领导他们……主要的形式就是合作社。合作社是团结小生产者最有力的工具，合作社办得好不好，就是决定的关键。合作社搞好了，就巩固了对小生产者的领导权。""单是给小生产者以土地，只是建立了领导权，还须进一步使他们成为小康之家，否则，领导权仍不能巩固。……（毛泽东：单讲与资本主义竞争，还不能解决问题，还有一个利用它以发展生产的问题。）有益于国民经济的私人资本主义经济也要发展。……（毛泽东：中国由于经济落后，资本主义是分散的，只有国营经济，银行、铁路、矿山等等，才是集中的。中国资产阶级有地方性，这是很可以利用以发展生产的。）……最后还要严格地说一句，过早地采取社会主义政策是要不得的。（毛泽东：到底何时开始全线进攻？也许全国胜利后还要十五年。）"①

9月13日，毛泽东在会议的结论讲话中对新民主主义和社会主义的问题作了说明："新民主主义与社会主义问题，少奇同志的提纲分析得具体，很好，两个阶段的过渡也讲得很好，各位同志回到中央局后，对这一点可以作宣传。新民主主义社会中有社会主义的因素，在政治、经济、文化各方面都是这样，并且是领导的因素，而总的说来是新民主主义的。""现在点明一句话，资产阶级民主革命完成之后，中国内部的主要矛盾就是无产阶级与资产阶级的之间矛盾，外部就是同帝国主义的矛盾。其次，内部还有民族矛盾。""关于完成新民主主义到社会主义的过渡的准备，苏联是会帮助我们的，首先帮助我们发展经济。我国在经济上完成民族独立，还要一二十年时间。我们要努力发展经济，由发展新民主主义经济过渡到社会主义。这些观点是可以宣传的。至于对经济成分的分析还要考虑，先由少奇同志考虑，并草拟文件，以便在召开二中全会时用。"②

刘少奇修改东北局草拟的提纲

就在此同时，张闻天为中共中央东北局起草了《关于东北经济构成及经济建设基本方针的提纲》，经东北局通过后，于1948年9月30日报送中共中央审查。提纲指出："东北经济基本上是由以下六种经济成份所构成，这就是国营经济、合作社经济、国家资本主义经济、私人资本主义经济、小商品经济、秋林式的社会主义经济（这里苏联国家企业都用'秋林公司'名称）。正确认识这六种经济的性质、地位和发展趋向及其相互关系，是正确决定东北经济政策的出发

---

① 《刘少奇论新中国经济建设》，第1～8页。
② 《毛泽东文集》第5卷，人民出版社，1996，第145～146页。

点与基础。"提纲认为：国营经济是新民主主义经济的支柱，要把它放在国民经济建设的第一位；合作社经济是国营经济的最可靠的有力的助手；国家资本主义经济应该成为私人资本主义发展的最有利的方向；对于私人资本主义经济的方针，就是把必需要发展的私人资本，引导到有利于国计民生的方向；对于小商品生产者（主要是农民），一方面要用一切方法巩固他们的私有权，鼓励他们的生产热忱，使他们努力生产发财致富，同时又要根据自愿两利的原则，把他们组织在各种合作社里。提纲阐述了经济建设的基本方针，即"以国营经济为主体，紧紧依靠群众的合作社经济，改造小商品经济，利用私人资本主义经济，尤其是国家资本主义经济，防止与反对商品的资本主义经济所固有的投机性与破坏性"。[①]

东北局的这个提纲送到中央以后，刘少奇对提纲作过多次修改，补充和发挥了张闻天在提纲中的思想。首先确定国民经济的构成是五种经济成分，即国营经济、合作社经济、国家资本主义经济、私人资本主义经济、小商品经济。他加写了如下主要内容。

关于新民主主义社会的基本矛盾，刘少奇指出："无产阶级领导的新民主主义国家所经营的社会主义性质的经济，和私人资本主义的经济是一般地处于对立地位的，私人资本主义要和它发生经济竞争，是不可避免的。资产阶级在现在就已经开始在将来还要用一切方法与国营经济实行竞争，盗窃国库（国家的每个工厂和企业都是国库），并将努力地使国营经济服从资产阶级一个阶级的利益，而无产阶级与全体劳动人民，则将努力地使国营经济服务于全体人民和国家的根本利益。这个矛盾，即无产阶级与资产阶级的矛盾，是在彻底消灭帝国主义、封建主义与官僚资本主义的压迫以后，新民主主义社会中的基本矛盾。在这个矛盾上的斗争，特别是在这个矛盾上的长期的经济竞争，

---

① 中央党史研究室张闻天选集传记组编《张闻天文集》第 4 卷，中共党史出版社，1995，第 17～28 页。

将要决定新民主主义社会将来的发展前途：到底还是过渡到社会主义社会，抑或过渡到普通的资本主义社会。这种过渡性，就是新民主主义社会也是新民主主义经济的特点。"

关于新民主主义经济的计划性，刘少奇写道："新民主主义经济之不同于普通的资本主义经济，还在于新民主主义的国民经济应该是在某种程度上具有组织性与计划性的经济。由于国家的一切经济命脉——如大工业、大运输业、大商业及银行、信贷机关与对外贸易等，均已操在国家手中，由国家对整个国民经济的生产和分配实行有力的领导，即实行某种程度的国民经济的组织性和计划性，是完全可能的和必要的。但实行这种国民经济的组织性与计划性，必须严格地限制在可能的与必要的限度以内，并且必须是逐步地去加以实现，而决不能超出这个限度，决不能实行全部的或过高程度与过大范围内的计划经济。而掌握在国家手中的大规模的国营经济则必须首先适当地实行这种组织性与计划性。"

关于通过供销合作社把小生产者与国营经济结合起来，刘少奇认为："如果没有广大的供销合作社为桥梁和纽带，把小生产者与国营经济结合起来，无产阶级领导的国家，就无法在经济上，对于千千万万散漫的小生产者实行有力的领导，就不能顺利地进行新民主主义的国民经济的建设，私人资本主义经济就会去领导千千万万的小生产者，而使无产阶级领导的国家经济无法施行对于国民经济的领导。"

刘少奇着重指出："必须了解：无产阶级在领导农民起来消灭封建制度的时候，用一种直接的革命方法即行政手段就可以达到目的，但要在经济上去领导农民、小生产者，要使千千万万的农民、小生产者依照无产阶级的计划去进行生产，并在将来要使他们走向社会主义的前途，采用这种行政手段，将是完全不中用的，而且是很危险的。无产阶级必须采用农民、小生产者所能接受的经济上的办法，才能在经济上组织与领导农民、小生产者。这种经济上的办法，就是合作社，就是供销合作社，生产合作社以及将来的集体农场等。而在目前农村中的供销合作社，则是在经济上指挥农民小生产者的司令部，是组织农村生产与消费的中心环节，是在土地改革后在经济上组织农民与小手工业者最主要的组织形式，否则我们就不能在经济上去组织领导和指挥千千万万的农民小生产者。因为农民小商品生产者是依赖市场的，他们在过去不能不依赖残酷剥削他们的商人，而今天他们就可以也有权利指望依赖无产阶级领导的不剥削他们的供销合作社，去进行他们的小商品生产，如果无产阶级能够在这方面给予他们满意的帮助和领导，他们自然会跟无产阶级一道前进，否则只有去依赖商人，并跟着资产阶级前进。因此，我们必须抓住这一中心环节，依靠供销合作社并作为我们目前的主要手段，去推进农民小生产者的生产事业，并在经济上实现对他们的领导。"

刘少奇在强调了新民主主义社会的基本矛盾是无产阶级同资产阶级的矛盾和斗争之后，又突出强调了要防止"左"的偏向。他写道："在我们批判与反对小资产阶级的或资产阶级的路线时，又必须坚决地严密地防止任何急性的'左'倾冒险主义的倾向，即是过早地和过多地在国民经济中采取社会主义的步骤，超出实际的可能性和必要性去机械地实行计划经济，因而使我们失去农民小生产者拥护。这是一种极危险的'左'的偏向，我们必需严格地加以防止。"①

毛泽东看了刘少奇修改后的稿子，认为修改得很好。他在 10 月 26 日写信给刘少奇，认为"此件修改得很好"，并指出：

> "决不可采取过早地限制私人资本经济的办法"，改为"决不可以过早地采取限制现时还有益于国计民生的私人资本经济的办法"。因为就我们的整个经济政策说来，是限制私人资本的，只是有益于国计民生的私人资本，才不在限制之列。而"有益于国计民生"，这就是一条极大的限制，即引导私人资本纳入

---

① 《刘少奇论新中国经济建设》，第 29～43 页。

"国计民生"的轨道之上。要达到这一点，必须经常和企图脱出这条轨道的私人资本作斗争。而这些私人资本虽然已经纳入这条轨道，他们总是想脱出去的，所以限制的斗争将是经常不断的。[①]

毛泽东提议"将这个提纲注明为中央批准的，作为党内文件印发，不登报纸"。[②]

为征求其他中央有关同志的意见，10月31日，这一文件先印发中共中央和华北局各领导人。刘少奇专门附去了一封短信，说明：

> 这个文件是东北局发来请中央审查的。已作了一些修改。中央准备把这个文件发给全国各地，印成小册子在党内及工人群众中进行教育，并作为各地经济建设的指导方针。但为了免于过早地警觉资产阶级，故一律不在报纸上公开发表。此件还须征求东北局意见后才能向全国发出，特印发各同志，请各同志提出意见，以便再加修改。各同志意见请于11月15日以前送交我。是为至盼！[③]

11月6日，中央将修改稿发回东北局征求意见。11月25日，东北局复电同意中央的修改稿。

中共七届二中全会决议

经刘少奇修改后的《关于东北经济构成及经济建设基本方针的提纲》，因种种原因，并未下发。但它为中共七届二中全会的决议奠定了

---

① 逄先知主编《毛泽东年谱（1893～1949）》下卷，第371页。
② 金冲及主编《刘少奇传（1898～1969）》（下），中央文献出版社，1998，第614页。
③ 金冲及主编《刘少奇传（1898～1969）》（下），第614页。

基础，为而后制定的《共同纲领》中的经济政策确定了基本框架。

1949 年 3 月 9 日到 13 日，中共七届二中在河北省平山县西柏坡举行，全会根据毛泽东在会上的报告通过决议。决议明确规定：

> 新民主主义的经济形态——国营经济是社会主义性质的，合作社经济是半社会主义性质的，加上私人资本主义经济，加上个体经济，加上国家和私人合作的国家资本主义经济，这就是人民共和国的几种主要的经济形态。

决议指出：

> 由于中国经济现在还处于落后状态，在革命胜利以后一个相当长的时期内，还需要尽可能地利用城乡私人资本主义经济的积极性，以利于国民经济的向前发展。一切不是于国民经济有害而是于国民经济有利的城乡资本主义成份，都应允许其存在及发展。同时在活动范围、税收政策、市场价格、劳动条件几个方面，根据各地、各业及各个时期的具体情况，采取恰如其分的有伸缩性的限制政策。如果认为我们现在不要限制资本主义，这就是右倾机会主义的观点；但是反过来，如果认为应当对私人资本限制得太大太死，或者认为可以很快地消灭私人资本，很快地进入无产阶级专政的社会主义社会，这也是完全错误的，这就是"左"倾机会主义或冒险主义的观点。占国民经济总量百分之九十的分散的个体的农业经济和手工业经济，是可能和必须谨慎地、逐步地而又积极地引导它们向着现代化和集体化的方向发展的，任其自流的观点是错误的。单有国营经济而没有合作社经济，我们就不可能领导劳动人民的个体经济逐步地走向集体化，就不可能由新主义国家发展到将来的社会主义国家，就不可能巩固无产阶级在国家政权中的领导权。谁要是忽视或轻视这一

点，谁也就要犯绝大的错误。

决议强调指出：

> 无产阶级领导的以工农联盟为基础的人民民主专政，要求我们党去认真地团结全体工人阶级、全体农民阶级和广大的革命知识分子，这些是这个专政的领导力量和基础力量，没有这种团结，这个专政就不能巩固。同时也要求我们党去团结尽可能多的能够和我们合作的小资产阶级和自由资产阶级的代表人物，它们的知识分子和政治派别，在革命胜利以后迅速地恢复和发展生产，对付国外的帝国主义，使中国稳步地由农业国转变为工业国，由新民主主义国家转变为社会主义国家。①

由上可见，中共七届二中全会规划的新中国建设的途径和目标是迅速地恢复和发展生产，使中国稳步地由农业国转变为工业国，由新民主主义国家转变为社会主义国家。也就是说，先经过新民主主义建设，实现由农业国到工业国的转变，为向社会主义转变奠定物质基础，再进而实现由新民主主义国家向社会主义国家的转变，即两个转变的发展战略。

---

① 中国人民解放军国防大学党史党建政工教研室编《中共党史教学参考资料》第 19 册，编者印行，1986，第 2～4 页。

为毛泽东访苏"打前站"

苏联是世界上第一个建成社会主义的国家，为了吸取苏联建设的经验，获得新中国建设工业化的必要援助，中共中央领导人访问苏联与斯大林会谈就提上了日程。但因种种原因，毛泽东未能如愿。1949 年 6 月，中共中央决定由刘少奇率团去苏联访问，斯大林六次会见刘少奇，双方就一系列重大问题交换了意见，从而为毛泽东出访作好准备。

毛泽东访苏因故一再推迟

毛泽东早就有访问苏联的打算。据有资料说，1947 年毛泽东就曾向斯大林提出过访问莫斯科的要求，以便当面向斯大林请教建国经验，并赴东欧考察新建的各人民民主国家的情况。斯大林于当年 6 月 15 日复电说："请转告毛泽东，联共（布）中央认为，他可以不需要任何邀请书前来莫斯科。如果毛泽东认为必要的话，那么，我们认为最好通过哈尔滨来办理。如果需要的话，我们可以派飞机前往。"[1]

---

[1] 《库兹涅佐夫致捷列宾电：毛泽东访苏事宜》（1947 年 6 月 15 日），沈志华主编《俄罗斯解密档案选编——中苏关系》第 1 卷，中国出版集团东方出版中心，2015，第195 页。捷列宾，奥尔洛夫的化名，联共（布）中央派往延安的医生和联络员；库兹涅佐夫，苏军情报部部长。

不久，因战事紧张，毛泽东不得不推迟对苏联的访问。7月1日，斯大林复电："由于当前军事战役情势，又因毛泽东不参加战役会对战役带来不利影响，我们认为毛泽东暂时推迟前往苏联是合乎情理的。"①

1948年3月，留在陕北指挥保卫陕甘宁边区的毛泽东和中共中央，随着战争的胜利发展，为了便于指挥全国各大战场，东渡黄河经山西进入河北，4月13日，到达河北省阜平县城南庄——晋察冀军区司令部所在地。到城南庄后，毛泽东再次提出去苏联同斯大林会谈的动议，经与周恩来、任弼时商议，决定周恩来、任弼时率党中央机关到西柏坡与刘少奇率领的中央工作委员会会合，毛泽东留在城南庄作访苏的准备。于是，以中共中央名义给斯大林去电报，说明毛泽东准备访苏的意图，征求斯大林的意见，是否同意毛泽东去莫斯科同他会见，商议两党、两国有关事宜。4月22日捷列宾向联共中央报告："4月22日傍晚，周恩来和任弼时请我到他们那里去，并告知：5月初毛泽东要到莫斯科去，出于保密，将不到朱德和刘少奇那里去……他们请求以我的名义向您询问这件事……周恩来和任弼时在近日要到刘少奇那里去。请您迅速做出指示，因为他们预计5月4～5日动身。"②

4月26日，毛泽东致电斯大林，说明中央委员会已经迁至河北省石家庄附近，并已经与刘少奇、朱德、董必武领导的中央工作委员会合并在一起。"我决定提前去苏联"。陪同前往的有中央政治局委员任弼时、陈云。"我为这次访问苏联组织了这样一支庞大的队伍，是因为我想就政治、军事、经济及其他重要问题，广泛听取联共（布）中央同志的建议和指导；另外，如果您同意的话，我们计划在

---

① 《库兹涅佐夫致捷列宾电：推迟毛泽东访苏》（1947年7月1日），沈志华主编《俄罗斯解密档案选编——中苏关系》第1卷，第197页。
② 《捷列宾的密码电报：关于毛泽东访苏事宜》（1948年4月22日），沈志华主编《俄罗斯解密档案选编——中苏关系》第1卷，第252～253页。

苏联实地考察有关军事、经济、政府及政党的问题。""此外，如有可能，我想到东欧和东南欧访问一下，以便研究一下他们的人民阵线工作及其他工作。"①

4月29日，斯大林复电毛泽东："您4月26日的来信已收到，同意您来苏联的计划。"②

然而，5月10日，斯大林又来电称："鉴于您行经的几个地区事态可能进一步发展，特别是，傅作仪的军队开始进攻蔚县，也就是您打算上我们这儿来访问必然经过的一些地区的那个方向。使我们感到不安的是，您的出访是否会影响事态的发展，而且您的旅程是否有安全保障。根据这一点，您是否应该把来访往后延缓一下。"③

这样，毛泽东的苏联之行就暂时搁置起来。

1949年1月14日，斯大林致电毛泽东，在谈有关调停国共和谈问题的同时，斯大林表示："我们依然坚持认为，您最好暂缓您的莫斯科之行，因为目前您留在中国是非常必要的。如您愿意，我们可以派一位政治局负责成员到你们那里去，在哈尔滨或其他什么地方就你们感兴趣的问题进行商谈。"④ 1月17日，毛泽东复电斯大林，明确表示："我决定暂时推迟苏联之行。""我们非常欢迎您派政治局委员到中国来。"⑤

1949年1月30日，米高扬来到西柏坡中共中央驻地，⑥ 同中共

① 《毛泽东致斯大林电：要求提前访苏及其安排》（1948年4月26日），沈志华主编《俄罗斯解密档案选编——中苏关系》第1卷，第253~254页。
② 《斯大林致毛泽东电：同意提前访苏及其安排》（1948年4月29日），沈志华主编《俄罗斯解密档案选编——中苏关系》第1卷，第254页。
③ 《斯大林致毛泽东电：推迟毛泽东访苏时间》（1948年5月10日），沈志华主编《俄罗斯解密档案选编——中苏关系》第1卷，第255页。
④ 《斯大林致毛泽东电：调停国共和谈问题》（1949年1月14日），沈志华主编《俄罗斯解密档案选编——中苏关系》第1卷，第354页。
⑤ 《毛泽东致斯大林电：欢迎苏共中央政治局委员来华》（1949年1月17日），沈志华主编《俄罗斯解密档案选编——中苏关系》第1卷，第359页。
⑥ 《米高扬致斯大林电：关于到达石家庄及与毛泽东的会面》（1949年1月30日），沈志华主编《俄罗斯解密档案选编——中苏关系》第1卷，第366页。

中央书记处的毛泽东、刘少奇、周恩来、朱德、任弼时五位书记作了三天会谈。但是，米高扬一来就表示，他只是带耳朵来的，没有权利发表意见。据师哲回忆：

> 米高扬介绍了自己的来意，他说：中国革命形势发展迅猛异常，在这关键的时候，毛泽东同志不能离开指挥岗位；再者，中国境内交通不便，还要通过敌人的封锁线，也要考虑到安全问题；到苏联往返的时间太长，怕影响毛泽东同志的身体健康。因而，斯大林不主张毛泽东到苏联去。斯大林十分关心中国革命形势的发展，派我代表他到中国来听取你们的意见。你们所讲的话我回国后向斯大林汇报。任何事都由斯大林决定。[1]

可见，要真正解决问题，还是必须直接同斯大林会谈。

1949 年 6 月刘少奇率团访苏

1949 年 3 月 25 日，中共中央由西柏坡迁到北平。建立新中国的各项具体事宜已提上日程。5 月中旬，中共中央决定派刘少奇率中共代表团于 6 月下旬访苏。临行前，毛泽东与刘少奇在中南海作了长谈，就将要同斯大林会谈的问题作最后的准备。此次访苏的主要任务是：（1）介绍中国革命的进程、性质、任务，它的发展和前景，中国革命的现阶段状况、特点、历史经验，尤其是武装斗争的重要意义和实践经验等；（2）中国革命与世界革命的关系和它对世界革命的影响，尤其是对殖民地、附属国的影响，它对世界革命应负的义务和

---

[1]　师哲回忆，李海文整理《在历史巨人身边——师哲回忆录》，中央文献出版社，1991，第 374 页。

希望得到的国际声援等；（3）最迫切、最关键是的问题是要取得苏联对中国革命的理解以及在各方面的支持和援助，尤其是通过他们争取国际社会对中国革命在政治上、道义上的同情和声援。①

6月21日，刘少奇率团出发，团员有高岗、王稼祥，随行的有戈宝权、邓力群。代表团从大连乘飞机，经朝鲜民主主义人民共和国上空飞抵苏联哈巴罗夫斯克（伯力），然后经赤塔、克拉斯诺亚尔斯克、斯维尔德洛夫斯克，于26日到达莫斯科。② 代表团被安排在莫斯科城内奥斯特洛夫斯卡娅街8号公寓——联共中央招待所。

中共代表团是斯大林的客人，所以只有斯大林才有权同代表团谈实质性的问题。代表团访苏期间，斯大林六次会见刘少奇，双方就一系列重大问题交换了意见。

6月28日，斯大林邀请刘少奇等全体成员到他的夏令别墅会见。参加会见的苏方领导人有联共中央政治局委员伏罗希洛夫、莫洛托夫、马林科夫、布尔加宁、贝利亚、卡冈诺维奇、米高扬等。宾主相互握手问候之后，刘少奇专门代表毛泽东向斯大林致意问候，斯大林表示感谢，并要刘少奇代他向毛泽东表示问候。此后，斯大林设宴招待中共代表团一行，双方边吃边谈，十分自然融洽，宴会持续近四个小时。

随后，刘少奇以书面报告的形式，将中国革命目前的形势、关于新政治协商会议和成立中央人民政府、新中国的外交方针、中苏关系四个问题，向斯大林和联共中央作了介绍。在中苏关系部分，报告提到如何处置苏联和国民党政府签订的中苏友好同盟条约、苏联在旅顺口驻兵、蒙古独立等问题，并认为中苏两党关系、中苏两大民族的友谊的巩固，对于两国、对于世界，都有极为重大的意义。报告最后提出，毛泽东准备在中苏建立外交关系时公开访问莫斯科，希望苏联考

---

① 师哲回忆，李海文整理《在历史巨人身边——师哲回忆录》，第395页。
② 刘崇文、陈绍畴主编《刘少奇年谱（1898～1969）》下卷，中央文献出版社，1996，第217页。

虑时机和方式。①

7月11日晚10时，斯大林邀请刘少奇为首的中共代表团，来到克里姆林宫联共中央政治局会议室举行会谈。苏共方面出席的有斯大林、莫洛托夫、马林科夫、贝利亚、米高扬、卡冈诺维奇、布尔加宁、什维尔尼克，列席的有索科洛夫斯基及总参谋长、海军元帅等。

斯大林在会谈开始时首先说明，这次会谈是按照中共代表团的愿望召集的，同时向中共代表团说明，因为代表团的报告涉及战争和军事部分的问题较多，所以邀请元帅们列席，也让他们了解一些情况。斯大林说，刘少奇同志的报告写得十分清楚明确，他们方面的人都看了，没有问题。然后他说：你们与民族资产阶级合作，并吸收他们参加政府的观点是正确的。中国的民族资产阶级与东欧各国及德国的资产阶级不一样，那些国家的资产阶级在战争中与希特勒合作，自己污辱自己，后又与希特勒一起撤退，只留下他们的企业。因而在反希特勒战争胜利以后，那些国家所处理的，只是他们的企业，而不是他们本人。中国的民族资产阶级不同，他们在对日作战时未投降日本，后来又未与日寇一起撤退。日本投降后，其中一部分虽然在蒋介石的支持下，企业与美国建立关系，想取得美国援助，但中美通商航海条约订立，对中国资产阶级不独在经济上而且在航运上也是极不利的。这是对中国资产阶级很大的打击，于是中国民族资产阶级反对美国和蒋介石。中国共产党利用中国民族资产阶级的反美情绪，与他们建立长期合作的政策是正确的。为了使中国民族资产阶级站在反对帝国主义阵营内这是需要的，就要制定对民族资产阶级也有利的政策，例如关税保护政策。

斯大林进一步分析说：劳资间的矛盾是客观存在。为了使工人斗争不致破坏与资产阶级的合作，应当要资本家与工人订立合同，在合

① 《代表中共中央给联共（布）中央斯大林的报告》（1949年7月4日），《建国以来刘少奇文稿》第1册，中央文献出版社，2005，第1～17页。

同上使工人利益得到保障，要说服资本家变为文明的、照顾工人利益的资本家，使你们同资产阶级的合作能比较长期地继续下去。

斯大林赞同中国实行人民民主专政的政体和有关外交方针。他询问买办资本是否包括在官僚资本之内，强调不要把买办资产阶级同民族资产阶级混淆起来。他建议，不忙没收各帝国主义国家在中国投资的企业，通过要求各国企业严格实行劳动法的办法来同他们作斗争。可以先同各帝国主义国家作买卖，再谈外交承认的问题。

在谈到中苏关系问题时，斯大林说："中国政府一成立，苏联立即就承认你们。"关于中苏条约，他说在与毛泽东交换电报中已有过声明，说这个条约是不平等的，因那时与国民党打交道，不能不如此。斯大林认为，我们在报告中提出的处理中苏条约的三个方案（全部继承或重新签订或声明等一时期重新签订），都用不着，等毛泽东来莫斯科时解决这个问题。①

斯大林还解释说："苏联在旅顺驻兵是抵制美蒋武装力量的自由行动，保护苏联，同时也保护中国革命的利益。当时联共中央内部有决定，即在对日和约订立、美国从日本撤兵后，苏联可以考虑从旅顺撤兵。如果中共认为要苏联从旅顺立即撤兵，以便中共在政治上有更多的回旋余地，苏联军队现在就可以从旅大撤退。"②

双方会谈决定，组织一个借款条约共同起草委员会，苏联方面由米高扬、科瓦廖夫参加，中共方面由刘少奇、王稼祥、高岗参加。

斯大林最后说：现在还要听听中国同志的意见或说明。

刘少奇把事先准备的问题提了出来：有关第三次世界大战爆发的可能性？国际局势的发展前景？当前国际共产主义运动和工人运动的形势，以及防止战争和争取和平的可能性？希望听取斯大林的意见。斯大林对这些问题谈了他的看法。

① 师哲回忆，李海文整理《在历史巨人身边——师哲回忆录》，第397~409页。
② 《关于中共中央代表团与联共（布）中央斯大林会谈情况给中央的电报》（1949年7月18日），《建国以来刘少奇文稿》第1册，第33~34页。

会谈中，斯大林还谈到了各国人民之间的团结、互助、合作的重要性。他说团结、互助、合作的先决条件是各国人民互相信赖、竭诚相待，这当然代替不了正确的政策和策略，并对在中国革命过程中，他曾提出过一些不符合中国实际的意见，表示了歉意。

斯大林说："我们是不是扰乱或妨害了你们呢？"

刘少奇回答说："没有。"

斯大林说："胜利者是不能被审判的。凡属胜利了的都是正确的。"他带歉意地说："中国同志总是客气的、讲礼貌的。我们确实是妨碍过你们的。你们也有意见，不过不肯说出来就是了。你们当然应该注意我们讲的话正确与否，因为我们常常是不够了解你们事情的实质，可能讲错话。不过，如果我们讲错了，你们还是说出来好，我们会注意到的。"① 斯大林选在毛泽东来莫斯科以前，向中国作自我批评，显然对增强相互信任是有利的，也为毛泽东的莫斯科之行营造了良好的气氛。

经过几次会谈，双方就中苏建交、毛泽东访苏时间、苏联向新中国政府提供贷款、派遣苏联专家帮助中国经济建设，以及开展中苏贸易等重大问题达成协议。

刘少奇在离开莫斯科的前夕，再次应斯大林的邀请到他居住的孔策沃别墅，作临别会见。师哲回忆说，这个别墅很大，庭院中有高大青翠的林木，有花园、菜园、果园、鱼池、溪流、小型运动场（主要有滚木球、攻木城等）。斯大林亲自引刘少奇游览全园景色，特别参观了他自己在园里种植的番茄、豆角、谷子等农作物。斯大林指着谷子说："这谷子的种子是从中国东北引来由我自己栽培的，等谷子成熟了拿来款待你们，多么有意思呀！遗憾的是你们不能久留，很快就要离开我们了。"他们一边散步，一边交谈，高高兴兴度过了几个

---

① 《同斯大林谈推翻国民党问题》（1949 年 7 月 27 日），《建国以来刘少奇文稿》第 1 册，第 40～41 页。

钟头。工作人员说很少见到斯大林这样兴高采烈，以这样的方式接待客人。①

在圆满完成了中央和毛泽东交代的各项任务以后，刘少奇一行于8月14日从莫斯科乘火车回国。在此之前，高岗已先期回国，王稼祥则留在莫斯科为开设中华人民共和国驻苏联大使馆作准备。

刘少奇回到北京以后，立即向毛泽东作了详细汇报。王光美回忆说："从主席处回来，少奇很高兴，对我说：'受表扬了。'"②

---

① 师哲回忆，李海文整理《在历史巨人身边——师哲回忆录》，第418~419页。
② 黄峥执笔《王光美访谈录》，中央文献出版社，2006，第103页。

三

代理毛泽东主持中央工作

在从 1949 年 12 月 6 日毛泽东出访苏联到 1950 年 3 月 4 日毛泽东返回北京的近三个月时间里，刘少奇担起了主持党中央和中央人民政府全面工作的重任。新中国成立伊始，党和国家面临的任务极其繁重。举其要者，一是全国尚未全部解放，军事行动仍占据重要位置；二是毛泽东访苏与斯大林会谈，涉及中苏两国关系多方面的问题，党中央需要及时讨论拿出意见；三是恢复经济，尤其是新区土地改革、减租减息和征收公粮等，都有待中央作出部署和指示；四是很多涉外问题需要及时处埋，尤其是中国革命的胜利，极大地鼓舞了亚洲正在进行民族民主革命国家的人民，他们对已经取得胜利的中国人民寄予极大的期望，中国共产党应如何具体支援这些国家的人民革命斗争，也有待中央决策；等等。对这样一系列重大问题，刘少奇与远在莫斯科的毛泽东配合默契，及时拿出主意，或主持中央会议作出决定，将各项工作有条不紊地向前推进。

历史形成的惯例

根据刘少奇在莫斯科与斯大林会谈的协议，新中国成立后，中共中央即决定毛泽东出访苏联，其主要任务是：参加斯大林七十寿辰庆祝活动；就两党两国之间所关心的问题交换意见；商谈和签订两国之间的有关条约、协定等，并商议与解决有关两国利益的若干具体问题。

11 月 25 日，毛泽东主持中央政治局会议，会议决定："毛泽东定于十二月初访问苏联，在毛泽东出国期间，中共中央委员会主席及中央人民政府主席由刘少奇代理；人民革命军事委员会主席由朱德代理；全国政协主席由周恩来代理。"①

由刘少奇代理中共中央主席职务，这是历史形成的。

在著名的延安整风中，中共中央于 1943 年 3 月决定调整和精简中央机构，中央政治局会议推举毛泽东为中央政治局主席、中央书记处主席，决定中央书记处由毛泽东、刘少奇、任弼时组成。决定中央政治局和书记处下设中央宣传委员会，由毛泽东任书记；中央组织委员会，由刘少奇任书记。② 从而确立了刘少奇在中共中央第二把手的地位。1945 年 6 月举行的中共七届一中全会，刘少奇与毛泽东、朱德、周恩来、任弼时一起被选为中央书记处书记。这就是中共历史上形成的以毛泽东为核心的第一代领导集体。

1945 年 8 月，毛泽东应蒋介石之邀赴重庆举行国共谈判。毛泽东行前，中共中央政治局举行会议，根据毛泽东的提议，中央政治局决定，在毛泽东去重庆期间，由刘少奇代理中共中央主席职务。8 月 27 日，毛泽东亲自起草给各中央局和区党委的电报，指出：抗日阶段即将完结，争取和平建设的新时期已经开始，国共关系必须调整，避免内战。中央决定毛、周赴渝谈判。"在毛离延期间，刘少奇同志代理主席职务，并增选陈云、彭真二同志为候补书记。"③

1947 年 3 月，国民党大举进攻陕北，中共中央于 3 月 12 日撤离

---

①　中共中央文献研究室编《毛泽东年谱（1949～1976）》第 1 卷，中央文献出版社，2013，第 49 页。

②　《中共党史教学参考资料》第 17 册，第 344～346 页。

③　逄先知主编《毛泽东年谱（1893～1949）》（下），第 15～16 页。

延安。鉴于陕北的严峻形势，中央于29日晚至30日在枣林子沟召开会议，决定中共中央机关分成两个部分，即毛泽东、周恩来、任弼时率中央机关和人民解放军总部留在陕北，主持中央工作；刘少奇、朱德、董必武组成中央工作委员会，以刘少奇为书记，前往晋西北或其他适当地点，进行中央委托的工作。[①]

历史表明，刘少奇无论是在代理中共中央主席还是主持中央工作委员会期间，都成功地、卓有成效地完成了党中央和毛泽东的重托。因此，这次毛泽东出访苏联，由刘少奇代理毛泽东主持中共中央和中央人民政府的工作，完全是情所必至、理所当然的事。

千头万绪稳步推进

解放云南

1949年10～11月，人民解放军相继发动了衡宝战役、广西战役、重庆战役和成都战役，解放了广西、贵州、四川等省的大部地区。12月8日，刘少奇随即为中央人民政府革命军事委员会起草致林彪、谭政、刘伯承、邓小平并告陈赓电，对解放军进军云南作了部署。电报指示：

（一）两广战役即将结束，陈赓所部休息十天至半个月，然后进兵云南，解放云南。休息地点望林谭指定，并应给予充足的营养，以便恢复体力。

（二）陈赓部由广西进军云南的道路及沿途准备，望刘邓提出意见。据说百色瘴气甚多，饮水恶劣，不宜行军，果如此，则以经贵州进入云南为宜，望陈赓及林谭即进行侦察并将情况及意

---

① 刘崇文、陈绍畴主编《刘少奇年谱（1898～1969）》下卷，第71页。

见报告军委和刘邓，以便早作决定。①

这时，猬集成都地区的胡宗南集团和四川境内的国民党军残部，已为人民解放军从贵州和陕（西）甘（肃）方向包围，云南、西康之敌已成孤军。

12 月 9 日，国民党云南省政府主席卢汉，西康省政府主席刘文辉，西南军政长官公署副长官邓锡侯、潘文华等，在人民解放军的政治争取下，分别于昆明、雅安、彭县等地率部起义。当日，卢汉宣布"云南临时军政委员会"成立。这时，广西战役和成都战役尚未结束，解放军一时还来不及进入云南。11 日，中共中央以毛泽东、朱德名义致电卢汉表示欢迎，并指示卢汉："现我第二野战军刘伯承司令员、邓小平政治委员已进驻重庆，为便于具体解决云南问题，即盼迅与重庆直接联络，接受刘邓两将军指挥。"②

蒋介石对卢汉起义极为恼怒，即晋升先期逃到云南的国民党陆军参谋长汤尧为陆军副总司令，趁解放军尚未入滇之际，指挥驻守在滇南地区李弥的第八军、余程万的第二十六军进攻昆明。卢汉的起义部队同当地的工人、农民、学生一起，在我桂、滇、黔边区纵队的配合下，展开英勇的昆明保卫战。此时，刘伯承、邓小平及时作了果断处理并报告中央。刘、邓在给卢汉的电报中说："兹派陈赓、宋任穷两将军克日率三个军兵力入滇。主力两个军由纳溪、叙永、毕节、赫章、威宁至宣威，限亥号（12 月 20 日）到达。一部由百色、肃隘至富宁、文山，并限亥梗（23 日）到达。"③

---

① 《军委为准备进军云南给林彪等的电报》（1949 年 12 月 8 日），《建国以来刘少奇文稿》第 1 册，第 201 页。

② 《毛泽东、朱德关于云南省国民党政府军起义给卢汉的电报》（1949 年 12 月 11 日），《建国以来毛泽东文稿》第 1 册，第 187 页。本书征引该书各册，中央文献出版社 1987~1998 年陆续出版。

③ 转引自马玉华《试论昆明保卫战取得胜利的原因》，《云南社会科学报》2001 年增刊，第 270 页。

12月15日，刘少奇为中央人民政府革命军事委员会起草致刘、邓的电报，肯定了刘、邓所作的处置。电报指出："你们对云南事件的分析及处理办法是正确的。用你们前线将领名义批准云南临时军政委员会及任命各将领与中央政府组织法亦无冲突。目前我军既无法进入云南，一切只好让卢汉自行处理，以免引起紊乱。"①

12月19日，敌第八军、第二十六军向昆明发动全线总攻击，卢汉的起义部队在全市工人、学生的支援下，坚决顶住敌人的进攻。在此危急时刻，刘、邓致电卢汉，谓已饬贵阳杨勇兵团派得力部队用汽车运输，星夜驰援昆明。杨勇的第五兵团第十七军一部昼夜兼程入滇，迅速歼灭敌第八军一部。由于解放军的迅速逼近，汤尧率部于12月下旬向滇南地区撤退。这个地区物产丰富，交通发达，距国境线较近，又有铁路、公路及空中航线通往国外。蒋介石命汤尧在滇南建立"反共基地"，与中共军队周旋，必要时从陆上逃往国外或空运台湾。陈赓领导的第四兵团，根据刘、邓的意图，于28日就实施滇南战役作出具体部署。

关于云南的情况，刘少奇都及时电告在莫斯科的毛泽东。12月29日，毛泽东致电刘少奇：

> 请告刘邓转知卢汉及云南我军，只可在李弥、余程万之先头阻止其向越、缅前进，不可向其后尾威胁或追击，以免该敌过早退入越南。卢汉及我军均应向该敌进行政治工作，策动该敌起义。②

但汤尧是个死硬分子。1950年元旦，正当全国人民欢度新中国成立

---

① 《军委关于云南事件处理办法的电报》（1949年12月15日），《建国以来刘少奇文稿》第1册，第213页。
② 《关于阻止国民党政府军余部退入越南、缅甸的电报》（1949年12月29日），《建国以来毛泽东文稿》第1册，第198页。

后的第一个新年的时候，解放军按预定部署，第四兵团主力第十三军等由南宁出发，以每日 75 ~ 100 公里的急行军，迅速赶到汤尧的前面。1 月 11 日，提早入滇的第三十八军主力进占南溪和边防重镇河口，15 日占领河口西北的曼耗渡口，摧毁了国民党军架设的浮桥。16 日，攻占屏边。至此，蒙自以南的交通线和重要关口完全由解放军控制，封锁了中越边境。第十三军第三十七师于 15 日晚包围了蒙自机场，除李弥、余程万已先期逃跑外，截住了准备运往台湾的第二十六军。这时，陈赓判断，汤尧虽然还有 4 个师，但已成惊弓之鸟，军心涣散，无心恋战，其主要企图是迅速通过元江，取道思茅，逃往缅甸；元江水流湍急，不能徒涉，唯一通道是元江城北的铁索桥，占领该桥是断其逃路的关键。于是决定分三路迂回追击，25 日，将汤尧的兵团部及第八军残部围歼于元江城东。滇南战役，人民解放军连续征战 50 余天，追击前进 1800 余公里，越过无数山峦荒野，通过人迹罕至的瘴疠地区，战胜了难以想象的艰难险阻，歼灭了以汤尧为首的国民党军 2.7 万余人，解放了滇南、滇西广大地区，彻底粉碎了国民党当局妄图建立滇南 "反共基地" "重整西南河山" 的迷梦。

民族政策

中国共产党历来十分重视少数民族问题。由于历史上的统治者长期实行民族压迫政策，各民族之间，主要是少数民族和汉族之间存在着很深的隔阂。一部分少数民族还分别处在封建农奴制、奴隶制以至原始公社制末期等不同社会发展阶段。少数民族大多信仰宗教，在政治和政权形式上还保留着政教合一、土司制度、部落头人等制度。他们对新成立的中央人民政府还抱有疑虑。有些地方在暗藏的反革命分子挑拨下，甚至还存在严重的民族对立。在如此复杂的情况下，稍有不慎，就会影响民族关系，甚至可能引起事端，造成严重后果。鉴于人民解放军正向西北、西南少数民族地区挺进，1950 年元旦，刘少奇为中共中央起草了关于处理藏民部落等少数民族事务问题给西北局、西南局的指示，要求对少数民族事务必须细心地注意处理：

> 处理原则应该是向各少数民族极力表示好感，多和他们发生关系，不侵害并保护他们的利益，不论他们是上层或下层，是僧侣或平民都好。如此去求得多了解他们的情况，和他们弄好关系，安定他们，然后再慢慢地去帮助他们，训练他们的干部。待他们的干部成熟，情况了解，群众中有了准备，才能谈得上他们内部制度的改革。①

1950年5月，中央人民政府政务院举行政务会议，对民族工作方针问题进行讨论，决定在少数民族地区，一切工作必须采取"慎重稳进"的方针。

中苏会谈

中苏两党两国会谈期间，毛、刘来往电报甚密，或是毛泽东将要与苏方提出的问题和会谈情况电告中央，请中央讨论；或是刘少奇将中央的意见、建议电告毛泽东。

1945年8月，苏联政府同国民党政府签订了《中苏友好同盟条约》。这个条约，是以损害中国利益为前提的苏、美、英三国首脑在雅尔塔达成的秘密协定的产物。因此，新中国成立之后，处理这个不平等的条约，重新确立中苏两国关系的指导原则，就成为必要的了。

刘少奇在1949年6～8月访苏期间，就曾向苏方提出这个问题。斯大林当时说新中国政府一经成立，苏联立即就承认，并表示1945年签订的《中苏友好同盟条约》是不平等的，待新中国成立后毛泽东来莫斯科后再解决这个问题。于是，废除中苏旧约另订新约，自然

---

① 《中央关于注意处理藏民部落及寺院要求的电报》（1950年1月1日），《建国以来刘少奇文稿》第1册，第264页。

就成为毛泽东此次访苏的重要议程。

12月16日，毛泽东到达莫斯科当天，与斯大林进行了第一次会谈。这次会谈双方都在摸对方的底。斯大林问毛泽东：这次来有些什么想法或愿望，要不要搞个什么东西？毛泽东以既充满哲理又极其幽默的话说：恐怕是要经过双方协商搞个什么东西，这个东西应该是既好看，又好吃。斯大林未能理解，仍婉转地继续询问，毛泽东则希望苏方主动提出，因此他向斯大大林说：我想叫周恩来总理来一趟。斯大林对此感到惊讶，反问道：如果我们不能确定要完成什么事情，为什么还要叫他来，他来干什么？这样，双方就未能再谈下去。①

对周恩来是否要去莫斯科的问题，12月21日中央政治局作了讨论，刘少奇以刘、周（恩来）、朱（德）名义将当日中央政治局会议讨论的有关意见电告毛泽东：

> 今日政治局会议，大家赞成如果苏联同意现在签订关于旅顺、借款、航空及通商协定，恩来同志即去莫斯科一次。借款、航空两协定已有成稿，通商协定亦可将我们输出苏联货物及从苏联输入中国货物的种类和大体数量提出，贸易部长亦可同恩来同志去莫一次。因恐天气不好，并准备一个月时间来回坐火车。但是如果苏联方面并不准备现在签订借款、航空、通商诸协定，只准备就旅顺驻兵问题及对一般政治问题发表一个声明，则恩来同志去莫，似无必要。政治局请你就此问题加以考虑，并给予指示，我们现在要财经委员会就签订通商协定问题加以准备。彭德怀于本月甘五日亦可到北京，新疆方面的通商要求亦可提出，在得到你的来电后，恩来同志即可起身。②

---

① 毛泽东与斯大林会谈过程及内容，参见师哲回忆，李海文整理《在历史巨人身边——师哲回忆录》，第433～441、444～453页。

② 《关于周恩来去莫斯科的时机等问题给毛泽东的电报》（1949年12月21日），《建国以来刘少奇文稿》第1册，第218页。

此后，苏方同意中苏另订新约取代原与国民党政府订的中苏旧约，毛泽东于1950年1月2日致电中央，提议周恩来去苏联参加谈判中苏签订新约问题。当日，刘少奇致电毛泽东，建议向苏联政府要求在新疆设立开发金属、石油的中苏合资股份公司，并提出："这种事业可能不只在新疆，不只和苏联和各新民主国家，在中国其他地方，也可能合办这种工厂和企业。甚至帝国主义国家内的团体和资本家也可能要求来办这种工厂和企业。但我们如果不主动表示要苏联来办，苏联是不会要求我们办这种事业的。现新疆同志则要求苏联来办，我们是否向苏联作这种要求，请你考虑决定。此间同志认为是可以作这种要求的。"①

关于周恩来去莫斯科参加谈判问题，1月4日，刘、朱、周联名电毛泽东，报告政治局会议讨论的情况和意见。20日，周恩来一行抵达莫斯科，由于双方事先已有充分准备，谈判进展顺利。

1月25日，毛泽东电刘少奇，告之中苏谈判进展情况，并将中苏友好同盟互助条约草案发来，请中央加以讨论，将意见电告。27日和2月9日，刘少奇主持政治局会议讨论中苏谈判的各项文件，并将意见电告毛泽东。14日，又主持中央人民政府、政协全国委员会负责人座谈会讨论《中苏友好同盟互助条约》、《中苏关于中国长春铁路、旅顺口及大连的协定》和《中苏关于贷款给中华人民共和国的协定》及其议定书，并将与会者同意立即签字的意见电告毛泽东。当日，这三份文件在莫斯科签订。根据这些协定，苏联同意放弃在中国的特权，在1952年之前将中国长春铁路的一切权利及属于该铁路的全部财产无偿移交中国政府；苏联军队从旅顺口撤退，中国政府偿付苏联自1945年后在此处的建设费用；大连的行政由中国管辖，苏联在大连临时代管和租用的财产于1950年内由中国政府接受；苏联

① 《关于中苏两国在新疆设立金属和石油股份公司问题给毛泽东的电报》（1950年1月2日），《建国以来刘少奇文稿》第1册，第275～276页。

政府贷款 3 亿美元给中国政府（年息 1%）。

2 月 15 日，为庆祝《中苏友好同盟互助条约》的签订，中央人民政府举行盛大招待会，出席的有中央人民政府及其所属各部门负责人、各外交使节、各民主党派和各人民团体负责人，刘少奇在招待会上发表了热情洋溢的演讲，他说："中苏两大国人民之间的深厚友谊，是久已存在的，然而，只有到了今天，由于中国人民的历史性的胜利，这种深厚的真诚的友谊，才用条约的形式把它确定与巩固起来，因而就使中苏两国人民之间的友好关系，开始了一个完全新的时代。"①

中苏关于新疆石油与有色金属两个合股公司协定签订的消息发布后，在北京的学生中引起了极大的波动，他们怀疑这两个协定损害了中国主权，提出质问，要求解释，甚至有骂苏联侵略、人民政府卖国的。对此，刘少奇及时为中央起草党内指示以向各方作出正确解释。他指出："为了利用外国资本以促进中国的工业化，某些事业的和外资合营及成立这种合股公司甚为必要，不独和苏联，和各新民主国家以至和某些资本主义国家还可能在适当条件下订立这种合营合同，甚至租让合同，苏联在一九二一年以后新经济政策时列宁亦曾提出并曾出现一些租让企业。"② 这表明在新中国成立之初，中共中央领导人对利用外资促进中国工业化建设的思想是非常明确的。

新区土改

废除封建的土地制度，将地主阶级占有的土地分配给无地和少地的农民耕种，解放农村长期被束缚的生产力，是新民主主义革命的中

---

① 《在庆祝中苏友好同盟互助条约及其他协定签订宴会上的演讲》（1950 年 2 月 15 日），《建国以来刘少奇文稿》第 1 册，第 511 页。
② 《中央关于向群众解释中苏合办股份公司问题的电报》（1950 年 3 月 30 日），《建国以来刘少奇文稿》第 1 册，第 615 页。

心任务。新中国成立以前，在东北、华北、西北以及华东的山东、苏北等老解放区及其邻近的新解放区中已经进行了土地制度的改革，土地基本上或大部分已平均分配，地主作为一个阶级已经被消灭。在中原等新解放区进行了减租减息。开国大典过后不久，10月10日，中共中央华北局就决定，华北全境拥有1500万人口的新区在1949年冬天开始进行土地改革。这时人民解放军南进神速，其他广大新解放区的土地改革亟待中央部署。

1950年1月4日，刘少奇为中共中央起草新解放区土地改革、减租减息和征收公粮的指示，对新解放区土地改革的时机作出全面部署：

> 在江苏、浙江、安徽、福建、江西、湖北、湖南、广东、广西、陕西、甘肃十一省应该准备在一九五○年秋收以后分配土地。在宁夏、青海两省完全汉人居住的地区亦须准备秋收后进行土地改革，在少数民族居住的地区及汉人与少数民族杂居地区则不进行。在贵州、云南、四川、西康则在一九五○年还不能进行土地改革，须待一九五一年秋收后来进行。

进而指出：

> 确定这样一个时间是有必要的。将这个分配土地的时间公布，似乎也有必要，可使党内党外，农民和地主都能摸到底，都有所准备，这对今年春耕及在冬季准备春耕都有好处。否则，农民和地主均不好准备今年的春耕。[①]

这个部署同时报告了毛泽东。毛泽东于1月10日回电刘少奇，

---

① 《中央关于各区军政委员会应讨论土改与征粮等项工作的电报》（1950年1月4日），《建国以来刘少奇文稿》第1册，第283～284页。

称赞了刘少奇的决策。回电称：

> 一月四日中央发各中央局关于土改及征粮等项工作的指示很好。请你们考虑可否要各中央局将此项指示电转发给各省委研究，并要各省委向中央局及中央表示自己的意见。这些电报收到后，由你汇编告我。[①]

1月11日，刘少奇以中共中央名义将毛泽东的上述意见致电各中央局和中央分局。

2月12日，刘少奇又就新解放区土地改革的步骤和政策为中央起草指示，对在新解放地区分阶段、分地区实行土地改革的步骤和政策作了具体部署，再次明确：

> 一九五〇年秋收以后，在江苏、浙江、安徽、福建、江西、湖北、湖南、广东、陕西九省和甘肃、宁夏、青海三省的汉人地区，凡是准备工作已经充足、群众的觉悟与组织已达到应有水平的地区，由各省人民政府决定开始实行分配土地的改革；广西、云南、贵州、四川、西康、绥远六省，在一九五一年秋收以后由各省人民政府决定实行；新疆和全国各少数民族居住的地区以及少数民族与汉人杂居的地区，则在一九五一年秋收以后另行决定；所有新解放区，在实行分配土地之前，应一律实行减租。[②]

同日，刘少奇将这个文件用电报抄送在莫斯科的毛泽东、周恩来审阅修改。2月17日，毛泽东、周恩来复电指出："关于新区土改征粮指示草案电收到。一般甚好，而且亟须适时发出。唯第四部分因涉

---

① 《关于要中央局转发中央对土改及征粮等项工作指示的电报》（1950年1月10日），《建国以来毛泽东文稿》第1册，第224页。
② 刘崇文、陈绍畴主编《刘少奇年谱（1898~1969）》下卷，第243页。

及分配土地问题本身，可否暂缓发表。"电文转述了斯大林的意见："他的中心思想是在打倒地主阶级时，中立富农并使生产不受影响。"然后指出："去年十一月政治局会议时关于江南土改应慎重对待富农的问题亦曾提到过，因此事不但关系富农而且关系民族资产阶级，江南土改的法令必须和北方土改有些不同，对于一九三三年文件及一九四七年土地法等，亦必须有所修改。故我们主张目前政务院只发表新区土改征粮指示的前三部分，而将第四部分留待我们归后讨论。"①

根据毛泽东、周恩来的意见，刘少奇对草案的这个部分进行了改写。这个指示经中共中央政治局会议和政务院会议通过，于1950年2月28日以中央人民政府政务院总理周恩来的名义发布。

援越抗法

越南是中国的近邻，原属法国殖民地。第二次世界大战期间，日本侵略者占领越南，取代法国的殖民统治。1945年8月，越南共产党领导越南人民举行全国总起义，并于9月2日宣布成立越南民主共和国，胡志明出任国家主席。不久，法国殖民者卷土重来，法国远征军占领了越南的大部分城镇、交通要道和战略要地。1946年12月，胡志明主席发出全国抗战的号召，建立以越北山区为中心的抗法根据地，开始了长期艰苦的抗法民族解放斗争。

中华人民共和国成立以后，越南民主共和国主席、越南共产党领导人胡志明致电中共中央，提议中越两国建立外交关系以及对越南正在进行的抗法斗争给予援助的问题。经中央研究，1949年12月28日，刘少奇为中共中央起草致胡志明电，明确表示：

关于越南民主共和国与中华人民共和国建立外交关系问题，

---

① 《毛泽东、周恩来关于发表新区土改征粮指示给刘少奇的电报》（1950年2月17日），《建国以来毛泽东文稿》第1册，第264页。

中共中央同意你们的提议即时建立中越两国的外交关系。苏联及各新民主国家亦可能在中越两国建立外交关系后陆续承认越南民主共和国。为了实现此事，中共中央向越共中央建议：即由胡志明同志以越南民主共和国名义发一公开文告，声明愿意和各国建立外交关系……如此，我们及苏联和各新民主国家即可采取各自认为适当的步骤开始和你们建立正式的关系。

同时告知，中国共产党准备派代表到越南去，但暂时仍采取秘密的形式。①

对选派谁作代表去越南的问题，经过与其他中央领导人研究，刘少奇确定调中央军委办公厅主任罗贵波去。刘少奇将罗贵波叫到中南海万字廊办公室，正式通知他："中央经过仔细考虑并报告了毛主席，都同意让你完成一项特殊任务，担任我党的联络代表去越南工作。"刘少奇问他："有什么意见？"罗贵波说："我深感中央对我的信任，但这是一项从未接触过的新工作，任务复杂而繁重，我担心难以胜任。"刘少奇说："我们认为你是能够胜任的。"

刘少奇说：现在国际上还没有一个国家承认越南民主共和国，更没有一个国家对越共提供援助，越南人民的革命斗争正处于敌强我弱、孤立无援的境地；中央认为，已经获得革命胜利的人民，应该援助正在争取解放的人民的正义斗争，援助越南人民的抗法斗争是我们义不容辞的国际主义义务。关于罗去越南的具体任务，刘少奇说：负责向越共中央传达中共中央的意见，同时把越共中央的意见带回来；对越南的政治、经济、军事等方面的情况进行调查研究，提出意见供中共中央参考；告诉越共中央，援助越南的方针中共中央是定了的，但有些事情现在还做不到，公路、铁路都没有，靠人背是不行的，要

---

① 《中共中央关于中越建立外交关系问题的电报和批语》（1949 年 12 月 28 日），《建国以来刘少奇文稿》第 1 册，第 241 页。

先设法畅通道路。刘少奇还要罗贵波向越共中央表示，感谢他们在抗日战争期间对中共两广一支部队的照顾。

1950年1月16日，罗贵波带着刘少奇写给越共中央的亲笔介绍信和8名工作人员、电台，出发去越南赴任。17日，中共中央致电越共中央，告知罗贵波为中共中央驻越南联络代表，并已启程赴越。18日，中越两国建立正式外交关系，中国成为世界上第一个承认越南民主共和国的国家。新中国成立不久，法国政府曾试探着表示愿意建交。这时，中越建交必然会影响中法建交。对此，中共中央事先是估计到了的。刘少奇在接见越共中央委员黄文欢时说：中国承认越南民主共和国，相信法国会延缓承认中国，但我们不怕。①

就在罗贵波出发不久，人民解放军广西部队向中央报告说，胡志明已秘密来到中国境内。刘少奇当即于1月26日以中共中央名义致电中南局，要热情欢迎秘密来华访问的越共领导人胡志明，并嘱咐："但在他到达武汉后，你们可和他商量是否能在北京公开欢迎他，看他意见如何再作决定。你们对胡同志应热情招待，周密护送来京。"② 同日，刘少奇将胡志明已到中国的情况，致电在莫斯科的毛泽东和周恩来，请示如何接待问题。是年，胡志明已经60岁，身体瘦削，此次访华，赤足步行17天才进入中国地界。

刘少奇早在20世纪20年代就认识胡志明。1925年，刘少奇在广州任中华全国总工会副委员长时，较他年长8岁的胡志明正在广州组织"越南革命青年同志会"，开办培训越南革命青年的"特别政治训练班"。胡志明当时的名字叫阮爱国。这时，刘少奇已经是著名的中国工人运动领袖，胡便邀请刘去给训练班讲课。

---

① 参见何立波《援越工作中的刘少奇》，《党史博览》2008年第11期，第12页。
② 《关于胡志明访问中国和苏联的电报》（1950年1月26日），《建国以来刘少奇文稿》第1册，第421～422页。

时隔 20 多年之后，两位老友在北京重逢，既有无限感慨，又分外高兴。1 月 30 日，刘少奇同朱德等设宴欢迎胡志明访华，双方进行亲切会谈。

会谈中，胡志明对国际、国内形势和越中关系等问题谈了自己的看法，他说，越南共产党面临的斗争任务十分艰巨，迫切希望得到兄弟的中国共产党的帮助。并提出了请求中国援越抗法的具体意见。他要求不要公开他来中国的消息，希望在北京逗留数天后去莫斯科，会见斯大林和正在那里访问的毛泽东、周恩来。刘少奇向胡志明谈了新中国成立的经过，中国共产党对国内外形势的基本看法，告诉他中共中央已派罗贵波去了越南，负责两党的联络工作。对胡志明提出的援助要求，刘少奇说，将由朱德、聂荣臻、李维汉、廖承志等组成一个委员会，具体研究解决。对其中一些一时难以办到的事情，则婉转地作了说明。

当晚，刘少奇向毛泽东报告胡志明到达北京的情况："胡志明同志今日已到北京，晚间政治局设宴招待并进行谈话，他作了简单的情况报告并提出了要求。我们除盛赞越南抗战成绩外，对他们的要求均给以满意的答复。"①

根据胡志明的要求，刘少奇安排他于 2 月 3 日晚乘火车去莫斯科与斯大林、毛泽东和周恩来会谈。斯大林会见了胡志明，在会谈中，斯大林没有同意胡志明提出的公开报道胡访苏及签订苏越条约的要求，表示援助越南由中国负责。于是，2 月胡志明随同毛泽东到北京，商谈中国派遣军事顾问团和军事援助问题。这样，在越南抗法战争中，中国成为唯一援助越南民主共和国的国家。

由于当时中共中央还没有一个负责与兄弟党联络的部门，所以直到 1951 年 3 月中共中央对外联络部成立以前，处理同越南共产党的

---

① 《关于胡志明访问中国和苏联的电报》（1950 年 1 月 30 日），《建国以来刘少奇文稿》第 1 册，第 242～243 页。

有关事务，就成为刘少奇的一项重要工作。

为支持东南亚各国共产党领导的民族解放斗争，刘少奇于 3 月 3 日致电陈赓、宋任穷并中南局、西南局、华南分局，一方面向他们通报了中越两党两国建立联系的情况，同时指明了邻近的其他国家共产党派人前来联系时应采取的原则。电报指示说：

> 我已解放云南广西，东南亚各国首先是越南和缅甸两国的共产党和民族解放军将有人到滇桂要求发生关系。现越共中央已与我建立关系，他们并可派领事或其他适当代表到滇桂两省驻扎，其他国家的共产党中央与我尚未建立经常的正式关系，如果他们派人到滇桂两省建立此种关系时，我应给以热烈欢迎和帮助，在将来他们亦可能派遣适当代表秘密地驻在云南或广西。在这种关系建立后，即可使关系正常。①

3 月 14 日，刘少奇又为党中央起草党内指示，向全党干部指出："我们在革命胜利以后，用一切可能的方法去援助亚洲各被压迫民族中的共产党和人民争取他们的解放，乃是中国共产党与中国人民不可推辞的国际责任，也是在国际范围内巩固中国革命胜利的最重要的方法之一。"为此，要求各级党组织和干部"必须给各国共产党及革命团体的人员以热情的招待和兄弟般的帮助，鼓励他们，虚心听取他们的意见，详细地向他们介绍中国革命的经验，细心地答复他们所提出的问题，不要在他们面前表示冷淡和骄傲"。②

8 月，刘少奇以中共中央名义正式通知罗贵波组成援越顾问团，任命罗贵波为团长。后来，又陆续派陈赓、韦国清、乔晓光等一批干

---

① 《中央关于处理同越南等国来云南联络人员关系的指示》（1950 年 3 月 3 日），《建国以来刘少奇文稿》第 1 册，第 572～573 页。

② 刘崇文、陈绍畴主编《刘少奇年谱（1898～1969）》下卷，第 245 页。

部赴越。

中国人民解放军遵照党中央和中央军委的指示，从 1950 年 3 月至 1954 年 7 月，向越南军队提供了大量武器装备和后勤军需物资，帮助训练越军主力部队；同时，派出军事顾问团，全面帮助越南军队建设，协助组织指挥作战，为越南人民取得抗法民族解放斗争的胜利作出了贡献。

四

刘少奇论新民主主义建设

1949 年 3 月，中共中央在河北省西柏坡召开的七届二中全会，制定了新中国成立后的战略部署，会议指出："在革命胜利以后，迅速地恢复和发展生产，对付国外的帝国主义，使中国稳步地由农业国转变为工业国，由新民主主义国家转变为社会主义国家。"① 据此，刘少奇对即将开始进行的新民主主义建设的重大政策，进一步作了具体的解释和说明。

实现工业化的途径和构想

把中国建设成为一个工业化的国家，以强国富民，是近百年来中国人民的心愿。在推翻了帝国主义、封建主义、官僚资本主义三座大山，人民当家作主以后，这个愿望终于有可能实现了。

实行工业化，从 16 世纪英国产业革命以来，世界各国基本上走过三条路：英国、美国走的是从轻工业起步的路；日本、德国在英美发展经济的基础上，走的是轻重工业并重发展的路；苏联为了在短期

① 《中共党史教学参考资料》第 19 册，第 5 页。

内赶上发达资本主义国家，走的是一条暂时牺牲轻工业和农业的优先发展重工业的路。那么，中国的工业化将走什么样的路呢？刘少奇在充分研究了中国具体情况的基础上，提出了以下先发展农业和轻工业，再发展重工业的设想。

刘少奇认为，中国人民的生活水平和世界许多先进国家比较起来，是很低的。他们很穷，迫切地需要提高生活水平，过富裕的和有文化的生活。他极其郑重地指出，"这是全国最大多数人民最大的要求和希望，也是中国共产党和人民政府力求实现的最基本的任务"。这就是在中国实现工业化的基本出发点。为此，他提出，中国人民在取得政权以后，首要任务就是利用已经建立并且巩固起来的人民民主专政作为工具，并利用其他各种条件，配合各方面的努力，发展一切有益于人民的生产及其他经济事业。

刘少奇设想，在国际和平环境得到保障的情况下，中国进行经济建设的大体步骤应该是："首先，我们必须恢复一切有益于人民的经济事业，并使那些不能独立进行生产的已有的工厂尽可能独立地进行生产。其次，要以主要力量发展农业和轻工业，同时，建立一些必要的国防工业。再其次，要以更大的力量来建立我们重工业的基础，并发展重工业。最后，就要在已经建立和发展起来的重工业的基础上，大大发展轻工业，并使农业生产机器化。"

关于中国的工业化之所以要循着这样的道路前进，刘少奇作了如下解释。

第一步发展经济的计划，应以发展农业和轻工业为重心，因为只有农业的发展，才能供给工业以足够的原料和粮食，并为工业的发展扩大市场。只有轻工业的发展，才能供给农民需要的大量工业品，交换农民生产的原料和粮食，并积累继续发展工业的资金。同时，在农业和轻工业发展的基础上，也可以把劳动人民迫切需要提高的十分低下的生活水平提高一步，这对于改进人民的健康状况，在政治上进一步团结全体人民，也是非常需要的。而建立一些必要的急需的国防工业，则是为了保障我们和平建设的环境所不可缺少的。只有在这一步做得有了成效之后，我们才有可能集中最大的资金和力量去建设重工业的一切基础，并发展重工业。只有在重工业建立之后，才能大大地发展轻工业，使农业机器化，并大大地提高人民的生活水平。

刘少奇还指出，发展中国经济，实行工业化，是需要巨大的资金的。资金的来源，既不能对别国实行掠夺，也不能依赖外援，只能由中国人民自己节约的办法来筹集中国工业化所需要的巨额资金。这样，在相当一段时期内，人民生活水平提高的速度就不能不受到一些限制。也就是说，要在不饿不冻并能保持通常的健康的条件下，尽可能多节省一点，少花费一点，以便由国家把资金积累起来，去加快工业化的建设速度。

他满怀信心地认为，当中国实现了工业化和电气化以后，将获得强大的经济力量和国防力量，中国人民的生活水平将逐步得到提高，过上富裕的和有文化的生活。[①]

后来，由于发生了朝鲜战争，国家的安全利益不能不放到首位加以考虑，险恶的国际形势迫使中国共产党选择了苏联走过的优先发展重工业的道路，以在较短时期内使国防力量得到加强。1955年以后，国际形势有所缓和，苏联和东欧各国片面发展重工业的弊端也明显地暴露出来，1956年毛泽东在《论十大关系》的报告中，提出了"以苏为鉴"，并在总结我们自己经验的基础上，阐述了刘少奇早先讲到的发展农业、轻工业与发展重工业关系的观点，提出了要处理好农业、轻工业和重工业的关系问题，走中国自己工业化的道路。

没有民主化就没有工业化

如前所述，中国经济的发展和工业化的实现，是要靠人民民主的

---

① 《刘少奇论新中国经济建设》，第169～182页。

国家政权来领导进行的。所以，国家的经济建设和政治建设是紧密联系而不可分的。对此，刘少奇在 1951 年 2 月举行的北京市第三届人民代表会议上的讲话中有过精辟的论述。

他指出："新民主主义的经济建设必须有新民主主义的政权来领导和保障。没有新民主主义的政治，就不能有新民主主义的经济，即不能有以社会主义的国营经济为领导的五种经济成份相结合的经济。这也是我们的新民主主义革命区别于过去资产阶级革命的一个显著特点。在资产阶级革命即资产阶级政权建立以前，就存在着并发展着资本主义经济，但是以社会主义的国营经济为领导的新民主主义经济，就只有在以工人阶级为领导的新民主主义的国家政权建立之后，才能加以组织并使之发展。"因此，他断言："新民主主义的政权建设，人民民主政权的发展，我们国家的民主化，我们国家的工业化，是不能分离的。没有我们国家的民主化，没有新民主主义政权的发展，就不能保障新民主主义经济的发展和国家的工业化。反过来，新民主主义经济的发展和国家的工业化，又要大大地加强和巩固新民主主义政权的基础。"在我们这里，民主化与工业化是不能分离的。他响亮地提出："我们的基本口号是：民主化与工业化！"

针对当时人民民主政权处在初创时期的具体情况，刘少奇对如何加强民主化建设作了实事求是的解释，提出了切合实际的要求。他首先就选举人民代表的方式问题指出：说到选举，有些人就常常想到"普遍、平等、直接、无记名投票"这句老口号。毫无疑问，过去在蒋介石反动独裁政权下，提出这个宣传口号去反对蒋介石的独裁政权，那是有它的进步意义的。但是，这个口号如果拿到今天新民主主义的政权底下要求立即实行，对于中国人民目前的实际情况则是还不完全适合的，也是不能完全采用的。因为中国大多数人民群众，主要是劳动人民还不识字，过去没有选举的经验，他们对于选举的关心和积极性暂时也还不很充分。如果在这种情形下，就来普遍地登记选民，机械地划定选区，按人口比例一律用无记名投票的办法来选举各级人民代表大会的代表，只能是给人民带来许多不必要麻烦的形式主义，而不能使今天的人民政权更加民主化，更加密切地联系人民。他强调，我们是新民主主义者，我们首先注重的不是选举的形式，而是它的实质。就是说，要使人民，主要使劳动人民真能选举他们所乐意选举的人去代表自己，并要代表能忠实地把他们的意见和要求反映到政府中去。只要选举能做到这一点，就不在于选举采用的具体方式。只有在中国大多数人民群众经过了相当长期的选举训练并大体识字，各种准备工作都做好之后，才能最后地完全地实行"普遍、平等、直接、无记名投票"的选举方式。

对当前人民政权的民主化建设，刘少奇认为，现在的问题是，对被人民选举出来的各级人民代表会议的代表，要确实能够履行代表的权利和义务，即经常地、密切地联系自己的选民，向政府反映人民的要求和意见，并将政府的政策、人民代表会议的决议向人民作解释。各级人民政府应建立专门的有能力的机关来处理人民向政府提出的要求，答复人民的来信，并用方便的方法接见人民，从而使各级人民政府密切地联系人民，切实地为人民服务，而广大的人民也就可以经过各级人民代表会议和人民政府来管理自己的事情。为此，他强调，各级人民代表会议必须按期召开。各级人民政府的一切工作和一切活动应向各级人民代表会议作报告，并接受其质询和审议，重要的工作和活动还须先经过人民代表会议的讨论和决议，然后大家团结一致地去加以执行。刘少奇明确指出，这是我们在目前就能逐步地达到的。①

刘少奇所阐述的以上思路向人们指明，只要我们的民主政治建设脚踏实地地去做，使广大劳动人民真正当家作主，中国的工业化和经济建设的发展就会获得可靠的保障，并将如毛泽东在中共七届二中全

---

① 《在北京市第三届人民代表会议上的讲话》（1951年2月28日），《刘少奇选集》下卷，人民出版社，1985，第60～61、54～55、58～59页。

会的报告中所说："中国经济建设的速度将不是很慢而可能是相当地快的，中国的兴盛是可以计日程功的。"

民主化建设的重要举措

由于中国共产党已经成为领导着全国政权的执政党，政治民主化的建设与共产党的自身建设也就密不可分。党的领导者的地位和威信的提高，很容易在党的干部中产生骄傲情绪，并容易被严重的官僚主义所毒害，以至于在党内外拒绝批评，压制批评。而党和人民政府在工作中的缺点和错误，将极大地危害广大人民的利益。据此，1950年4月19日，中共中央作出《关于在报纸刊物上展开批评和自我批评的决定》。①

中共中央认为，在报纸刊物上展开批评与自我批评，是巩固党与人民群众的联系、保障党和国家的民主化、加速社会进步的必要方法。人民群众能够自由地在报纸刊物上发表他们对党和人民政府的批评和建议（虽然这些批评和建议并非完全成熟和完全正确），有利于提高他们的觉悟性和积极性，吸引他们踊跃参加国家的建设事业。中央要求各级领导机关和干部，对反映群众意见的批评必须采取热烈欢迎和坚决保护的态度，反对对群众批评置之不理、对批评者实行打击报复、嘲笑的官僚主义态度。

决定明确规定："批评在报纸刊物上发表后，如完全属实，被批评者应即在同一报纸刊物上声明接受并公布改正错误的结果。如有部分失实，被批评者应即在同一报纸刊物上作出实事求是的更正，而接受批评的正确部分。如被批评者拒绝表示态度，或对批评者加以打击，即应由党的纪律检查委员会予以处理。上述情事如有触犯行政纪律、法律的部分，应由国家监察机关和司法机

① 《中共党史教学参考资料》第19册，第127～128页。

关处理。"

刘少奇在审阅这个决定时，加上了如下的重要内容。他极其尖锐地指出："如果我们对于我们党的人民政府的及所有经济机关和群众团体的缺点和错误，不能公开地及时地在全党和广大人民中展开批评与自我批评，我们就要被严重的官僚主义所毒害，不能完成新中国的建设任务。由于这样的原因，中共中央特决定：在一切公开的场合，在人民群众中，特别在报纸刊物上展开对于我们工作中一切错误和缺点的批评与自我批评。"然后，他签发了这一对党和国家民主化建设具有重要意义的决定。①

决定下达后，中共中央对这个决定的贯彻执行，态度是非常严肃的。当年轰动一时的"黄逸峰事件"，②就是典型一例。

黄逸峰是 1925 年入党的老党员。抗日战争时期就担任过地委书记、军分区司令员等领导职务。国共内战时期，先后担任东北铁路总局副局长、东北人民解放军铁道纵队司令员兼党委书记。上海解放后，任新中国上海铁路局第一任局长，后调任华东军政委员会交通部部长兼党委书记。华东军政委员会交通部设有一所华东交通专科学校，由黄逸峰兼任校长。该校于 1951 年秋季开始招生，分一年制和两年制，学生约 300 人。1951 年 12 月 3 日，《人民日报》"读者来信"专栏发表了一篇题为《上海华东交通专科学校存在混乱现象》的文章，批评学校在分科方面的混乱现象，说该校校址狭小，设备简陋，没有图书馆，没有实习工厂，缺少供实验用的机器，批评校领导不去设法改善教学设备，却花了 20 亿人民币（旧币）盖了一座大礼堂，在开学典礼时，大肆铺张浪费，等等。文章末尾的署名为"上海华东交通专科学校一群学生"。

学校看到《人民日报》刊登的这篇文章以后，认为文中的批评

①　刘崇文、陈绍畴主编《刘少奇年谱（1898～1969）》下卷，第 248 页。
②　张开明：《黄逸峰传奇》，江苏人民出版社，1995，第 221～226 页。

"不符合事实，是蓄意破坏学校名誉"，并当即向兼任校长黄逸峰反映。一向不管学校具体事务的黄逸峰在听了汇报以后，指示追查投稿人，并组织职工学生联名给《人民日报》写信要求更正。校方查出福建籍学生薛承凤是该文的作者后，对其施加种种压力，逼令其退学。薛承凤面对校方的巨大压力，向《人民日报》写信申诉，说学校领导压制批评。

《人民日报》接到薛承凤的信后，认为事态严重，根据中共中央《关于在报纸刊物上展开批评和自我批评的决定》精神，将薛的来信转给中共中央华东局办公厅处理。这时，已是 1951 年岁末，中共中央正在发动一场反对贪污、反对浪费、反对官僚主义的群众性的"三反"运动。华东局纪律检查委员会与有关部门共同组成检查组，前往华东交通专科学校调查这一事件。检查组进校以后，黄逸峰对检查组采取不予理睬的傲慢态度。经过初步调查，检查组建议给黄逸峰以党内警告的处分，并要黄在《解放日报》上作公开检讨。黄又拒绝检讨，将事情闹僵。接着，华东局派组织部负责人到北京向中央汇报。此时已是 1952 年下半年，"三反"运动已基本结束，正值强调发扬民主、倾听群众意见的时候。毛泽东听到黄逸峰压制批评的情况后，曾在一份材料上写下了"压制批评，轻则开除党籍，重则交人民公审"的批示。这样，黄逸峰一下子就成为全党全国压制群众批评的典型，并在 1953 年 1 月受到了开除党籍和撤销一切行政职务的严厉处分。

从当时或事后来看，对黄逸峰的处分不免失之过严。1954 年，毛泽东就说过，允许别人犯错误，也允许人家改正错误，譬如黄逸峰。1956 年，在《论十大关系》的报告中，毛泽东又提到可以允许黄逸峰重新入党的问题。黄逸峰也确于 1956 年 12 月被重新批准加入中国共产党。但历史上轰动一时的"黄逸峰事件"，表明了中国共产党推进民主化建设的不可动摇的坚定决心。

正确认识资本主义剥削

中共七届二中全会决议明确，国营经济是社会主义性质的，合作社经济是半社会主义性质的，加上私人资本主义经济，加上个体经济，加上国家和私人合作的国家资本主义经济，这些就是共和国的几种主要的经济成分，这些就构成新民主主义的经济形态。

因此，正确对待城乡私人资本主义经济的政策，就是新民主主义建设的一项重要内容。

1949年初，平津战役胜利已成定局，中共中央当即对接管北平、天津的工作作了部署，决定由彭真任北平市委书记，叶剑英任军管会主任兼市长；黄克诚任天津市委书记兼军管会主任，黄敬任市长。毛泽东指示平、津两市的接管工作统归华北局负责，并要华北局书记薄一波先赴北平，担负先遣任务。薄一波后来回忆说，他赴北平前曾专门到中央请示，毛泽东特别嘱咐："城市接收工作主要是接收官僚资本；对民族工商业要好好保护，接收工作要'原封原样，原封不动'，让他们开工，恢复生产，以后再慢慢来。做好城市工作要依靠工人阶级，还要团结好民族资产阶级，跟他们保持长期的统一战线；现在是人民民主专政，不是搞无产阶级专政。"① 刘少奇向薄一波谈得较多的是对待民族工商业的政策，重点是怎样利用私营工商业有益于国计民生的积极作用，以迅速恢复和发展生产的问题。②

中国共产党虽然成立于中国现代工业的中心城市——上海，它的阶级基础是工业无产阶级，但终究长期处在农村环境，其成员又多出身于农民小生产者。长期民主革命的斗争，任务是打土豪、分田地。消灭封建剥削制度的土地改革，不能不带有平均主义的色

---

① 薄一波：《若干重大决策与事件的回顾》上卷，中共中央党校出版社，1991，第5页。
② 薄一波：《若干重大决策与事件的回顾》上卷，第6页。

彩。这些思想观点和做法，在进入城市以后，自觉不自觉被带到城市工作中来。抗日战争后期，八路军收复山西的井陉、阳泉等工业区时，就曾发生乱抓物资、乱抢机器的现象，使工业受到很大破坏。1947 年 11 月攻克石家庄时，仍发生乱拿东西的情况，开始是搬取公物，后来发展到抢私人的财物，还鼓励城市贫民去拿，以致不得不实行戒严，甚至枪决了几个人来制止乱抢现象。更为普遍的是，分不清封建主义剥削与资本主义剥削的界限，把打土豪分田地的经验搬到城市，造成对民族工商业的破坏。因此，1948 年 4 月 19日，薄一波专门向中央写了一份报告。毛泽东在报告上作了批注，严肃指出：在城市或乡镇破坏工商业，"是一种农业社会主义思想，其性质是反动的、落后的、倒退的，必须坚决反对"。① 凡此种种说明，夺取城市以后，能否严格区分封建主义剥削与资本主义剥削的界限，切实执行党的保护民族工商业的政策，乃是能否迅速恢复和发展城市的一切生产事业的关键，也是共产党进入城市以后，首先面临的一个重要考验。

中共七届二中全会决议对此曾有明确指示："从我们接管城市的第一天起，我们的眼睛就要向着这个城市的生产事业的恢复和发展。务须避免盲目地乱抓乱碰，把中心任务忘记了，以至于占领一个城市好几个月，生产建设的工作还没有上轨道，甚至许多工业陷于停顿状态，引起工人失业，工人生活降低，不满意共产党；这种状态是完全不能容许的。"决议强调：城市中的各项工作，"都是围绕着生产建设这一个中心工作并为这个中心工作而服务的。如果我们在生产上无知，不能很快地学会生产工作，不能使生产事业尽可能迅速地恢复和发展，获得确实的成绩，首先使工人生活有所改善，并使一般人民的生活有所改善，那就必然地会使我们不能维持政权，我们就会站不住脚，我们就会要失败"。接着指出："中国的私人资本主义经济，占

---

① 薄一波：《若干重大决策与事件的回顾》上卷，第 7 页。

了现代性工业经济中的第二位，它是一个不可忽视的力量。中国的自由资产阶级及其代表人物……在人民民主革命斗争中常常采取参加或者保持中立的立场……由于中国经济现在还处于落后状态，在革命胜利以后一个相当长的时期内还需要尽可能地利用城乡私人资本主义的积极性，以利于国民经济的向前发展。……孙中山的节制资本的口号，我们依然必须用和用得着。但是为了整个国民经济的利益，为了无产阶级和劳动人民现在和将来的利益，决不可对私人资本主义经济限制得太大太死，必须容许它们在人民共和国的经济政策和经济计划的轨道内有存在和发展的余地。……如果认为我们现在不要限制资本主义……这是完全错误的，这就是右倾机会主义的观点。但是反过来，如果认为应当对私人资本限制得太大太死，或者认为简直可以很快地消灭私人资本，很快地进入无产阶级专政的社会主义社会也是完全错误的，这就是'左'倾机会主义或冒险主义的观点。"[1]

　　1949年的天津，私营工商业将近四万家，其中工业有上万家，有好几十万工人；北平大大小小的私营工厂也有三万工人。社会上很多的必需品，如鞋子、袜子、牙刷、牙粉等吃的、穿的、用的，都靠他们供给。这些私营工业，是社会上的一个很大的生产力。但是，天津解放以后，资本家很恐慌，很消极，准备收场、关门不干了，或准备逃跑。原因是，自天津市军管会、市政府成立一连几个月，没有一个负责人理会资本家——接见他们，找他们谈话，听取他们的意见，帮助他们解决问题。他们认为，如果与资本家接触，就是"立场不稳"。《天津日报》天天宣传工人如何好，说到资本家，总是说不好。资本家与国营公司打交道，不仅不赚钱，反而要赔本。唐山有个启新洋灰公司，解放后与国营贸易公司订了半年合同，后者收购它生产的洋灰，后来物价上涨，合同订的价格明显太低，继续执行合同，资本家就得赔本。当地的华兴纱厂也与国营贸易公司订了八个月的合同，

---

[1] 《中共党史教学参考资料》第19册，第2、3页。

贸易公司供给棉花，华兴将生产出来的纱布买给贸易公司。后来纱价大涨，但合同价不变，这样贸易公司赚了很多钱，华兴虽未赔本，也没有赚多少钱。而税收部门是按市场价格收他们的税。又如，天津久大盐业公司的盐卖不掉，经与政府有关部门联系，说是可以运到山东临清去卖，于是久大公司就把盐运到了临清。临清的国营贸易公司看到来了一个作卖盐生意的资本家，就想办法对付他。结果国营贸易公司把盐的价格一跌，使得资本家的盐卖不出去，折了本。以上种种，弄得天津地区的资本家叫苦不迭。这时，有的工人组织还教育工人怎样同资本家作斗争，叫工人要弄清谁剥削谁，怎样才能翻身。于是，资本家越来越恐慌。

就在接收平、津后不久，华北局书记薄一波向中央报告两市的财经情况说，两市每月要补贴15亿元人民币（旧币）。由于工厂不开工，天津有上百万人口生活无着落，北平更多。报告说："所有城市的中心问题，就是如何有步骤地有计划地妥善地复工，这一问题得到解决，则万事皆通。否则，一切均谈不到。"4月，华北局向中央详细报告了平、津工业生产中的问题，指出除城乡交换阻隔、外贸断绝、原料匮乏、产品滞销、通货膨胀外，工作中没有处理好公私、劳资等关系，也是存在的突出问题。"'工人、店员误认为我们允许分厂、分店，进行清算斗争。天津解放一个月内，曾发生53次清算斗争。''资本家脑子里有三怕：一怕清算，二怕共产党只管工人利益，三怕以后工人管不住，无法生产。'因此，他们抱着消极等待、观望的态度，甚至跑去香港。据天津统计，当时私营企业开工的不足30%。这种情况必须迅速扭转。"①

上述情况表明，向干部、工人和资本家阐明中共七届二中全会确定的新民主主义的经济政策，澄清干部、工人思想中的模糊认识，消除民族资本家存在的疑惧心理，已经刻不容缓。

---

① 薄一波：《若干重大决策与事件的回顾》上卷，第50～51页。

正是在这种复杂的历史背景下，刘少奇受毛泽东的委托于1949年4月10日去天津视察，就地解决问题。

为了解决好天津恢复生产中的各种问题，刘少奇到达天津以后，除了与干部、工人开会座谈外，专门接见资本家的代表人物，了解他们的思想顾虑，同他们谈心，以摸清他们心里的疙瘩，好"对症下药"。4月19日，应邀参加座谈的天津市工商业家有：久大盐业公司总经理李烛尘、东亚企业股份有限公司总经理宋棐卿、启新洋灰公司总经理周叔弢、上海银行副总经理兼天津管辖行经理资耀华、仁立毛呢厂总经理朱继圣、恒源纺织厂董事长兼经理边洁清、寿丰面粉公司经理孙冰如、天津市商会理事长毕鸣岐以及劳笃文、王翰庭等在华北乃至全国知名的天津工商界人士，还有一些中小工商业者。座谈中，资本家提出了不少问题，如资方工商业者能不能让存在，中共的政策是什么？复工复业原材料不足，政府是否帮助解决？政府对劳资矛盾的基本政策？等等。

谈话中，刘少奇发现他们最关心的是两个问题。

第一，中共中央过去在讲新民主主义经济构成时，讲了三种经济成分，一是国营经济，二是向着合作社道路走的小农经济，三是小的和中等的资本主义经济，就是没有大的资本主义。李烛尘、宋棐卿说，现在我们不是大的，再过两年发展一下不就大了吗，大了，你们就不要我们了，新民主主义经济就没有我们的份了。也就是说，不知道哪一年哪一天就要把他们搞掉了，就要把他们的工厂没收了。

第二，他们承认自己是资本家，但害怕承认自己是剥削者。周叔弢说：我有一个儿子一个女儿，都是共产党员。我是有剥削，但是我也不想当资本家。我只想作到"工业建国"。我的启新洋灰公司开了几十年，由于赚钱，又开了一个华兴纱厂，在大冶开了一个洋灰厂，现在有三个工厂，还准备再开第四个工厂，可是心里感到苦闷。如果我的厂子开得越多，剥削也就越多，剥削的工人也就越多，就成了大资产阶级了，我的罪恶也就更大，清算起来就该枪崩了。①

总之，他们不知道自己的出路何在。

资本家的顾虑，不是凭空出现的，他们注意看中共中央公布的文件，甚至还看了马列主义的本本。加上天津解放后，宣传党对民族资产阶级的正确政策的工作没有跟上，在实际行动上又反映出不少"左"的情绪。黄克诚、黄敬、黄火青在向刘少奇汇报时就谈道：眼下一些工厂劳资关系紧张，一是资方财产被冻结或分掉；二是工人要求资本家增加工资、分红利，我们的干部则多是站在工人一边。这就使资本家看不到自己的前途。要解开这样一些相互扭在一起的疙瘩，怎样认识资本主义剥削，无论是对工人、干部还是资本家，都是一个问题的关键。

共产党做思想工作的诀窍，就是善于一把钥匙开一把锁。刘少奇正是从这"剥削"二字上做他们的文章。他说：

> 现在有好些人怕说剥削，但剥削是一个事实。尽管工厂有几千几百个股东，但你是代表股东、代表资方在工人身上剥削剩余价值的，一块钱也是剥削。有这个事实，只好承认。但是，认为"剥削多，罪恶大，要审判，要枪毙"，因而苦闷，这种想法则是错误的。

为了说清楚这个道理，刘少奇不得不从马克思主义历史唯物主义的基本常识说起。他说：

> 剥削不剥削，不是由你们决定，也不由工人决定。剥削是社会制度决定的。在最初的人类社会中是没有剥削制度的，后来才有了奴隶社会的剥削制度、封建社会的剥削制度和资本主

① 黄小同、李文芳：《刘少奇与天津讲话》，河南大学出版社，1998，第130~154页。

义社会的剥削制度。在奴隶社会、封建社会、资本主义社会，你不剥削别人，别人就得剥削你，你不剥削也不行，你不被别人剥削也不行，这不是由人的意识决定，而是由社会的经济发展条件决定的。

当然，这几种不同的剥削制度，在不同的历史时期，它们对社会发展的作用是不同的。最初的奴隶社会、封建社会在历史的一定时期也是有进步性的，后来反动了也就被消灭了。资本主义的剥削方式代替了封建主义的剥削方式，这在历史上是一个巨大的进步。马克思说过，资本主义在青年时期是有历史功绩的。资本主义发展在不到一百年的短时期内，把生产力提到了空前的高度，可以说是有很大功劳的。

至于现在是不是就应该消灭资本主义的剥削制度，那要看是否具备了消灭资本主义的历史条件。在欧美资本主义已经很发达的国家，可以废除资本主义的剥削制度，但这些国家的无产阶级队伍还没有组织好，所以还没有能消灭资本主义的剥削制度。从中国今天的具体情况来说，中国共产党有这个力量，可以随时废除掉资本家的剥削，但我们现在不能这样做。因为，我们国家生产不发达，生产落后，今天不是私人资本主义工厂太多，而是太少。现在不只是私人资本主义可以存在，而且需要发展，需要扩大。①

为使资本家明了私人资本主义在现实中国的地位，刘少奇向他们转述了不久前毛泽东与上海资本家的谈话。上海资本家向毛泽东说："你们一讲资本家，剥削者，我们就浑身发抖。"他们把自己叫作"产业家"、"工业资本家"。毛泽东同他们说："你们产业家、资本家在新中国的地位里，我们是联合你们的，四个朋友，缺一不可。"他

---

① 黄小同、李文芳：《刘少奇与天津讲话》，第49～61页。

们问:"那么谁是大哥?""我们在报纸上的地位太不清楚了,而且是危险的。"毛泽东说:"讲革命当然是无产阶级第一,他们无所顾忌,坚决斗争,农民也不错,但在城市里讲生产,还是你们第一。"

针对中国工人失业、经济凋敝的现状,和资本家担心剥削越多罪恶越大的思想,刘少奇特别强调了资本主义工业在中国发展的必要性,由此而说了在现时的中国,资本主义剥削不是有"罪",而是有"功"的话。刘少奇说:现在有很多失业工人,要求资本家复工。失业工人要求你资本家复工,就是要求你们剥削他们一下。"就是说你收他们作工,给工资,剥削他们,他们倒有工作可做,不失业了。"刘少奇指着宋棐卿说,你"现在只剥削一千多工人,如果你能剥削两千,甚至两万工人那就更好。现在的工人是有人剥削比没人剥削好,没人剥削他更痛苦,有人剥削他虽然痛苦,但总比较好一点,不会失业,有饭吃(虽然只能吃半饱,但总比没有饭吃好)"。又对周叔弢说:"你能开第四个、第五个、第六个工厂对社会更有好处,功劳就越大。"因为"你们把工厂建立起来,用全力把工厂管好,对社会生产力的提高你们是有功劳的"。总之,"今天在中国正是资本家建立功绩的时候,中国的资产阶级,不是老年的、腐朽的、反动的,而是青年时代,还能够发展"。

其实,刘少奇的谈话并未到此止步,他进而又说,当然,新民主主义社会对资本主义的发展也是要限制的。如"公私兼顾"就是限制政策,国家经济要照顾私人经济,私人经济也要照顾国家经济;"劳资两利"也是限制政策,照顾到发展私人资本,同时不能不照顾到工人的生活;税收政策,也是一种限制。至于搞社会主义,那是几十年以后的事。今天资本主义的发展,并不妨碍将来搞社会主义;相反,在有了更多的私人资本主义以后,实行社会主义就会更快一些。

资本家最害怕社会主义。

他们问,社会主义是不是可以不搞?刘少奇说,社会主义一定要搞。不搞不行,这是肯定了的。

　　他们接着问，怎么样搞法？刘少奇回答说，马克思列宁的书上说，搞社会主义，就一定要打倒资产阶级，革资产阶级的命。将来中国搞社会主义，可以不革你们的命，可以经过新民主主义的发展，用和平的办法走到社会主义。

　　他们又问具体怎么个搞法。刘少奇说：那很难讲，那是十年十几年后的事情。一定要具体讲，那举宋棐卿先生为例，他工厂管理得很好。20年后，他已发展到8个工厂。我们搞社会主义，就要把这8个工厂收归国有，由国家来办。只要你不反动，这8个工厂还叫你当厂长。因为你工厂管得好，很能干，国家还可以再给你管8个工厂，让你管16个厂子，那时候，你的薪水还要增加。你干不干？宋高兴地说：我为什么不干呢？刘少奇说："这就叫和平转变。"①

　　可见，刘少奇向天津资本家说的是，剥削在历史上的作用，由进步到反动是一个发展过程；绝不能不分时间、地点，不管历史条件，抽象地反对一切剥削；在1949年的中国强调要欢迎资本家剥削，正是为了在中国创造最后和平地消灭资本主义剥削所必需的前提和条件，这才是刘少奇在天津同资本家谈话的全部内容，也是刘少奇对于资本主义剥削的历史辩证说。

　　经过刘少奇一番有针对性的、耐心的教育和开导，尤其是他对资本主义剥削所作的精辟入微的辩证解说，使在座资本家心里的一块沉重石头落了地。他们不无兴奋地说，从前共产党的底一点也摸不到，现在摸到一点底了。他们中不少人感到，长期怀抱的实业建国的大志，终于有了可以实现的机会，因而纷纷筹划恢复生产，扩大生产。宋棐卿就是其中的一个代表。1949年4月30日，宋棐卿致信刘少奇称：

　　　　敝厂自蒙阁下惠临训话（4月21日，刘少奇参观东亚企业股份有限公司所属毛纺织厂，并对职工代表讲话，阐明党的公私

————————————

　　① 刘少奇的天津讲话，详见《刘少奇论新中国经济建设》，第96～109页。

兼顾、劳资两利政策，以及社会发展规律和前途——引者注）
后，全厂职工对于政府之工业政策有了新的了解及新的希望与新
生命，至为愉快，因此已决定每人皆尽最大之努力以完成此伟大
为人群服务之使命，而副政府及阁下关垂训示之至意。今谨将敝
厂决定发展之计划奉陈如后：

一、敝麻厂决定于最近期内加开夜班。

二、敝毛厂决再添购原毛增加生产。

三、敝化学厂虽已停工将近二年，今已计划即行开工。

四、敝公司正筹划再开设麻袋第二厂，以增生产。

以上各项知关廑注，谨先将此概要奉闻，以后进行至何程
度，亦必随时报告，聆受指导也。①

宋棐卿的信，如实地反映了刘少奇在天津向资本家对资本主义剥
削作的辩证解说，所产生的社会效果。

6 月 4 日，在各民主党派人士及北平各级党政机关负责人会议
上，刘少奇将在天津调研发现的问题、民族资本家的苦闷和担心，他
向资本家代表人物所阐述的中共的现行政策，以《新中国的财政经
济政策》为题，作了长篇报告。对于这个问题的重要性，刘少奇在
报告最后说："如果能解决困难，贯彻公私兼顾、劳资两利的政策，
把前途说清楚，资方就安定，而他们生产一积极，工人也安定，这是
走向社会建设必要的条件。现在财政经济问题是个重要的问题，不弄
好不行。一个天津有几万家工商业，连员工家属就有好几十万人，这
许多人不安定，社会也没法安定，一个天津弄不好，整个中国也没办
法。"②

对刘少奇在天津同资本家的谈话所起的历史性作用，邓小平在中

---

① 《刘少奇论新中国经济建设》，第 111 页。
② 《刘少奇论新中国经济建设》，第 143 页。

共七届四中全会的讲话中作了高度评价。他说：

> 对资产阶级问题，虽然我没有见到一九四九年初少奇同志在天津讲话的原文，但是据我所听到的，我认为少奇同志的那些讲话是根据党中央的精神来讲的。那些讲话对我们当时渡江南下解放全中国的时候不犯错误是起了很大很好的作用的。虽然在讲话当中个别词句有毛病，但主要是起了好作用的。当时的情况怎么样呢？那时天下还没有定，半个中国还未解放。我们刚进城，最怕的是"左"，而当时又确实已经发生了"左"的倾向。在这种情况下，中央采取坚决的态度来纠正和防止"左"的倾向，是完全正确的。我们渡江后，就是本着中央的精神，抱着宁右勿"左"的态度去接管城市的，因为右充其量丧失几个月的时间，而"左"就不晓得要受多大的损失，而且是难以纠正的。所以，我认为少奇同志的那个讲话主要是起了很好的作用的，而我所听到的流言就不是这样的。[①]

邓小平的这一席话，不只是在中共党内主持了公道，更重要的是在中国现实的历史条件下，在如何对待资本主义剥削这个问题上，分清了党内的重大政治是非、思想是非和理论是非，而且阐明了一条真理，即共产党掌握全国政权以后，各项政策的正确，错误，利弊得失，其基本立足点，就是看是否有利于解放生产力，发展生产力。在当时，突出反映在是否有利于迅速恢复和发展城市的工业生产上。

要长期保存富农经济

土地改革不单纯是为了救济穷人，更是为了解放生产力和发展生

[①] 《邓小平文选》第1卷，人民出版社，1994，第205～206页。

产力。

毛泽东强调暂时不动富农，待几年以后再动，使人误以为是一种暂时的策略。刘少奇则突出保存富农经济的战略意义，强调不是一种暂时的政策，而是一种长期的政策。

1950 年 6 月 14～23 日，正当全国农村进入夏季麦收开镰的时候，全国政协一届二次会议在中南海怀仁堂举行。这次会议的重要议题是关于新解放区的土地改革问题。此前，中共中央起草了《中华人民共和国土地改革法（草案）》，经不久前举行的中共七届三中全会讨论通过，提交全国政协会议审议。刘少奇受党中央委托，在会上作了《关于土地改革问题的报告》，全面阐述了在全国范围实行土地改革的必要性、基本路线和具体政策。

旧中国的土地制度极不合理，占农村人口不到 10% 的地主和富农占有 70%～80% 的土地，借此盘剥农民。占农村人口 90% 的贫农、雇农、中农，只占有 20%～30% 的土地，他们租种地主的土地，地租占产量的比重普遍在 50% 以上，有的达到 70%～80% 甚至更高。因而，广大农民终年劳动，却不得温饱。这种土地占有状况，严重束缚了农村生产力的发展，是中国走向近代工业化道路的障碍。中华人民共和国成立以前，随着人民革命战争的胜利发展，已在有 1.19 亿农村人口的解放区实行了土地改革，但还有大约 2.9 亿农村人口的地区没有进行。据调查，尚待土地改革的新解放区的大体状况是：有一些地区的土地占有更加集中，如四川等地，地主占有土地为 70%～80%；而另外一些地区，如长江下游地区，土地占有情况则较为分散。华东及中南一些乡村的情况大体是，地主占有土地及祠堂等公地为 30%～50%，富农占有土地 10%～15%，中农、贫农、雇农占有土地 30%～40%，小土地出租者占有土地 3%～5%。乡村全部出租土地占 60%～70%。这就是说，乡村中 90% 的土地是中农、贫农及一部分雇农耕种的，但他们对大部分土地则没有所有权。

刘少奇在报告中说："这就是我们民族被侵略、被压迫、穷困及落后的根源，是我们国家民主化、工业化、独立、统一及富强的基本障碍。这种情况如果不加改变，中国人民的胜利就不能巩固，农村生产力就不能解放，新中国的工业化就没有实现的可能，人民就不能得到革命胜利的基本的果实。"所以，"废除地主阶级封建剥削的土地所有制，实行农民的土地所有制，借以解放农村生产力，发展农业生产，为新中国的工业化开辟道路。这就是我们要实行土地改革的基本理由和基本目的"。

他强调指出：土地改革的基本理由和基本目的告诉我们，土地改革不单纯是救济穷人，而在于解放生产力和发展生产力。"土地改革的结果，是有利于穷苦的劳动农民，能够帮助农民解决一些穷困问题。但土地改革的基本目的，不是单纯地为了救济穷苦农民，而是为了要使农村生产力从地主阶级封建土地所有制的束缚下获得解放，以便发展农业生产，为新中国的工业化开辟道路。只有农业生产能够大大发展，新中国的工业化能够实现，全国人民的生活水平能够提高，并在最后走上社会主义的发展，农民的穷困问题才能最后解决。"①

把地主的土地没收后分配给无地和少地的农民，是土地改革的基本政策。那么，土地改革对待富农的政策又怎样呢？

在长期的革命战争年代，对待富农的政策是有过多次变动的。最初，中国共产党采取没收一切土地实行平分的政策；后来，改为没收地主阶级土地，但不打乱平分，而是采取"抽多补少""抽肥补瘦"的办法，这样，虽然没有没收富农土地，但也动了富农的肥田（用瘦田换取富农的肥田）；王明"左"倾路线时期，采取的是地主不分田、富农分坏田的政策；遵义会议以后，1935 年 12 月，党改变了"左"倾路线实际上消灭富农经济的政策，实行除没收其出租土地外，对其自耕和雇人耕种部分采取保护的政策；后来在国共内战期

---

① 《刘少奇选集》下卷，第 29～34 页。

间，基本上遵循了这个原则，只是由于战争需要得到农民的支援，为
满足农民对土地的要求，事实上动了富农，以至于在某种程度上侵犯
了中农的利益。

为了吸取历史的经验教训，从有利于发展生产出发，中国共产党
在建国以后，就提出了慎重对待富农的问题。

1949 年 11 月，在中共中央政治局会议上，毛泽东就曾提出在江
南新区土改中应慎重对待富农和暂时不动富农的主张。

1950 年 1 月，针对党内担心老解放区农村产生新富农的忧虑，
刘少奇明确回答说，现在不要限制富农经济发展。

当时，毛泽东正在莫斯科，他向斯大林汇报了中共将在新解放区
采取的土地政策，斯大林随即提议将分配地主土地与分配富农土地分
成两个较长的阶段来做，即使目前农民要求分配富农的多余土地，我
们虽不作禁止，但也不要在法令上预作肯定。毛泽东对中国的半封建
富农作了解释，说明不动资本主义的富农。斯大林则以十月革命后的
苏联为例，要求中共把反富农看成一场严重斗争。在打倒地主阶级
时，应中立富农才能使生产不受影响。毛泽东在离开莫斯科回国的当
日，即 2 月 17 日与周恩来联名致电刘少奇，说明富农问题，不但关
系富农而且关系民族资产阶级。因此，江南土改的法令必须和北方土
改有些不同，并转达了斯大林的意见。

毛泽东回到北京后，于 3 月 12 日写信给各中央局负责同志，征
询对待富农策略的意见。他建议：

> 在今冬开始的南方几省及西北某些地区的土地改革运动中，
> 不但不动资本主义富农，而且不动半封建富农，待到几年之后再
> 去解决半封建富农问题。

之所以这样做的理由，"第一是土改规模空前伟大，容易发生过
左偏向，如果我们只动地主不动富农，则更能孤立地主，保护中农，

并防止乱打乱杀，否则很难防止；第二是过去北方土改是在战争中进行的，战争空气掩盖了土改空气，现在基本上已无战争，土改就显得特别突出，给予社会的震动特别显得重大，地主叫唤的声音将特别显得尖锐，如果我们暂时不动半封建富农，待到几年之后再去动他们，则将显得我们更加有理由，即是说更加有政治上的主动权；第三是我们和民族资产阶级的统一战线，现在已经在政治上、经济上和组织上都形成了，而民族资产阶级是与土地问题密切联系的，为了稳定民族资产阶级起见，暂时不动半封建富农似较妥当的。"

毛泽东进而指出："关于暂时不动富农的问题，去年十一月有饶漱石、邓子恢、李富春三同志参加的政治局会议中，我曾提出过，惟未作详细的分析和未作出决定，现在已到需要作决定的时机了，决定之后需要修改土地法及其他有关土改的文件，并颁布出去，以利新区各省土改干部的学习，方有利于今年秋后开始土改，否则将错过时机，陷于被动。"①

毛泽东要求各中央局认真讨论并将意见报告中央。不久，中央还指示各地就不动富农的土地财产，调查农民可能分配到的土地数量，以及相当于全村人均土地的比例。

各中央局和省委经过讨论，基本上分为两类意见。

一种是华北局、华东局、西北局和西南局贵州省委的意见，他们认为：富农出租土地数量不大，动富农的出租土地，所得甚微；不动富农的出租土地，除个别地区外，无地少地农民所需土地基本能得到解决，据河北保定地区调查，贫雇农所得土地约占当地人均土地的99％。因此，赞同不动富农的出租土地。

二是中南局的意见，他们同意不动富农雇人耕种和自耕的土地及全部财产，但富农的出租土地应该动。因为中南地区土地比较分散，地主、富农的出租土地，加起来不及40％。不动富农的出租土地，

---

① 《毛泽东年谱（1949～1976）》第1卷，第102～103页。

贫雇农所得甚少，只占人均土地数量的 65% ~ 75%。同时认为，动富农的出租土地，并不妨碍政治上中立富农。

中共七届三中全会经慎重讨论，原则上确定，保护富农所有自耕和雇人耕种的土地及其财产，不得侵犯。富农所有出租的小量土地，亦予保留不动。同时规定，在某些特殊地区，经省以上人民政府批准，得征收其出租土地的一部或全部。

在取得全国政权以后的土地改革中，采取保护富农经济的政策，无疑是十分正确的。但值得指出的是，斯大林根据苏联的经验，强调把反对地主与反对富农分为两个阶段进行，虽然有不致影响生产的考虑，但侧重点是不要同时打击两个敌人。可以认为，斯大林在这里讲的是一种策略。

毛泽东强调暂时不动富农的半封建部分，待到几年以后再动，除有利于孤立地主，稳定中农，更侧重于与民族资产阶级的统一战线。但对保护资本主义富农经济的意义并未作强调，也使人不易领悟其战略意义，误认为是一种暂时的策略。

刘少奇则突出了保存富农经济的更深层含意，他在报告中说，在土地改革中保存富农经济，不受破坏，是着眼于农村生产的发展。因为富农经济的存在及其在某种限度内的发展，对于人民经济的发展是有利的，因而对于广大农民也是有利的。他强调指出："我们所采取的保存富农经济的政策，当然不是一种暂时的政策，而是一种长期的政策。这就是说，在整个新民主主义的阶段中，都是要保存富农经济的。"[1] 从建设新民主主义社会的高度来认识保存富农经济的必要性，就揭示了它所涉及的全局意义，这显然就不是出于策略的考虑。

为使保存富农经济的政策得到贯彻，1950 年 12 月 20 日，刘少奇在为中共中央起草的致中南局并告华东局、西北局、西南局电文中强调指出：

---

[1] 《刘少奇选集》下卷，第 40 ~ 41 页。

我们基本上同意你们发这样一个指示，着重纠正土改中的右倾偏向，以便发动广大群众进行土地改革。但在指示中还应增加一些防止"左"倾危险的指示，指出那些"左"的错误是不许再犯的，例如侵犯中农利益，忽视联合中农的重要性，破坏富农经济，对地主普遍地扫地出门，乱打乱杀，在工作方式上的强迫命令、大轰大嗡等。如此，才能一方面既放手发动群众，另一方面又不犯或少犯"左"的错误。否则，某些干部很可能重犯过去某些"左"的错误。①

遗憾的是，土改法中关于保护富农经济的政策，在新区土地改革中并未得到很好贯彻。②

---

① 《中央关于土改中纠正右倾偏向的同时不许再犯"左"的错误的指示》（1950年12月20日），《建国以来刘少奇文稿》第2册，第640页。

② 关于保护富农经济的政策未能得到贯彻的情况，时任中共中央中南局秘书长的杜润生1992年在接受采访时说："实际进行中没有完全执行。中央允许个别省区征收富农出租土地。不少地方把富农经济搞掉了，只是华东和西北某些省份没有征收。"见张素华、边彦军、吴晓梅《说不尽的毛泽东》下册，辽宁人民出版社，1995，第407页。

邓力群在谈到国史编写中不应忽视的若干问题时说："在新解放区当时主要是没收官僚资本，实行土改、社会民主改革，调整工商业。对民族资产阶级，我们作为朋友继续同它保持联盟。在政策上提出保护富农，但不少地区在实际工作中没有认真学《土地改革法》就干起来了，在土改中把富农的土地平分掉了，富农这个阶层实际上被搞掉了。"见邓力群《国史写作不应忽视的若干问题》，《当代中国史研究》1994年第1期，第91页。

国务院发展研究中心研究员黄道霞写道："1950年6月21日，中央人民政府公布了《中华人民共和国土地改革法》，规定征收富农的半地主式的出租土地；保护富农自耕、雇工耕种的土地和其他财产。不过，此后在大体为期3年的土改实际过程中，除京、津、沪、辽等大城市郊区，闽、浙沿海经济较发展地区，广东的若干地方外，其他多数地方没有执行这一政策。……其发生原因较多，但最根本的，是党内意见不一的影响。……当时在土改中，还有比保存富农经济政策更为重要的政策，如：满足贫雇农土地要求的政策。而这两项政策从根本上讲是有矛盾的，当发生矛盾、解决矛盾时，毛泽东当然是倾斜于满足贫雇农要求，建国前的土改中也都是如此。毛泽东在1950年6月6日至9日召开的讨论、决定新区土改法的党的七届三中全会上，还特别重申了过去这种作法的正确性。所以，新区土改实际上没有执行保存富农经济的政策，可以说问题出在倾斜处理这个矛

毛泽东为刘少奇出题

1951 年 2 月中旬，中共中央政治局召开有各中央局负责同志参加的政治局扩大会议，讨论三年准备十年计划经济建设的总战略、抗美援朝的宣传教育运动、土改、镇压反革命、城市工作、整党及建党、统一战线工作、整风等八项重要问题，并作出决议，通盘部署了 1951 年的全面工作。毛泽东在会上明确提出的"三年准备，十年计划经济建设"，是一个重要的战略思想。这个战略思想是在实践中逐步形成的。在中共七届三中全会上，毛泽东提出要用三年或者还要多一点的时间争取财政经济状的根本好转，为有计划地进行经济建设准备条件。这一年他还讲过"三年五年恢复，十年八年发展"。鉴于半年多来，各项工作尤其是抗美援朝战争进展顺利，三年完成经济恢复的任务已确有把握，因此，没有必要再拖一个尾巴；鉴于多年来中国共产党人要为中国的工业化而奋斗，现在这一任务就将变成直接行动，当前所作的一切，都是为实现这一任务作直接的准备。因此，就有必要把进行有计划的经济建设这一前景，更切近地提到党的高级干部面前，并使党的高级干部更具体地了解十年建设与向社会主义过渡的联系。刘少奇把这个战略思想称为党的总计划，周恩来称它为党的总方针，要求各方面工作都要同这个总方针相配合。① 毛泽东在会议决议要点中强调："'三年准备、十年计划经济建设'的思想，要使

盾上，各地动富农土地的理由，几乎也都是要充分满足贫雇农的土地要求。更有甚者，有的地区为满足贫雇农的要求，不论富农的土地是出租还是自耕土地一起动；有的地区在'三套锣鼓（土改、镇反、抗美援朝）一起打'的形势下，随意用划'反动富农'的办法，动了富农；还有的说自己是土改法所指的'某些特殊地区'（按规定需省级批准手续），动了富农。"见黄道霞《新中国建立初期党内的几场争论与社会主义农业的改革》，《中共党史研究》1996 年第 6 期，第 41～42 页。

① 参见《建国以来毛泽东文稿》第 2 册，"编后记"。

省市级以上干部都明白。"①

为使全党高级干部对中央的决议精神有深刻理解，毛泽东在 3 月 30 日的一则批语中专门向刘少奇提出，请他将"三年准备十年建设的思想"向出席全国组织工作会议的干部讲一下，使他们有所准备。② 根据毛泽东的意见，刘少奇于同年 5 月 7 日和 7 月 5 日，先后向出席第一次全国宣传工作会议的干部和马列学院第一期学员作报告，全面阐述了中央这个重要思想和战略部署。

一是三年准备，准备什么？刘少奇指出，军事上，包括把朝鲜战争打赢，把全部土匪肃清，还要解决西藏问题、台湾问题。政治上，要把统一战线、群众运动搞好，在农村里完成土改，发展生产，组织互助组；在工厂里搞好爱国主义竞赛，管理好工厂。经济上，对国内的各种资源、国内市场、国外市场，都要搞清，建立全国的统计；还要调整公私关系。文化上，要准备人才，把现有的知识分子很好地利用起来。总之，各方面的准备工作都要加强。

二是关于经济建设的方针。刘少奇说工业农业都要发展。现在首先要恢复和发展农业。其次是发展工业，开始还是要搞一些轻工业。我们之所以不先发展重工业，是因为农业是工业的基础，农村是工业的市场，依靠农业发展提高人民的生活水平，依靠农业积累资金。所以要先发展农业。农业、轻工业发展了，建立重工业就有了基础。

三是十年建设将引起中国社会经济结构那些变化。刘少奇指出，十年经济建设计划时期，四个阶级联盟的统一战线基本上没有变化。但是资产阶级和我们有矛盾、有斗争，这就是限制与反限制的斗争。只要我们不侵犯资本家的私有财产，给他们以活动范围，使他们有利润可赚，就基本上可以合作。十年经济建设期间，总的来说，五种经济成分都要发展，各得其所才能合作，因此基本关系不能有大的变

---

① 《毛泽东文集》第 6 卷，第 143 页。

② 《对刘少奇在全国组织工作会议上的报告稿的批语》（1951 年 3 月 30 日），《建国以来毛泽东文稿》，第 206 页。

化，但是五种经济的发展和比重会有变化。其结果，一是近代工业比重逐渐增大，农业和个体经济缩小；二是社会主义、半社会主义性质的经济逐渐增大，私人资本主义经济逐渐缩小，作用也缩小；三是反映到政治思想上，加强了工人阶级、共产党在国家经济生活中的作用，也加强了国家的作用。同时证明社会主义工业优于私人资本主义工业，合作社经济优于个体经济。刘少奇称，这种变化是整个新民主主义阶段中的变化。

四是由新民主主义向社会主义过渡。刘少奇说：经过十年建设出现上述经济政治变化以后（也许再搞个五年计划），才可以采取步骤进入社会主义。现在不能提这个问题。当然，作为理论和理想，可以宣传；作为实践，十年内讲不到，十年之后看情况，也可能还要等几年。所谓采取进入社会主义的步骤，第一步是实行工业国有化，除小工业外，所有工业都是国有的。商业也是一样。第二步是农业集体化，消灭农村的富农阶级。进入社会主义主要是这两步。他认为，这十年建设阶段还是新民主主义阶段。但是，新民主主义阶段是过渡阶段，也是准备阶段，为工业国有化和农业集体化作准备，准备进入社会主义。[①]

刘少奇在讲话中申明，这大体上是个人的意见，中央没有讨论，不是定见。但是从1948年9月中央政治局会议到1950年全国政协一届二次会议期间毛泽东的多次讲话，以及同一时期刘少奇、周恩来等在谈到何时开始搞社会主义的讲话来看，其基本意思是与此相同的。因此，有理由认为，刘少奇在这里表达的大体上是那个时期中共中央几位领导人共同的意见。

1951年2月，中共中央政治局会议"三年准备十年建设"的设想，不只是使全党更加明确了恢复国民经济的中心目标，而且把七届二中全会"在革命胜利以后，迅速地恢复和发展生产，对付国外的

---

① 《刘少奇论新中国经济建设》，第197~215页。

帝国主义，使中国稳步地由农业国转变为工业国，由新民主主义国家转变为社会主义国家"的战略构想进一步具体化了。

为巩固新民主主义制度而斗争

1951 年 3 月，人民共和国成立已经一年又半，大陆除西藏的和平解放正在谈判外，已全部解放；各级人民政权均已建立；财政经济整个来说，呈现出一个好的势头；抗美援朝战争经过中国人民志愿军发动的三次战役，战局也已基本稳定；新解放区第一批进行的土地改革已基本完成；中共中央关于新民主主义建设的总战略、总方针即"三年准备十年建设"业已确定。尽管摆在面前的新民主主义的改革任务还很重，但是，可以说全面实施新民主主义纲领的条件都已具备。因此，现在的问题就是要使全体党员在思想上和行动上都统一到党的奋斗目标上来。

1951 年 3 月 28 日至 4 月 9 日，中共中央在北京召开了第一次全国组织工作会议，出席会议的有 490 人。大会主席团由刘少奇、周恩来、陈云、彭真、王稼祥、陆定一、李立三、蔡畅、王从吾、李维汉、冯文彬、萧华、马文瑞、刘秀峰、于江震、胡立教、钱瑛、陈伯村、曾三、贾震、安子文 21 人组成。[①]

刘少奇在会上作主题报告。他首先分析了党的组织状况和存在的问题，指出："我们的党不只在上层，在各方面领导着我们的国家和各种事业；而且在下层，在各种工厂中、矿山中、农村中、机关和学校中、部队的连队中密切地联系着广大的人民群众，和人民群众打成一片，建立了血肉相连的联系，因而使我们党具有充分广大的群众性。……不少的地方接收党员过多，以致有一些不够党员条件的人，觉悟不高甚至思想落后的人，也被接收到党内来了。还有一些坏分

---

① 陈野苹、韩劲草主编《安子文传》，山西人民出版社，1985，第 73 页。

子，例如阶级异己分子，反动党团和道会门分子，投机分子，自首分子或叛变过的分子，暗藏的反革命分子，也乘机钻入了我们党的一些组织。"据此，他说："对于我们党的组织，有计划、有准备、有领导地进行一次普遍的整理，是完全必要的。"① 根据党的章程并结合实际情况，刘少奇在报告中提出了"共产党员标准的八项条件"：

（1）必须了解"中国共产党是中国工人阶级的党，是工人阶级的先进部分"。

（2）"中国共产党的最终目的，是要在中国实现共产主义制度。它现在为巩固新民主主义制度而斗争，在将来要为转变到社会主义制度而斗争，最后要为实现共产主义制度而斗争。"党员必须具有为这些目的而坚持奋斗的决心。

（3）"必须是一辈子都要坚持革命斗争"。

（4）"必须在党的统一领导之下去进行"斗争和工作。

（5）"必须把人民群众的公共的利益，即党的利益，摆在自己的私人利益之上"。

（6）"必须勇敢坚决，不能在严重的艰苦的环境中退缩，不能向敌人投降，不能叛变共产党与共产主义"。

（7）"必须为人民群众服务，使党与人民群众建立很好的关系"。

（8）"必须努力地学习，使自己懂得更多的马克思列宁主义，毛泽东的思想，使自己的觉悟更加提高。"②

会议经过充分讨论以后，通过了《关于整顿党的基层组织的决议》《关于发展新党员的决议》。

最后，刘少奇以"为更高的共产党员的条件而斗争"为题作会议总结，论述了加强执政后共产党的自身建设问题。他说：由于中国革命已经胜利，新的更伟大更艰巨的革命任务已经被提了出来，因此

---

① 《在中国共产党第一次全国组织工作会议上的报告》（1951年3月28日），《建国以来刘少奇文稿》第3册，第177~202页。

② 《共产党员标准的八项条件》（1951年3月），《刘少奇选集》下卷，第62~64页。

今后共产党员必须具有更高的条件。即必须是成分好，历史清楚，对党忠诚，有实际的阶级觉悟并表现积极，又懂得共产主义与共产党的，愿意遵守党纲党章的人，才能被接受为党员。每个党员除开社会职业之外，必须在党的一个组织的分配之下担负一种工作。对于不够条件的党员，应该在整党中分别情况进行处理。①

"现在为巩固新民主主义制度而斗争"这句话，就是这样地被提了出来，并写进了《关于整顿党的基层组织的决议》。它要说明的是，每一个共产党员都应了解自己的历史任务（当前任务、后续任务和最终任务）是什么并明确给予回答。

说当前任务是"为巩固新民主主义制度而斗争"，有着丰富的含义。

政治上要巩固以工人阶级为领导，以工农联盟为基础，联合民族资产阶级的人民民主专政。坚持共产党的领导和坚持与民族资产阶级的统一战线，这两个方面都不能动摇。

经济上要巩固在社会主义国营经济领导下，国营经济、合作社经济、个体经济、私人资本主义经济、国家资本主义经济五种经济成分并存，分工协作，各得其所的经济体系。尽管这五种经济成分在新民主主义社会的发展进程中，各自在整个国民经济中的比重一定会发生变化，即国营经济、合作社经济和国家资本主义经济的比重会逐步上升，私营经济和个体经济的比重将会逐步下降，但五种经济的基本构成不会根本改变。

思想上要确立和巩固马克思主义在思想文化领域的领导地位，一方面要用马列主义的思想原则在全国范围和全体规模上教育人民，另一方面又要承认非无产阶级、非马列主义的思想，在社会上还是合法的，但是要批评，指出它的错误。对许多旧观点，特别是封建观点，要从思想上、理论上批驳它；对过去许多问题，要用辩证唯物论和历史唯物论的观点去解释。要肃清帝国主义的思想和封建主义的思想。

_____

① 《建国以来刘少奇文稿》第3册，第245～257页。

对于资产阶级、小资产阶级、农民阶级的思想体系，即非马列主义、非无产阶级的思想体系，要批评，但不能肃清，也肃不清。这就是说，在新民主主义建设时期，中国共产党主要是集中力量完成反帝反封建的任务，对于其他非无产阶级思想，一方面要承认其客观存在及合法性；另一方面要适当地进行批评，以便在人民中间正确地树立马克思主义、毛泽东思想的指导地位。

但共产党人并不就此止步，这一切正是为将来在中国实现社会主义作准备。

这就是刘少奇提出"现在为巩固新民主主义制度而斗争"的全部真实含义。

公正地说，新中国成立以后要建设一个新民主主义社会，这个历史性的贡献，首先应归功于毛泽东。

经过新民主主义走向社会主义，这条由半殖民地半封建走向社会主义的道路，是经过民主革命时期，由1926年掀起的大革命到1934年中国工农红军撤出中央根据地，中国革命经过几起几落，以毛泽东为代表的中国共产党人对历史经验进行总结最后得出的结论，到20世纪40年代在理论上臻于成熟。以毛泽东命名的"毛泽东思想"，其核心就是新民主主义理论。

中国革命必须分两步走，第一步，改变这个半殖民地半封建的社会形态，使之变成一个独立的民主主义的社会；第二步，使革命向前发展，建立一个社会主义的社会。这是由中国的半殖民地半封建社会的特殊国情决定的。对这二者的区别和联系，毛泽东有过明确的阐述："中国共产党领导的整个中国革命运动，是包括民主主义革命和社会主义革命两个阶段在内的全部革命运动：这是两个性质不同的革命过程，只有完成了前一个革命过程才有可能去完成后一个革命过程。民主主义革命是社会主义革命的必要准备，社会主义革命是民主主义革命的必然趋势。"中国共产党只有认清民主主义革命和社会主义革命的区别，同时又认清二者的联系，才能正确地领导中国革命。①

至于为什么要经过一个新民主主义社会的长过程，才有可能进行社会主义革命，毛泽东曾有过透彻的分析。他说："我们共产党人从来不隐瞒自己的政治主张。我们的将来纲领或最高纲领，是要将中国推进到社会主义社会和共产主义社会去的，这是确定的和毫无疑义的。我们的党的名称和我们的马克思主义的宇宙观，明确地指出了这个将来的、无限光明的、无限美妙的最高理想。每个共产党员入党的时候，心目中就悬着为现在的新民主主义革命而奋斗和为将来的社会主义和共产主义而奋斗这样两个明确的目标。……所有这些，都是异常清楚、异常确定和毫不含糊的。"同时又指出："只有经过民主主义，才能到达社会主义，这是马克思主义的天经地义。而在中国，为民主主义奋斗的时间还是长期的。没有一个新民主主义的联合统一的国家，没有新民主主义的国家经济的发展，没有私人资本主义经济和合作社经济的发展，没有民族的科学的大众的文化即新民主主义文化的发展，没有几万万人民的个性的解放和个性的发展，一句话，没有一个由共产党领导的新式的资产阶级性质的彻底的民主革命，要想在殖民地半殖民地半封建的废墟上建立起社会主义社会来，那只是完全的空想。"据此，他指出，现阶段，中国的经济，必须是由国家经营、私人经营和合作社经营三者组成；必须保障广大人民能够自由发展其在共同生活中的个性，能够自由发展那些不是操纵国民生计而是有益于国民生计的私人资本主义经济，保障一切正当的私有财产。

毛泽东明确指出，民主革命胜利以后，因为肃清了资本主义发展道路上的障碍，资本主义经济在中国社会有一个相当程度的发展，是可以想象得到的，也是不足为怪的。资本主义会有一个相当程度的发展，这是经济落后的中国在民主革命胜利之后不可避免的结果。他还对有些人不了解共产党人为什么不但不怕资本主义，反而提倡发展资

---

① 《毛泽东选集》第2卷，第651～652页。

本主义作过专门的解释。他说："我们的回答是这样简单：拿资本主义的某种发展去代替外国帝国主义和本国封建主义的压迫，不但是一个进步，而且是一个不可避免的过程。它不但有利于资产阶级，同时也有利于无产阶级，或者说更有利于无产阶级。现在的中国是多了一个外国的帝国主义和一个本国的封建主义，而不是多了一个本国的资本主义，相反地，我们的资本主义是太少了。"他还针对有些人否认中国应该让资本主义有一个必要的发展，提出一下就可以到达社会主义社会的"毕其功于一役"的主张，坚定而有力地回答说："我们共产党人根据自己对于马克思主义的社会发展规律的认识，明确地知道，在中国的条件下，在新民主义的国家制度下，除了国家自己的经济、劳动人民的个体经济和合作社经济之外，一定要让私人资本主义经济在不能操纵国民生计的范围内获得发展的便利，才能有益于社会的向前发展。对于中国共产党人，任何的空谈和欺骗，是不会让它迷惑我们的清醒头脑的。"①

　　针对党内存在的急于搞社会主义的糊涂观念，毛泽东在中共七大的口头报告中还说："我们这样肯定要广泛地发展资本主义……在我们党内有些人相当长的时间里搞不清楚，存在一种民粹派的思想。这种思想，在农民出身的党员占多数的党内是会长期存在的。所谓民粹主义，就是要直接由封建经济发展到社会主义经济，中间不经过发展资本主义的阶段。俄国的民粹派就是这样。当时列宁、斯大林的党是给了他们以批评的。最后，他们变成了社会革命党。他们'左'得要命，要更快地搞社会主义，不发展资本主义。结果呢，他们变成了反革命。布尔什维克就不是这样。他们肯定俄国要发展资本主义，认为这对无产阶级是有利的。列宁在《两个策略》中讲：'资产阶级民主革命，与其说对资产阶级有利，不如说对无产阶级更有利。'我们不要怕发展资本主义。俄国在十月革命胜利以后，还有一个时期让资

---

　　① 《毛泽东选集》第 3 卷，第 1060～1061 页。

本主义作为部分经济而存在，而且还是很大的一部分，差不多占整个社会经济的百分之五十。那时粮食主要出于富农，一直到第二个五年计划时，才把城市的中小资本家与乡村的富农消灭。我们的同志对消灭资本主义急得很……我们的同志在这方面是太急了。"①

至于新民主主义社会何时向社会主义过渡的问题，毛泽东有过多次说明。

他在1948年中央政治局的九月会议上说："关于完成新民主主义到社会主义的过渡的准备，苏联是会帮助我们的，首先帮助我们发展经济。我国在经济上完成民族独立，还要一二十年时间。我们要努力发展国家经济，由发展新民主主义经济过渡到社会主义，这些观点是可以宣传的。"②

在1949年9月的政协会议期间，毛泽东曾回答有人提问要多少时间才向社会主义过渡时说："大概二、三十年吧。"③

可见，"现在为巩固新民主主义制度而斗争"，是毛泽东新民主主义理论的题中应有之义。

---

① 《毛泽东文集》第3卷，第322～323页。
② 《毛泽东文集》第5卷，第146页。
③ 龚育之：《新民主主义·过渡时期·社会主义初级阶段》，《中共党史研究》1988年第1期，第21页。

关于农业互助合作的争论

毛泽东在中共七大反复说，中国"需要资本主义的广大发展"。他不只一般地说，这"在新民主主义政权下是无害有益的"，而且强调："我们提倡的是新民主主义的资本主义，这种资本主义有它的生命力，还有革命性。""它的性质是帮助社会主义的，它是革命的、有用的，有利于社会主义的发展的。"① 刘少奇是完全赞同这些看法的。但是，当土改以后农村开始出现贫富差距，以至个别富裕中农发展成新富农的情况时，党内出现了不同意见。

高岗认为应遏制农民的"自发资本主义倾向"；张闻天认为土改后开始出现阶级分化，是农村生产力与社会生产力要求向上发展的表现；刘少奇认为"单干"与"雇工"是党的政策所允许的，农村资本主义的一定限度地发展是不可避免的，一部分党员向富农发展，并不是可怕的事情。

土改后农村出现的新问题

农民有了独立生产能力以后，是否允许单干？允不允许中农冒

---

① 《毛泽东在七大的报告和讲话集》，中央文献出版社，1995，第100~101页。

尖？党员发展成富农怎么办？

东北地区的土地改革进行得比较早。相当一部分在抗日战争胜利后被抗日民主联军解放的地区，在 1947 年 12 月到 1948 年 2 月根据《中国土地法大纲》，发动群众开展了平分土地的土地制度改革运动。随着辽沈战役的胜利结束，从 1948 年 11 月到 1949 年 1 月，东北的新解放区也先后开展土地改革，并于 3 月以前基本结束。少数开始得较迟的地区，在 1949 年春耕前也完成了土地分配，按人口每人分得 3～5 亩土地。

土地改革极大地解放了农村的生产力，激发了广大农民的生产热情，他们起早贪黑，施肥除草，尽心耕作，希望在自己的土地上获得好收成。经过近两年的努力，东北农村的面貌开始有了明显的变化，一般农民的经济生活普遍有所上升，绝大多数（约占农户总数的 70%）开始过上了以往中农的生活，家中粮食有了多余，结束了"糠菜半年粮"的穷日子，变成了"早晨金皇后（玉米疙瘩），中午一六九（白面），晚上玻璃秀（小米稀饭）"的好时光；生产必需的牲畜、大车、衣物、房子也均有增加；其中一小部分农民，除了添车买马之外，已开始雇用长工，并产生了"单干情绪高，发了财没用处"的苦闷。一部分（约占 20%）有了某种程度的改善，但大体保持原状。另一小部分（不到 10%）或因缺乏劳动力，或因疾病，或因缺乏生产资料，或因好吃懒做，经济不仅没有上升，反而下降了。他们中的一部分人，或者出卖出租土地，开始借贷，或者去做雇工。当然，出卖出租土地与借贷的农民，并不都是经济下降的，但确有一些是经济下降了。

随着经济状况的改变，农民的思想状况也发生了变化。

少数上升比较快的要求买马拴车，其中许多人要求单干，对单干、对旧式富农感兴趣，对要求他们组织起来感到苦恼。他们认为，只有单干才能"侍弄"好地，单干才能发财，认为国家把他们编进互助组，是为了"拉帮"穷人，是因为他们发展太快了要他们"等一等"。他们说："这个国家好，就是组织起来不好"
"发了财有啥用？"于是，少数人进城吃"坛白肉"要"再来一
壶"，有的买了狐皮帽子，不将资金投入扩大生产，有的认为组织
起来是国策，单干不合法，心怀苦闷，不如生产不积蓄，够吃够
喝就行了。

那些经济虽然上升，但因车马不够拴一付犁杖的农民，虽然对某
些换工插犋违反自愿两利的缺点有意见，但他们仍愿意参加变工，因
为不参加变工就种不上地。他们希望通过变工使自己发展起来，将来
买马拴车，实行单干。

有些经济条件较差的农民，则抱有农业社会主义的平均主义思
想。有的欠了别人的粮食，却说：我欠了你的粮食，但过不几年，还
不是一同和你进入"共产社会"；看到别人买马，则说：将来走入社
会主义，你不是一样没有马吗？！

在农村党员及村干部中，不少党员经济发展很快，有些党员雇了
长工，要求退党；有的党员因马多想雇工扩大经营，但又觉得党员不
应剥削人，便把马分散，参加互助组，说自己好好工作，生产上自己
不准备发展了；有的党员到县里受训，听了党员不应剥削别人的党课
后，回家准备出卖牲口，解雇长工，感到没有前途；许多党员不了解
共产党允不允许群众雇工，许不许党员雇工。①

对于农村在发展中提出的这些新问题，领导农村工作的县区干部
思想上也不明确。有的问：新民主主义的农村究竟什么样？农民应该
经过怎样的道路走向富裕？什么叫提高一步？什么叫组织起来？除了
组织起来以外，农村还要干什么？

于是，农民有了独立生产能力以后，是否允许单干？允不允许富
裕中农冒尖，上升为新富农？党提倡组织起来的方向与农民向往单干

---

① 中共中央农村工作部编《东北农村调查汇集（一九五○年～一九五二年）》，东北
人民出版社，1954，第15页。

的现实在农村工作中如何统一？党员成为富农怎么办？这一系列问题就摆在了中国共产党的面前。

党内高层的不同意见

最早看到农村变化并提出明确对策的是时任中共辽东省委书记的张闻天（洛甫）。

1949 年 5 月 17 日、22 日、23 日张闻天分三次致电东北局并毛泽东，报告了他对农村工作的意见。张闻天认为，东北农村出现了多数农民生活有改善、开始出现阶级分化、农业人口向城市工矿转移、土地的所有与使用有趋于更加合理的新调整等新情况。"这些趋势是农村生产力与社会生产力要求向上发展的各种不同的表现。"

据此，他认为，党在农村的经济政策的基本方针应该是：发展供销合作与劳动互助，进一步提高农村生产力，改善大多数农民的生活，为农村集体化准备有利条件；对农村已出现的阶级分化的情况，既不要粗心大意，熟视无睹，也不要过分夸大阶级分化的危险，表示恐慌，或采取不必要的行政手段，来加以限制；凡有利于土地的合理使用、有利于工矿副业的发展、有利于社会分业发展的租佃关系及土地买卖，不应反对；继续在各方面帮助贫雇农解决生产中的困难，并保护他们不受新富农的过分剥削。

对于农村的劳动互助，张闻天认为，要反对强迫命令与放任自流两种偏向。承认农民自发的插犋换工是组织起来的初级形态，并应帮助没有参加的农民组织起来，但组织形式可以各不相同，不能千篇一律，到处生搬硬套。同时应该承认，有足够牛犋与劳动力的农民，有不参加插犋换工而独立耕种的权利，他们土地不够耕种时，可以租入土地或出卖牲口农具。党在农村的工作，不是强迫命令农民组织起来，而是着眼于农业技术上的改良与农村分工分业的发展，以利于农村生产力的发展和引导农民组织起来。

张闻天强调说：党在农村中一方面允许少数新富农的产生与某种程度内的发展，同时必须为农村的合作化而奋斗，以争取农村社会主义前途的胜利。因此，应教育农村的共产党员成为合作化运动的先锋与骨干，新富农的道路与共产党员是不相容的，农民党员如有向新富农转化的趋势，应事先予以警告，否则可自由退党，或开除其出党。①

张闻天的意思很明确：已经出现的两极分化，是社会生产力发展的客观要求，对于有利于农村分工分业和生产力发展的土地租佃和买卖关系，不要反对，更不要采用行政干预；党应帮助贫苦农民通过劳动互助组织起来，但不应强迫命令，也不要千篇一律地到处搬用，工作的重点应放在指导农业技术的改良和农村分工分业的发展上。

时任中共中央东北局书记和东北人民政府主席的高岗，另有自己的看法和主意。

1949 年 12 月上旬，东北局和东北人民政府召开有县长和县委书记参加的大型农村工作座谈会，对土改后农村情况的新变化、生产变工互助等问题进行讨论。12 月 10 日，高岗在会上作总结发言。他说：我们农村经济的发展方向是使绝大多数的农民上升为丰衣足食的农民，而要达到这个目的，则需要使绝大多数农民"由个体逐步地向集体方面发展"。组织起来发展生产，仍是我们农村生产领导的基本方向。为此，他在批评农民中存在的各种各样平均主义思想的同时，着重批评了"对于农业经济的发展放弃无产阶级的领导，主张完全的自由竞争，让其自流发展的资本主义的路线"；他在承认要允许单干、允许雇工、允许借贷、允许土地买卖的同时，着重强调要在资金贷款、农具和良种供应、劳模评比等方面给变工互助组织以"优先"和"优待"；他在承认现时的变工互助必须是小规模的，并

① 中央党史研究室张闻天选集传记组编《张闻天文集》第 4 卷，第 54～58 页。

且仍以农民个体经济为基础，与苏联的集体农庄不同的同时，又提出互助合作在获得生产工具的改进之后，还可以进一步提高与发展，根据当地农业与副业生产的需要，根据当地群众的要求与干部的强弱，依据群众自愿的原则，"逐步提高为联组"。他指出，原则上不允许党员雇工剥削、党员不参加变工组是不对的。①

无疑，高岗在这里两方面都讲到了，但强调的重点是组织起来，他提出的各种措施，都旨在极力扶持互助合作的发展，遏制农民单干向往富裕的"自发资本主义倾向"。

1950年1月，东北局将上述精神向中央作了报告。1月4日，高岗在东北局农村工作座谈会上的总结发言在《东北日报》全文发表。同时，东北局组织部就共产党员发展成富农怎么办的问题，向中央组织部报告请示。

中央组织部根据党当时实行的新民主主义纲领，根据东北地区土改后农民的具体思想状况，从如何有利于尽快地恢复和发展农村经济出发，提出了关于"农村支部工作指示"的意见，指出："农村党员雇工或不雇工、是否参加变工组织，应该有他自己的自由，党组织不要强制，他们的党籍也不能因为雇工或不参加变工组而加以停止或开除。"其理由是："如果在今天就过分强调党员不准剥削别人，以及党员必须参加变工组织，并要求起带头作用，那势必使部分党员对生产消极，这种现象在松江省和黑龙江省的某些地方已经发生。""各地的经验已经证明党员不雇工，群众就不敢雇工，党员对生产消极，群众中的生产热情，就绝不可能动起来。"据此，中组部的意见指出："对党员进行教育，当然要指出组织起来的好处，但同时更要明确说明'单干'与'雇工'也是党的政策所允许的。"要告诉各级干部："在今天农村的个体经济基础上，农村资本主义的一定限度地发展是不可避免的，一部分党员向富农发展，并不是可怕的事情，党员

---

① 《新华月报》1950年2月号，第949～952页。

变成富农怎么办的提法，是过早的，因而也是错误的。"①

1月23日，经刘少奇签发，中共中央组织部将这个意见发给了东北局，希望他们进行讨论。

刘少奇的深入思考和意见

就在这一天晚上，刘少奇同中央组织部副部长安子文等谈话，对怎样区分中农与富农，农民能单干是好还是不好，个体农民走向集体化的条件，现阶段对富农经济的政策，党员发展成富农怎么办等问题，谈了自己的看法。

首先是怎样划清中农与富农的界限？刘少奇认为："东北土改后农村经济开始向上发展了。有三匹马一副犁一挂大车的农民，不是富农，而是中农。在东北，现在这种农户大概不会超过农民的百分之十。其中真正够得上富农的，所占比例必然更少。这种有三马一犁一车的较为富裕的农户，在数年之后，可能与应该发展到百分之八十，其中有百分之十的富农，其余百分之二十的农户，是缺少车马的贫农。现在东北，应该使这种中农得到大量的发展。"

如何看待今天农民要求变工互助？刘少奇认为："今天东北的变工互助是建筑在破产、贫苦的个体经济基础上的，这是一个不好的基础。"他说：据说东北有70%的农户参加了互助。参加变工互助的农户之所以会有这么多，主要是因为个体经济的破产，农民不得不变工。将来经济发展了，个体农民都能独立的生产，变工互助势必缩小。他认为这是好现象。它表明经济发展了，农民成为中农的更多了，能够单干了，这是应有的现象，70%的农户有了三匹马，将来才好搞集体农庄。因此，现在既要宣传变工互助的好处，又要允许他单

① 《对中央组织部关于农村党员雇工单干问题给东北局复函的批语》（1950年1月23日），《建国以来刘少奇文稿》第1册，第397~399页。

干。他还说：农民发展生产有了三匹马，还是可以变工的。只有这种情况下他还参加变工，才表明是真正自愿了。

有一种主张，就是通过变工互助以便将来发展成集体农庄。刘少奇认为这是不可能的。他说："这是两个不同的阶段……不能混为一谈。……由个体生产到集体农庄，这是一个生产方式上的革命，没有机器工具的集体农庄是巩固不了的。苏联开始集体化也没有机器，但是在国家计划生产之下，各农场已定了货，一二年内机器工具一定会来，因此集体农庄也就巩固了。如无此种条件，只有马和犁，坚持几年也是不可能的。""我们现在的变工互助，供销合作社，具有培育农民的集体观念的作用，将来加上机器工具的条件，才能够领导实行集体农庄。"

那么，对现实的富农剥削和农村出现两极分化怎么办呢？刘少奇针对当时工人失业、农村经济凋敝的现实，直截了当地说："现在必须有剥削，还要欢迎剥削，工人在要求资本家剥削，不剥削就不能生活。今年关里大批难民到东北去，关外的富农能剥削他，他就会谢天谢地。过去每年有一百多万劳动力到东北去，若富农不剥削便不能生活。"所以，现在富农雇人多，买了马，不要去限制。这不是自流。要等他发展到一定程度，三五年之后，将来再限制，国家颁布劳动法，把雇农组织起来，提高雇农的待遇；征土地税，多累进一些；多交公粮；等等。但现在不要限制，现在要让他发展，没有坏处。如果说，这就是放任自流，那么在现时多流出一些富农来也很好。对"雇工，单干，应该放任自流，让农民都有三匹马一副犁就很好。对于不让雇工、不让单干的，对于去干涉有三匹马的，不能放任。"

那么，党员成为富农后党籍怎么办？刘少奇认为"这个问题提得太早了"。首先，凡雇人劳动，扩大生产，增加了社会财富，不能叫作剥削。而且，现在是私有制的社会，党员生产发家了，要交公也交不出去，国家也不会要他的马，不得已他只有暂时私有。如果他现在发展了生产，将来在实行集体农庄时又能交公，这种富农党员，也是好党员。但是，一般的不会都能这样。他说："即使将来东北有一万个富农党员也不可怕，因为过几年，东北可能会有一百万党员，这一万人若都不好，被开除也不要紧，而且，在一万人中可能会有五千是愿意留在党内的。现在才开始建设新民主主义，"农民党员，是可以单干的。我们的党规党法上允许党员单干而且也允许雇人，认为党员便不能有剥削，是一种教条主义的思想。但能单干与应该单干是两回事，我们允许党员单干，并不是我们鼓励他们去单干。"①

很明显，刘少奇在这里把新民主主义社会和社会主义社会作了严格的区分，把共产党员的奋斗目标与党的现行政策作了严格的区分，把政策是否允许与共产党员是否应该又作了区分，特别是把多数农民还不能单干的现实与若干年后才能发展成为富农的可能作了区分，其根本着眼点在于，尽可能快地恢复和发展农村生产力。这就是党在农村最基本也是最重要的任务。在农村还基本上处于贫困境地的情况下，就担心农民富了怎么办，党员富了怎么办，显然是过早了。即使真的出现了富农党员，也宜于"冷"处理，而不要"热"处理。

对如何引导广大农民小生产者走向社会主义，马克思主义经典告诉人们的是举办合作社，但在半殖民地半封建的中国缺乏这种传统。对此，刘少奇在1948年9月中央政治局会议前，就开始进行思考，写下了《论新民主主义的经济与合作社》的手稿。

他认为，在一个小生产占极大优势的农业国中，千千万万的分散的独立小生产者，只有经过一种商业关系把他们联系起来，从而使他们与大工业相联系，由此构成国家和社会的经济整体。虽然这种经济体系与工业发达国家比较起来，其内部的联系和结构要松散得多。但是，既然依靠商业关系来把整个社会和国家的经济联系成为整体，那末，商业就在这种经济体系中占有极端重要的地位，足以决定小生产者的命运。因为小商品生产者远离市场，不能不经过和依靠商人出卖

---

① 《刘少奇论新中国经济建设》，第152～155页。

自己所生产的商品，并购买自己所需要的生产资料和生活资料。很明显，如果由无产阶级领导的新民主主义的国家机关及合作社来进行，又如果它们坚定地执行新民主主义的经济方针和路线，不利用小生产者及消费者的弱点去剥削他们，而决心为他们服务，决心去促进这些小生产的发展，并逐步引导他们向着集体的方向发展，以改造他们，那么，这些小生产就能发展，并能与整个国家经济配合，而促进整个国民经济向新民主主义的方向发展。如果情况相反，这种任务由私人商业去进行，特别是投机商人去进行，那么，这些小生产就不能发展，就要破产，新民主主义的经济建设就无法进行。

他指出，反对投机商业，除了采用行政上的办法以外，还必须采用经济上的办法。这种经济上的办法，除国家商业外，最重要的是在广大范围内组织合作社经济。他认为，合作社是消灭投机商业，保障新民主主义经济胜利前进的最重要的工具。与此同时，合作社还是国家与私人资本主义经济实行和平的经济竞争的一个最重要的工具。此外，合作社还有组织小生产，以提高小生产的生产力，将来在极广大的范围改造小生产成为大生产的历史任务。

总之，合作社将成为国家机关与千千万万的小生产者及其他劳动人民在经济上联结的桥梁。党和国家经过这个桥梁，就可以了解到人民的要求，从而经常去帮助、教育和领导他们。这样，在新民主主义制度下，合作社就成为一个广大的共产主义的大学校。①

对经过合作社经济把个体农民引导到社会主义，中共七届二中全会已有原则规定：必须组织生产的、消费的和信用的合作社，和中央、省、市、县、区的合作社的领导机关。这种合作社是以私有制为基础的在无产阶级领导的国家政权领导管理之下的劳动人民群众的集体经济组织。中国人民的文化落后和没有合作社传统，可能使得我们遇到困难，但是可以组织，必须组织，必须推广和发展。单有国营经

---

① 《刘少奇论合作社经济》，中国财政经济出版社，1987，第1～20页。

济而没有合作社经济，我们就不可能领导劳动人民的个体经济逐步走向集体化，就不可能由新民主主义社会发展到将来的社会主义社会，就不可能巩固无产阶级在国家政权中的领导权。七届二中全会明确规定：合作社经济是半社会主义性质的，是新民主主义社会经济构成的五种经济成分之一，但具体路子，还有待实践中摸索。

于是，党内有人提出生产合作社与供销合作社哪一个更重要的问题。有人认为生产合作社创造价值，供销合作社不创造价值，生产是基础，商业不能脱离生产，而是建立在生产基础之上的。不言而喻，生产合作社更重要。

刘少奇认为这样提问题不确切，他指出要正确弄清楚生产与流通的关系。要知道，小商品生产是依赖市场的，他们生产出来的商品，卖得掉、价高，就发展，反过来就会破产。所以，尽管商业是建立在生产的基础上，但反过来它又可以支配生产。要看到商品是经过市场来分配的。我们农村现在基本上是半自然经济，只有一半的产品拿到市场上去卖。今后生产得越多，拿到市场上去卖的也越多，商业就越重要。因此，不是更重视生产就更轻视商业，而是更重视生产也更重视商业。商业如果组织得好，就有刺激生产的作用。

他进而指出，资产阶级从来是依靠商业来积累资本的。"重农轻商"，是我国长期封建社会的传统观点，我们不能再有这样的观点了。我们要重视农业、工业，也要重视商业，这三者是有机体的配合，缺一不可。在今天，要特别着重强调商业、强调供销合作社问题，因为我们历来忽视商业的重要性。今天，我们要与资本家竞争，谁领导了市场，谁就领导了国民经济。

他还以列宁在新经济政策时期，一再号召"要学会做生意"来进行说明。列宁1923年在《论合作社》一文中说：无产阶级要领导农民过渡到社会主义，只要做一件事，就是通过合作社，"通过曾被我们鄙视为做买卖的合作社"。"这还不是建成社会主义社会，但这已是建成社会主义社会所必需而且足够的一切"。因此，列宁强调：

"现在全部问题在于，要善于把我们已经充分表现出来而且取得完全成功的革命气势、革命热情，同（这里我几乎要说）做一个有见识的和能写会算的商人的本领（有了这种本领就足以成为一个优秀的合作社工作者）结合起来。所谓做商人的本领，我指的是做文明商人的本领。这一点是俄国人，或者直截了当说是农民应该牢牢记住的，他们以为一个人既然做买卖，那就是说有本领做商人。这种想法是根本不对的。他虽然在做买卖，但这离有本领做个文明商人还远得很。他现在是按亚洲方式做买卖，但是要能成为一个商人，就得按欧洲方式做买卖。"①

所以，刘少奇认为，问题不在于生产合作社与供销合作社哪个更重要，而在于供销合作社是今天整个国家经济生活中的一个关键。

那么，引导农民组织生产合作社，何以要从组织供销合作社入手呢？

刘少奇指出，农民要发展生产，首先希望国家帮助他们解决好三个问题：一是把多余的生产品推销出去，并在价格上不使他们吃亏；二是能及时买到他们所需要的生产资料，并且在价格、质量上不使他们吃亏；三是能及时买到他们所需要的生活用品，同样在价格等方面不使他们吃亏。他认为，能为农民办好这三件事的最好形式，就是农村的供销合作社。供销合作社把这三件事办好了，就会产生这样的结果：合作社和国营经济机关就能把大量的农产品控制在自己手里，以保证供给工厂原料和城市的需要，又能为国家推销大量的工业品；就能使合作社成为国营经济机关与广大农民小生产者密切联系的纽带，使合作社和农民成为国营经济的同盟军，使农民和国营经济都避免商人的中间剥削；最后，还能使合作社中的共产党员和先进分子用集体主义的精神去教育广大的农民群众，使他们了解并接受社会主义的原则。这样，就把农民小生产者的当前利益与国家和社会的长远利益有

① 《列宁选集》第 4 卷，人民出版社，1995，第 767～774 页。

机地结合了起来。①

引导个体农民走社会主义的集体化道路，不只对他们进行教育，需要有一个很长的时间过程。还因为组织生产合作，需要具备一定的物质条件。

毛泽东批评农业社会主义思想

社会主义必须建立在高度发展的现代工业的基础之上，这一点在中共中央领导人的思想上是明确的。

早在 1944 年 8 月，毛泽东在给秦邦宪（博古）的一封信中就曾谈道："新民主主义社会的基础是机器，不是手工。我们现在还没有获得机器，所以我们还没有胜利。如果我们永远不能获得机器，我们就永远不能胜利，我们就要灭亡。现在的农村是暂时的根据地，不是也不能是整个中国民主社会的主要基础。由农业基础到工业基础，正是我们革命的任务。"② 到 1949 年新中国成立前夕，毛泽东在他著名的《论人民民主专政》中，更具体地谈道：

> 严重的问题是教育农民。农民的经济是分散的，根据苏联的经验，需要很长的时间和细心的工作，才能做到农业社会化。没有农业社会化，就没有全部的巩固的社会主义。农业社会化的步骤，必须和以国有企业为主体的强大的工业的发展相适应。人民民主专政的国家，必须有步骤地解决国家工业化的问题。③

刘少奇则从新民主主义到社会主义是两个不同革命阶段的角度，

① 《关于合作社的若干问题》（1951 年），《刘少奇论合作社经济》，第 108 页。
② 《毛泽东书信选集》，人民出版社，1983，第 239 页。
③ 《毛泽东选集》第 4 卷，第 1477 页。

来谈论农业机械化与集体化的关系。他多次指出，社会主义必须建立在大工业的基础之上，靠在手工劳动的基础上建立集体农庄，是无法巩固的。只有依靠工人阶级的领导和帮助，有了工业的国有化和土地的国有化，然后才能供给农民大量的机器，这样农业才能普遍的集体化。他还曾具体设想，先搞十至十五年的工业建设，至少十五年之后，才能考虑搞农业集体化的问题。

农业社会主义，是指在小农经济基础上实行平均主义，就可以避免资本主义的发展，实现社会主义。

早在老解放区的土地改革过程中，就曾出现平分城镇工商业等绝对平均主义的倾向。为此，1948 年 4 月 1 日，毛泽东在晋绥干部会议的讲话中说："现在农村中流行的一种破坏工商业、在分配土地问题上主张绝对平均主义的思想，它的性质是反动的、落后的、倒退的。我们应当批判这种思想"。①

什么叫"农业社会主义"，这对广大中共党员来说是一个陌生的名词。为使广大党员尤其是干部党员弄清楚这个政治理论问题，1948 年 7 月 27 日，新华社专就这个问题，以通俗易懂的问答形式，发表了题为《关于农业社会主义的问答》的长篇文章。

首先，文章对农业社会主义思想的内涵外延作了界定，指出："毛泽东在这里所说的农业社会主义思想，是指在小农经济基础上产生出来的一种平均主义思想。抱有这种思想的人们，企图用小农经济的标准，来认识和改造全世界，以为把整个社会经济都改造为划一的'平均的'小农经济，就是实行社会主义，而可以避免资本主义的发展。"

文章随后分析了这种以小农经济为基础的平均主义思想的两重性，指出，从农民平分封建地主阶级的土地财产这方面来说，有其革命的方面，正确的方面。因为封建的土地财产关系，已经阻碍着社会

---

① 《毛泽东选集》第 4 卷，第 1314 页。

生产力的发展；平分了封建地主阶级的土地财产，就使广大农民获得了改善生产条件的基础，使生产力获得了解放，并为工业的迅速发展创造了一定的条件。所以，共产党人赞成并帮助农民实行平分地主土地财产的土地革命运动。然而，农民的平均主义，仅仅在平分封建的土地财产上是革命的。如果超出反对封建这个界限，还要平分社会上其他一切阶级、农民一切阶层（例如中农和新式富农）和其他一切人等的土地财产，还要平分工商业，并把这种平分称为"共产"，或称为"社会主义"，"这就是一种绝对平均主义，这就是反动的、落后的、倒退的"。这是因为，它要求破坏工商业及一部分中农和新式富农的土地及财产，这就打击了广大工业和农业生产者的向上积极性。这样，就不独不能提高社会生产力，而且必然要使社会生产力大大下降和后退。这是违反社会历史的发展，违反社会生产的发展，而使之后退的。

文章由此进而阐明新民主主义社会农村的经济竞争和阶级分化，明确指出，土地改革只是废除封建阶级的私有财产，并不废除资本主义的私有财产，而且还在客观上为资本主义的发展扫清道路。所以，土改以后农村中的经济竞争，不可避免地会有新的发展，并使农民之间不可避免地会有新的阶级分化，而绝不能永远保持平均的小农经济。在新民主主义社会里，这种竞争与新的阶级分化是不可避免的，是被允许的，而且是不可怕的。在一定条件下，只有允许这种竞争，才能调动广大农民的生产积极性，使农业经济迅速地发展起来。这种建立在私有经济基础上的竞争，有它一定的进步性。文章尖锐地指出，"看不见这种商品经济与资本主义发展的规律在新民主主义社会中仍将存在，而以为可以在反封建的土地改革中及土地改革后，就能够造成全体农民在经济上与生活上的平等或划一，否认或者反对这种竞争和分化，结果就是阻碍生产力的发展，而成为一种反动的空想"。

反封建的土地改革只是农民解放的第一步，只有社会主义才能使农民得到进一步的解放。但是，必须清醒地认识到，社会主义不是依靠小生产可以建设起来的，而是必须依靠社会化的大生产，首先是工业的大生产来从事建设。我们要达到社会主义，必须经过新民主主义经济一个时期的发展，在新民主主义社会中大量地发展公私近代化工业，制造大批供给农民使用的农业机器，并由此将农民的个体经济逐步地转变为集体农场经济之后，才有可能。舍此而采取搞绝对平均的冒险办法，"所得的结果，一定仍然是大家的一场贫困"。①

这篇在整整三年前经过毛泽东亲自审改过的批评"农业社会主义思想"的文章，讲得是何等的好啊！

但是，三年前正是人民解放战争处于大决战的阶段，人们的注意力还都集中在全力支援前线，争取解放全中国的胜利上面。毛泽东在晋绥干部会议上的讲话和这篇新华社的《关于农业社会主义的问答》长文，除了对纠正当时土地改革中出现的"左"倾错误发生作用以外，就对"农业社会主义思想"本身的批评来说，并未在党员和干部思想中留下多少印象。

如前所述，在如何看待农村中农化的发展趋势和已经开始出现的贫富分化，怎样引导农民走组织起来的道路，以及现阶段农村互助合作的性质等问题上，中共党内的认识是不尽一致的。

山西省委《把老区互助组织提高一步》的报告

1949 年 12 月东北农村工作问题座谈会结束以后，《东北日报》发表了题为《把互助合作组织提高一步》的社论，集中阐述了高岗座谈会总结讲话的精神。东北农村的互助合作工作很快出现了严重的强迫命令和形式主义倾向。据《东北日报》1950 年 5 月 19 日报道，在辽西、辽东两省新解放区和吉林、松江两省的一些老解放区，有关

---

① 黄道霞主编《建国以来农业合作化史料汇编》，中共党史出版社，1992，第 9～11 页。

部门采取各种方法排斥单干农民。如单干户出门不给开路条，开荒时不准先占场子。松江省有的提出对单干户"三不贷""一不卖"，即不给贷款、贷粮、贷农具；供销社不卖给任何东西。有的地方甚至提出，单干户没有公民权，不和他来往，使单干农民"不仅在生产上步步感到困难，而且在人权上受到歧视"。不少地方在组织互助合作中盲目追求数量，要求组织起来的农户越多越好，有的地区采用挑战竞赛的方法；有的连续开会对单干农民进行"说服"，不服不散会，据吉林省检查了解，靠这种强迫方式组织起来的互助组织占总数的70%～80%。有的干部把"提高一步"理解为互助组越大越好，辽西省兴城县一下子就搞了1125个大型联组。有的地方规定，互助组员要求退组，第一次给予批评，批评后仍要求退，只能"车马留下，净身出组"。

当时，持这种主张的，除东北局的高岗外，还有华北地区的山西省委。

山西省的大部地区，是抗日战争时期八路军的根据地。这里的农民在共产党领导下，为抵御灾荒，坚持抗战，早就有组织起来发展生产的经历，在山西南部的长治地区，大部分农村组织起来的农户在50%以上，有的达到70%～80%，甚至有达到90%的。1947～1948年，相继完成土地改革以后，生产逐步恢复到抗战以前的水平，农民对组织起来的兴趣逐渐淡漠，致使原有互助组织处于消沉、涣散、解体状态。中共长治地委和山西省委对此十分重视，1950年分别派出调查组到农村调查，写出了《老区武乡农村考察报告》《关于组织起来的情况和问题的报告》，其基本观点是，为避免农村两极分化，制止互助组织涣散解体，要加强领导，进一步将农民组织起来。省委认为，调查组提出的意见是正确的。

1951年3月，中共山西省第二次代表会议对农村问题经过讨论认为，老区农村，在继续改良生产技术、推广新式农具的同时，必须稳健、积极地提高互助组织，引导它走向更高级一些的形式。"只有如此，才能基本扭转涣散的趋势。"会议决定，在长治地区各县，每县试办几个农业合作社，采取按土地和劳动力两个标准进行分配，征集公积金和积累公共财产。随着生产的发展，逐步提高按劳分配的比例。长治地委随即召集全区互助组代表会议，落实试办农业生产合作社的决定，并将有关规定具体化，主要有：入社自愿，退社自由；分配标准，土地分红不得超过30%，劳动分红不得少于50%，公积金10%，公益金5%，教育基金5%；社内统一计划生产，统一调配劳力；社员退社，不带公积金、公益金和教育基金，土地及其他投资可全部带走。根据会上报名的情况，长治地委批准试办10个农业生产合作社。

山西省委和长治地委的意见和做法，引起了有关部门的注意，中共中央华北局政策研究室在研究了山西的报告，并对比研究了苏联和东欧一些社会主义国家农业集体化的经验后，认为有必要对山西提出的问题作一次实地调查。经华北局领导批准，政策研究室的调查组于3月下旬到达山西平顺县农村。通过对各方面情况的了解，调查组对办社中的若干问题，如公积金的性质，社员退社应不应该将公积金带走；土地和劳动分红的比例；在没有拖拉机的情况下，办合作社的作用等，提出了不同看法。调查组认为，互助组织仍是私有基础，社员退社可以带走公积金。山西省委明确表示支持长治地委的意见，指出分歧的实质是，"如何对待农民私有基础的问题"。

4月17日，山西省委正式向华北局写了《把老区互助组织提高一步》的专题报告，全面阐述了自己的意见。

报告说：山西老区的互助组织基础较大，历史较长，由于农村经济的恢复和发展，战争时期的劳、畜困难，已不再是严重的问题，一部分农民已达到富裕中农的程度，加以战争转向和平，就使某些互助组织中发生了涣散的情形。

报告接着指出：实践证明，随着农村经济的恢复与发展，农民自发力量是发展了的，它不是向着我们所要求的现代化和集体化的方向发展，而是向着富农的方向发展（不是说目前已发展了多少富农，而是指富农已经是农民自发的一个趋势）。这就是互助组发生涣散现象的最根本的原因。另一方面的情形是，也有不少的互助组织，产生了新的因素。

据此，报告断言："老区互助组的发展，已经达到了一个转折点，使得互助组必须提高，否则就要后退。必须在互助组织内部，扶植与增强新的因素，以逐步战胜农民的自发趋势，积极地稳健地提高农业生产互助组织，引导它走向更高级一些的形式，以彻底扭转涣散的趋势。"

那么，依靠什么新因素去战胜农民的自发因素呢？报告提出，最根本的问题有二：一是征集公积金，增强公共积累（按土地应产量征集；为全组成员所有；出组不带）。二是采取按劳动力和土地两个分配标准，但土地分配的比例不能大于劳动力分配的比例，并要随着生产的发展，逐步加大按劳分配的比重。

报告在阐述公积金出组不带的理由时强调："增强公共积累，按成员享用，这一原则在互助组见诸实施它虽然没有根本改变了私有基础，但对私有基础是一个否定的因素。对于私有基础，不应该是巩固的方针，而应当是逐步地动摇它、削弱它，直至否定它，所以公积金应当是出组不带。"

最后，报告总结说："总之，我们认为，把'公共积累'和'按劳分配'这两个进步的因素，在互助组织逐步地增强，它将使老区互助组织大大地前进一步。"①

华北局召集五省互助合作会议

本来，华北局对于农村工作已有布置。1951 年 3 月 17 日，《人

---

① 黄道霞主编《建国以来农业合作化史料汇编》，第 42～43 页。

民日报》发表了《华北春耕中应当注意的八件事》的社论，明确指出，乘春耕开始的时机，抓紧整顿和广泛发展劳动互助的组织；在已有互助基础的地区，则应在农副业结合的基础上，与采用新农具等提高农业生产技术相结合，以巩固与扩大互助组；至于在互助组内新出现的积义仓和伙买公共农具等现象，可在农民组织程度与觉悟程度较高的地区，适当予以提倡，但还不能普遍号召推广，更不可强迫一般互助组照办。

现在，山西省委不只坚持自己的意见，而且写了正式报告。由于问题涉及党的农村工作方针，华北局主要负责人薄一波、刘澜涛认为有必要请示分管党日常工作的刘少奇。

在薄一波等汇报了山西省委的意见后，刘少奇明确指出，现在采取动摇私有制的步骤，条件不成熟。没有拖拉机，没有化肥，不要急于搞农业生产合作社。他认为，农村两极分化不可怕，农村还要继续向两极分化，分化到一定程度要组织贫农向富农斗争，待有了机器再实行集体化。目前应当巩固和确保私有，逐步动摇、削弱直至否定私有基础的意见是错误的。

薄一波等对当前农村工作的意见，本来就与刘少奇是一致的，现在得到他的支持，更坚定了说服山西省委的态度。为此，华北局于4月下旬召集华北五省互助合作会议，以统一思想，统一步调。会议在北京交道口菊儿胡同华北局招待所的一栋小白楼内举行，后来被称为"小白楼会议"。① 会议由华北局书记刘澜涛直接领导，参加会议有山西、河北、内蒙古、绥远、平原五省代表，中共中央内蒙古分局、山东分局、北京市委、天津市委的负责干部，政务院农政司负责人及华北局政策研究室的部分工作人员。会上就山西省委提出的意见展开了激烈的争论。

政策研究室的工作人员，将华北局负责人传达的刘少奇讲话精

---

① 《中国农业合作史资料》（试刊），1986年5月，第34～35页。

神，以个人意见作了发言，指出土地改革以后，应当巩固私有基础，现在就开始逐步动摇私有基础是错误的；在没有机械的情况下，不可能实行集体化和合作化。

山西代表作了针锋相对的发言，指出逐步动摇、削弱直至否定私有基础是正确的，应当防止农村两极分化，克服农民自发势力，积极试办和发展农业生产合作社。

长治地委书记发言说：在老区提高互助组的问题，实际上是提高农民的问题，是无产阶级带领农民前进的问题。农村中发展生产实际上存在着两条路线，一条是农民曾经千百次走过而失败了的富农道路，一条是共产党领导的组织起来发展生产的正确道路。这两条道路的斗争日益明显，现在的问题是对农民的自发富农路线持何态度的问题，是任其自由发展呢，还是领导组织起来去战胜它呢？他自我回答说：在共产党人来说，领导农民生产不仅是为了发展生产而发展生产，而且在发展生产中还有其远在的政治目的，要在发展生产中团结与改造小生产者，逐步地把农民带向社会主义。

兴县地委书记的发言，以兴县老区在新中国成立以前办的贾宝直合作社为例，论证了长治地委意见的正确性。

会议讨论了四五天，尽管其他各省代表也不同意山西的意见，但认识并未达到统一。在这种情况下，华北局只得根据自己的意见作了结论，否定了山西的意见。山西代表宣称，他们保留自己的意见。一个下级组织对上级组织的最后结论，明确表示保留意见，这在中国共产党的历史上是不多见的，可见山西省委态度之坚决。

为了使会议精神得到贯彻，华北局书记刘澜涛会后又对山西代表作了耐心细致的说服工作，也未取得成效。5月4日，华北局对4月17日山西省委的报告作了正式批复。①

华北局首先肯定了山西省委抓紧对互助组的领导，注意研究新发

---

① 黄道霞主编《建国以来农业合作化史料汇编》，第42页。

生的问题"是对的"，然后严肃指出，省委提出的用积累公积金和按劳分配的办法来逐渐动摇、削弱私有基础直至否定私有基础的意见，"是和党的新民主主义时期的政策和共同纲领的精神不相符合的，因而是错误的"。批复强调要严格区分两个不同革命阶段的任务，新民主主义革命时期，革命任务只动摇封建私有、帝国主义在华特权和官僚资本主义私有；一般地动摇私有财产是社会主义革命时期的任务。目前提高与巩固互助组的主要问题，是如何充实互助组的生产内容，以满足农民进一步发展生产的要求，而不是逐渐动摇私有的问题。希望山西的同志对这一点，"必须从原则上彻底搞清楚"。华北局表示同意可试办几个农业生产合作社，作为全在省研究、展览和教育农民之用，同时指出，即便试办，也要出于农民自愿，不能强行试办，更不宜推广。

华北局在将这个批复下达山西省委的同时上报了中共中央。

刘少奇对山西省委的批评

刘少奇对山西省委这种急于否定农民个体私有制的倾向非常重视，他认为这是一种小农的平均主义思想在党内的反映，对正在进行的经济恢复和新民主主义建设极为不利，必须引起全党注意，特别是党的高级干部的重视。因此，在从5月7日到7月5日的近两个月时间里，他在多种场合，从不同角度反复阐明，现在是搞新民主主义，将来才能搞社会主义，必须先搞工业化，然后才能搞农业集体化的道理。

5月7日，刘少奇在中国共产党第一次全国宣传工作会议上作报告，对中国农村何时和怎样实行农业集体化问题作了专门阐述。他说：

三年准备之后，我们要来一个十年经济计划。经过十年建设，中国的面貌就会改变。到那个时候，我们不但有浩大的农业，而且有自己强大的工业。使中国变成一个富足的国家。在这种情况下，我们才可以考虑到社会主义去的问题，现在不能提这个问题。有人现在就要讲社会主义，我说：这是讲早了，至少是早讲了十多年。当然，从作宣传工作来说，还是要讲的，但作为实践来说，十年之内是讲不到搞社会主义的问题。社会主义什么时候搞？十年之后，还要看实际情况才能答复，可能十年之后就可以采取某一些社会主义的步骤；也可能十年之后，还不能采取这些步骤，还要等几年。

有的同志现在就想从实践上提出社会主义改造的问题。山西省委现在提出要在农村组织农业生产合作社，十家、八家、二十家、三十家把土地、牲畜、农具组织起来，大家使用。这种合作社，当然是有社会主义性质的，但是单用这种农业合作社、互助组的办法，是不能使中国的农业走到社会主义去的。毛主席说的，经过合作社的道路，农业才能走向社会主义。列宁也讲过，经过合作社走上社会主义。但他们讲的不是直接走上社会主义。因为仅仅依靠农村的现有生产力是不能搞社会主义的。想单靠十家八家组织的农业生产合作社直接到社会主义去是不可能的，那是一种空想的农业社会主义，是实现不了的。我们中国党内有很大的一部分同志存有农业社会主义思想，这种思想要注意纠正。农业的社会化要依靠工业。现在我们讲工人阶级领导，农民心里就不那么痛快，这是因为他们不懂得没有工人阶级的领导，农民自己就不能搞社会主义，只有在工人阶级的领导和帮助下，有了国家的工业化，能给农业提供大量的机器，农业集体化才有可能。现在那种农业合作社，个别的可以组织，但要在完全自愿的基础上。如果农民自己很热心，搞起来了，也有一些好处，不要去反对。但以为这种合作社就可以改造中国的农业，使个体的小农经济走到社会主义的农业去，那是幻想。如果认为这样就叫社会主义，并号召农民起来组织农业合作社，发动群众运动，就要犯大错误，那就叫"空想的农业社会主义"。[1]

5月13日，在政协全国委员会民主人士学习座谈会上的讲话中，刘少奇向民主人士讲了马克思主义历史唯物主义的基本道理，也讲了科学社会主义与农业社会主义的区别。他说：将来我们是要搞社会主义的，但是现在不搞，而且在最近十多年内是不搞的。因为现在工业只占10%，要发展到40%、50%，哪怕你跑得怎么快，总还要十年、二十年。现在这10%的工业中，又有两部分，一部分国有，一部分私有。因此，如果现在就采取社会主义步骤，把工业收起来，就要伤害工业生产的积极性，对人民没有利益。在农村里面，我们曾经宣传过劳动致富。什么叫劳动致富？就是劳动发财，农民是喜欢发财的，如果要动摇私有观念，农民就会不放心，生产积极性就不高。所以，现在伤害私人工业家和小生产者的生产积极性，会起破坏作用，这是反动的，就是所谓"左"的错误。因为它破坏生产积极性，妨碍生产力的发展。马克思说过，空想的社会主义是反动的，错误的。我们曾经反对过农业社会主义思想，下过这样一个结论，说它的性质是反动的空想的农业社会主义思想。所以现在过早地采取社会主义步骤，过早地国有化，集体化，是违背大多数人民的利益的，是违背进步的。[2]

为使已经出现的急于消灭私有制的思想倾向引起党内高级干部的注意，从理论上划清科学社会主义与农业社会主义的界限，他决定在7月5日给马列学院一班学员讲授《中国共产党的历史任务》的课程前，将山西省委的报告印发给学员，并为此写了批评农业社会主义的著名批语（后来被史家称为"山西批语"）。刘少奇指出：

---

[1] 《刘少奇论新中国经济建设》，第182～183页。

[2] 刘崇文、陈绍畴主编《刘少奇年谱（1898～1969）》下卷，第279页。

在土地改革以后的农村中，在经济发展中，农民的自发势力和阶级分化已开始表现出来了。党内已经有一些同志对这种自发势力和阶级分化表示害怕，并且企图去加以阻止或避免。他们幻想用劳动互助组和供销合作社去达到阻止或避免此种趋势的目的。已有人提出了这样的意见：应当逐步地动摇、削弱直至否定私有基础，把农业生产互助组织提高到农业生产合作社，以此作为新因素，去"战胜农民的自发因素"。这是一种错误的、危险的、空想的农业社会主义思想。山西省委的这个文件，就是表现这种思想的一个例子，特印发给各负责同志一阅。①

7月3日，他在写给中央办公厅主任杨尚昆的信中说："五号下午二时，马列学院学生来春耦斋上课，此件请印发给学生。并发各中委和中央局。"②

春耦斋地处中南海丰泽园内，是中共中央进驻中南海后举行政治局会议等的小型活动场所。

马列学院刚搬到北京时，设在颐和园东北侧的自得园内（1955年，马列学院改称中共中央高级党校，1962年在颐和园北侧盖了新校舍，由此自得园被人们习惯性地称为"党校南院"），是一处十分宁静的地方。

7月5日下午，一班学员按时来到中南海春耦斋听课。刘少奇开门见山地向大家说：今天我想讲一讲我们党今后的历史任务，以及怎样去完成。他谦虚地申明，这大体上是个人的意见，中央没有讨论，不是定见，并要大家研究补充。然后，他详细阐述了关于通过新民主主义建设，再向社会主义过渡的设想；实行工业国有化、农业集体化等社会主义步骤所要具备的条件和基本途径等问题。最后，话锋转向

---

① 黄道霞主编《建国以来农业合作化史料汇编》，第42页。
② 《建国以来刘少奇文稿》第3册，第527页。

了党内的思想倾向问题。

刘少奇首先分析了土改以后农村发展情况，指出农民的自发力量有好处也有害处，一方面它使农业生产发展；另一方面会使农村重新出现阶级分化，少数人成为富农，一部分农民重新破产成了贫雇农。他说："这不是奇怪的事，硬是村村有，我们应有这种精神准备。不要因为产生一两家富农就奇怪。一个村有几个大富，雇五六个人，神气十足，钻进政权，变成恶霸，有这个可能，这是小生产者自发力量的必然结果。"

随后，他提出问题说：这个自发力量是不是能阻止呢？山西省委想战胜它，阻止它，避免它，这是不可能的。不能阻止，不能避免。是否可怕？山西省委表现了害怕。我认为是不可怕的，怕也是没有用的。危险吗？头脑清醒就不危险，也不可怕。可怕的是你自己的脑袋，有胡涂思想，不想办法。他深表忧虑地指出，党内有人对农民的自发势力表示害怕，企图去阻止，这要走上错误的道路。山西省委的报告就是一个例子。

他又举了河北的例子说："中共河北省委从远大利益着想来组织合作社，想避免一部分人破产，想消灭富农。现在就为了这样的目的来组织合作社，也是不对的。"农民组织互助组的目的是要多打粮食，买便宜东西，我们要从群众直接的切身利益出发，用合作社互助组的显著成绩教育农民，使农民赞成集体经济，从而把农民的当前利益和远大利益结合起来，而不是直接实现党的远大目标。他指出，合作社不能为集体化准备经济条件，经济条件是重工业，拖拉机，没有这个条件，即使思想条件准备好了，大家要求集体化，也是不可能组织好的。

刘少奇说：毛主席在七届二中全会上所讲的逐步走向集体化，就是逐步准备，先东北，后华北，再其他地区，是这样逐步地搞集体化，不是逐步地消灭富农、消灭阶级。农业集体化是个大的运动，不是一个村子先几十户再几十户，而是一片片地搞。

那么，对农民的自发势力是不是就让它自流呢？刘少奇明确回答道：不是，而是要加以适当的领导，适当的控制。这主要是通过国家的贸易政策和税收政策，而不是互助组。因此，在农村中既不是阻止、避免自发趋势，也不是让其自流，而是要加以领导，实行控制，进行教育，使农民走上集体化道路。这就是农村发展的方向以及我们的政策。他谆谆告诫说：我们要采取谨慎的政策，适当照顾农民生活，照顾农民要求，教育农民，这就不会破坏工农联盟。到一切条件准备好了，再实行集体化。不谨慎的政策是冒险的政策。想把互助组提高到集体农庄，来战胜自发趋势是危险的。①

对比三年前经毛泽东审阅过的新华社的《关于农业社会注意的问答》来说，刘少奇在这里所作的批评，不仅没有超出当年的基调，就用词的尖锐程度来说，大概还有所逊色。

---

① 《刘少奇论新中国经济建设》，第218～222页。

六

关于工会工作方针的争论

在长期的革命战争年代，共产党在大城市的隐蔽战线的工作，主要是通过黄色工会，组织工人群众同帝国主义和国民党反动统治进行经济斗争，维护工人群众的切身利益，提高他们的政治觉悟。新中国成立以后，共产党成了执政党，工人阶级成了国家的领导阶级，地位发生了根本的变化。工会工作也必须适应这种历史的变化。

新中国成立之初，当务之急是恢复生产。工会工作的中心是引导工人自觉转变单纯追求福利的偏向，在面向生产的口号下，动员工人为复工开厂团结起来，保证生产的迅速恢复。在工商业处在新旧制度交替的困难过程中，工会引导工人主动降低工资，改进经营管理，克服困难，维持生产。自1950年5月起，工商业开始好转，这时工人的正当利益理应得到维护，但工会工作干部却站在企业行政一边，甚至片面替资本家说话，压制工人的正当要求，引起工人不满，以致出现工会会员要求退会、拒交会费、包围工会、殴打工会干部和严重的骚乱事件。新的情况，要求党对工会工作提出新的工作方针，即工会如何正确处理同共产党、人民政府、企业（国营和私营）、工人群众这多方面关系的基本原则。

邓子恢论工会立场的二重性

最早思考并试图回答这个问题的，是中共中央中南局第三书记邓子恢。

1950 年 7 月 28 日，中南地区的总工会筹备委员会举行扩大会议，邓子恢在会上作关于工会工作的主题报告。武汉是中国有名的三大"火炉"（重庆、武汉、南京）之一，7 月底正是"炉火"旺盛的时节。邓子恢一手拿着蒲扇，像谈家常一样，边摇边讲。他首先充分肯定了解放以来工会工作的巨大成绩，然后指出工会存在严重脱离工人群众的现象，工会工作缺乏明确的立场，未能及时反映和切实代表工人阶级的利益，不走群众路线的官僚主义、命令主义作风等问题，并提出解决办法。

关于工会工作的立场，他说："工会工作应明确站在工人阶级的立场上。在私营企业中，工会应处处为工人利益着想，绝不能代表资方替资方说话。在国营企业中，工会工作的立场与态度，也不应与企业行政混同起来，虽然双方都是为了国家，同时双方也都是为了工人的利益服务，基本是一致的，但应该认识彼此的岗位不同，任务不同，因而彼此的具体立场也应该有所不同。企业管理者代表厂方利益，工会工作者应代表工人利益。为了完成生产任务，减轻生产成本，企业行政方面很容易从本位观点出发，过分降低工人工资、福利，过分提高劳动强度，作出对工人不利的规定。出现这种情况，工会必须根据工人的意见，同厂方协商修改。如厂方不照顾工人利益，不接受工人意见，工会应代表工人向厂方提出抗议，向上级申诉，以至向法庭控告，以维护工人利益。工会这样做，是完全合法的。"

邓子恢由此引申到工会与政府的关系，指出，工会与政府也应有不同立场。他说："照理讲，工会与政府的基本立场是一致的，但也应估计到人民政府是代表工人阶级、农民阶级、小资产阶级、民族资产阶级四个阶级利益的，在决定某些问题时难免出现照顾得不恰当，或出现主观主义与官僚主义的问题。因此工会如发现政府某些政策对工人照顾不周，便应向政府作出建议，设法进行修改和纠正。"他指出："现在有些工会工作者立场不够明确，不善于从工会本身的立场来贯彻党的政策。在公营工厂中常常表现与行政毫无区别，不能从维护工人利益出发做好工作，努力改正行政方面过分谋利的倾向；在私营企业中，有的常为资方说话，因而工会被工人指责为'厂方尾巴'、'资方走狗'的。这样，工会在工人的心目中就不被看成自己的组织了。"

他进一步论证说："工会之所以需要，主要是为了代表工人阶级的利益。否则工会就成为多余的了。工人利益有经济利益、政治利益、文化利益；有当前利益、长远利益；有局部利益、整体利益。这些利益是相互关联又相互矛盾的。工会工作必须处处反映与解决工人的当前利益与局部利益，以取得工人的信任，从而提高工人的觉悟，在这个基础上再去说服工人服从长远利益与整体利益。"

7月29日，中南局将这次中南总工会筹委会扩大会议的情况和邓子恢的意见上报中央。7月30日中南局主管的《长江日报》全文刊登了邓子恢的报告。8月29日在湖北省第二次党代表会议上、9月23日在武汉市工会工作会议上，邓子恢多次讲了以上报告的内容。9月底，中南局根据邓子恢报告的精神，发布了《关于当前工会工作中若干问题的指示》。①

刘少奇从20世纪20年代到30年代中期长期从事工人运动工作；新中国成立后，中央书记处又分工他主管全国总工会的工作。当他读到中南局的报告和邓子恢的意见以后，认为很好，于8月4日为中央起草了批语，准备将邓子恢的报告转发各级党委和工会。批语指出："工会工作是目前我们党的主要工作之一，但各地党委对于工会工作

---

① 《邓子恢传》编辑委员会：《邓子恢传》，人民出版社，1996，第427～432页。

显然注意不够。望各中央局、分局及省委区党委和市委照邓子恢同志作法在最近三个月内认真地检讨一次工会工作并向中央作一次报告，以便加强各级党委对于工会工作的注意，改善工会工作。"[①] 这个批语连同邓子恢的报告经毛泽东、周恩来、朱德、李立三圈阅后发了下去。同日，《工人日报》登载了邓子恢的报告全文。全国总工会也下发通知要求各地工会干部进行学习。9 月 4 日，邓子恢的报告又被《人民日报》全文转载。

毛泽东对工会工作也十分重视。12 月 30 日，为转发中共中央西北局 12 月 26 日关于工会工作的报告，起草了中央给各中央局，上海、北京、天津三市委，各省市区党委的批语，毛泽东指出："各地工会工作存在着严重的缺点，而各级党委一般地说来注意得很不够，或者完全没有注意，这是不对的，必须改变这种情况。现将西北局十二月二十六日关于工会工作的报告转发给你们，望你们加以研究，定出自己的方针，并报告中央为盼。"[②]

高岗论工会与行政的一致性

邓子恢的报告转发以后，在中共党内引起了广泛的注意和不同意见。8 月下旬，在东北局举行的城市工作会议上，有人批评邓子恢的报告是宣传"机会主义的原则与理论"。高岗对邓的观点也持否定态度，他在总结讲话中批评邓的报告"欠妥""混淆思想"。高岗为批评邓的观点，于 1951 年 4 月主持写出了《论公营工厂中行政与工会的一致性》的文章，准备以《东北日报》社论的名义发表。

高岗对邓的观点作了针锋相对的批评。他说：公营工厂中没有阶级剥削，没有阶级矛盾，行政与工人的利益是一致的，行政与工会没

---

① 刘崇文、陈绍畴主编《刘少奇年谱（1898～1969）》下卷，第 258 页。
② 《毛泽东年谱（1949～1976）》第 1 卷，第 271 页。

有立场的不同。"具体立场不同"的说法，第一是模糊了工人阶级在
国家政权中的领导地位；第二是模糊了公营企业的社会主义性质，模
糊了公营企业与私营企业在质上的区别。高岗于 4 月 22 日将文章呈
毛泽东，并写信请毛泽东审改，请示"可否在报上发表"。高岗这种
做法，显然是要在党内挑起一场公开争论。

　　毛泽东的政治秘书胡乔木读了高岗的文章以后，于 4 月 29 日专
就此事向毛泽东和刘少奇写信报告，指出邓子恢的"具体立场不同"
的说法"确有不完满的地方"，但高文"用正面驳的方法也不适宜"。
胡乔木认为，应该分析工会之所以脱离群众的原因，明确"工会更
应当重视工人的直接福利，许多工会不重视是不对的"。

　　5 月 10 日，刘少奇在胡乔木的信上批示说："我同意高岗同志文
章暂不发表，待四中全会讨论此问题时当面谈清楚。高文可送邓子恢
同志一阅。"16 日，刘少奇又写信给高岗："工厂与工会立场问题你
写的文章，我已看过，已送交主席，可能主席尚未来得及看。我的意
见以为四中全会即将召开并要讨论这个问题，子恢同志亦来，可以加
以讨论，因此，你的文章暂时以不发表为好。"①

　　于是，这场争论便被搁置。

刘少奇论国营工厂内部的矛盾

　　关于国营工厂内部是否存在公私矛盾问题，刘少奇是比较早就注
意到了的。1950 年 11 月 29 日，他在中共中华全国总工会党组扩大
会议上的讲话中就指出："公私兼顾不仅是指公营、私营企业的关
系，同时也是指公营企业中工人与行政的关系，认为公营企业中工人
本身即主人，不是公私兼顾问题，这种否认公营企业中所存在的矛盾

---

　　① 参见金冲及主编《刘少奇传（1898~1969）》（下），第 733~735 页。

的看法，是不对的。"①

现在，高岗与邓子恢在观点上的对立，要求对这个问题从理论上作出更深入的阐述。为此，刘少奇在 5 ~ 6 月阅读了大量有关文件资料，研究工厂管理、工会工作和城市工作问题，并写了读邓子恢和高岗两篇文章的笔记。

刘少奇在这篇笔记中，全面论述了国营工厂的内部矛盾和工会工作的基本任务，提出了国营工厂中在阶级矛盾消灭以后，还存在"工人阶级和人民内部的矛盾"，观察问题时必须分清敌对的和非敌对的这两类不同性质的矛盾，"应该用同志的、和解的、团结的办法来处理"工人阶级和人民内部的矛盾，这样一些重要的理论观点和深刻思想。

他首先提出，在国营工厂内部是没有阶级矛盾了，但是不是还有其他的矛盾呢？什么是国营工厂内部的基本矛盾呢？他认为，这就是国营工厂管理机关与工人群众之间的矛盾，就是国营工厂内部的公私矛盾。这种矛盾与资本家工厂中的阶级对抗完全不同，它是一种在根本上非敌对的、可以和解也应该调和的矛盾。但它是一种不容否认的、客观存在的、真正的矛盾，是在长时期内要我们来认真加以调整和处理的矛盾。他还进一步认为："由这种矛盾所构成的国营工厂内部的各种关系，就是国营工厂中完全新的社会主义的生产关系。在这种新的生产关系不断发展的基础上，将一步一步地形成我们国家和社会一切新的上层建筑。"

那么，应该用什么样的方针和政策来处理这个矛盾呢？刘少奇说：现在我们要处理的是与工人同资本家的阶级矛盾性质不同的矛盾，即国营工厂管理机关与工人群众之间的矛盾和关系。这是一种新的矛盾和新的关系。目前在国营工厂中所发生的一切问题，差不多都是从这个基本问题上发生出来的，或与这个基本问题有关系的。如果

① 刘崇文、陈绍畴主编《刘少奇年谱（1898 ~ 1969）》下卷，第 264 页。

不能正确地处理这个问题，就不能正确地处理国营工厂中的一切问题。他明确指出这种矛盾的性质是"工人阶级和人民内部的矛盾"，主张"应该用同志的、和解的、团结的办法来处理这种矛盾和关系"。他说："毛泽东同志提出的在国营工厂中实行公私兼顾的方针，正是这种方针。"

刘少奇还具体分析了工会与行政的一致与矛盾，指出：在目前的国营工厂中以及在将来社会主义的长时期内，工会工作者与工厂管理人员，在保护工人阶级和全体人民整体利益的问题上，他们的出发点和立场是相同的、一致的。在涉及工人阶级基本利益的问题上，他们有共同的、一致的立场和出发点。但是在处理有关双方的各种个别的日常的问题时，他们又各有自己的出发点和立场。这是因为，在整体的和基本的利益一致的前提下，在日常具体问题上，工人群众的利益与工厂的利益又会是有矛盾的。这样，作为先锋队的共产党和工人群众对工会就有不同的要求：

——先锋队要求工会是党与工人群众之间联系的桥梁，是工人群众的共产主义的学校，是人民政权的主要的社会支柱之一；

——普通工人加入工会，他们是为了保护自己的利益和一般劳动者的利益。

据此，刘少奇指出：我们必须懂得，工会不是工人先锋队的组织，它必须使自己成为先进的、普通的以至落后的工人都能加入的组织，这样工会才能具有群众性。没有群众参加的工会，或群众对工会表示冷淡，没有热情和积极性，那就失去了工会应有的基本的作用。而如果脱离了保护工人利益这个基本任务，工会就会脱离工人群众，他们甚至还会找另外的办法来保护自己的利益。因此，共产党赞成工人团结在工会之内，保护自己的一切正当的不容侵犯的利益。而在工会中的一切共产党员，务必最周密地关心工人群众一切经济的、政治的和文化的福利，即使是最微小的事情，也必须予以关心。只要这些要求不损害工人阶级领导的国家及其经济发展，不损害劳动人民的其他部分，也不损害工人阶级根本的、整体的和长远的利益，就应该力求满足他们的要求。只有这样，党才能把最广大的工人包括政治上落后的工人都团结在工会之内和自己的周围，并取得工人们对工会对党的信仰，从而使工人群众的要求和目的与先锋队的要求和目的结合起来，统一起来。

刘少奇的结论是：工会工作必须从普通工人的要求出发，力求实现他们一切合理的能够实现的要求，然后逐步地提高工人们的觉悟，来实现共产党的要求和目的。而这将是共产党员和先进工人在工会中长期正确工作的结果。①

对于工会工作必须从普通工人的要求出发，关心和保护工人利益的思想，刘少奇在 7 月 4 日为中共中央批转李立三《关于调整工资情况的综合报告》的通知中，更有具体的说明。通知指出：

> 工资问题对于工人阶级来说，犹如土地问题对于农民一样，是一个十分重要的基本问题。如果我们党的一切组织不认真地研究这个问题，就不能正确地处理这个问题，而如果不正确地处理工资问题，我们就不能建立与工人阶级的密切联系，就不能取得工人阶级对于我们党的全心全意的支持，就使我们不能倚靠工人阶级去搞好生产并搞好其他各种工作。因此，必须在党内提起对于工资问题的注意，督促一切党的组织认真地加以研究，总结各地调整工资的经验。②

---

① 《刘少奇选集》下卷，第 92~99 页。
② 《中央批转李立三关于调整工资情况综合报告的通知》（1951 年 7 月 4 日），《建国以来刘少奇文稿》第 3 册，第 534 页。

七

毛泽东的思考与决策

由互助合作引发的争论，毛泽东要杨尚昆通知刘少奇、薄一波、刘澜涛到他住处谈话，明确表示不支持他们，而支持山西省委的意见。

关于工会工作方针的争论，李立三的意见遭到否决，被戴上了"狭隘的经济主义""严重的工团主义""领导方法的主观主义"三顶帽子。

组织起来发展生产

经过合作社把农民引向社会主义，这在毛泽东、刘少奇之间是一致的。如果说，刘少奇更多地重视流通环节，因而主张由发展供销合作而促进生产合作；那么，毛泽东长时间来，他的注意力则放在组织生产合作。

还在土地革命年代，毛泽东在 1933 年 11 月发表的《长冈乡调查》中就讲"劳动互助社""犁牛合作社"的问题。他说：

　　劳动互助社在农业生产上伟大的作用，长冈乡明显地表现出来了。根据群众的意愿，以村为单位统筹生产，一切地方都可实行，特别在扩大红军数多的地方。必要时还可以乡为单位，甚至以区为单位统筹，上杭才溪区就是这样做的。

在现时的农业技术条件下，耕牛的作用仅仅次于人工。……这不但解决贫苦农民一大困难，对于增加农业生产更有大的意义。①

到抗日战争时期，在敌后根据地发动群众性大生产运动已有经验的基础上，毛泽东在 1943 年 10 月、11 月先后作了《论合作社》和《组织起来》的报告。他在报告中以极大的热情称赞用合作社把劳动力组织起来，是一次"革命"。

毛泽东在 10 月陕甘宁边区高干会上的报告中说：

今年边区在发展生产上，又来了一个革命，这就是用合作社的方式把公私劳动力组织起来，发动了群众的生产积极性，提高了劳动效率，并大大发展了生产。

在过去，整个边区破坏了封建剥削关系的一大半，这是第一个革命。

但是，如果不进行从个体劳动转移到集体劳动的生产方式的改革，则生产力还不能获得进一步的发展。因此，建设在以个体经济为基础（不破坏个体的私有财产基础）的劳动互助组织，即农民的农业生产合作社，就非常需要了。只有这样，生产力才可以大大提高。

这样的改革，生产工具根本没有变化，生产的成果也不是归公而是归私，但人与人的生产关系变化了，这就是生产制度上的革命，这是第二个革命。

毛泽东强调说："这办法，可以行之于各抗日根据地，将来可以

---

① 《毛泽东文集》第 1 卷，人民出版社，1993，第 301、302 页。

行之于全国。这在中国经济史上是要大书特书的。"①

11 月，毛泽东在陕甘宁边区劳动英雄大会上又向劳动英雄们说："在农民群众方面，几千年来都是个体经济，一家一户就是一个生产单位，这种分散的个体生产，就是封建统治的经济基础，而使农民自己陷于永远的穷苦。克服这种状况的唯一办法，就是逐渐集体化。……在边区，我们现在已经组织了许多的农民合作社，不过这些在目前还是一种初级形式的合作社，还要经过若干发展阶段，才会在将来发展为苏联式的被称为集体农庄的那种合作社。"②

以上，是中国共产党长期在农村根据地，发动农民打土豪分田地后，组织农民发展生产的实践。从毛泽东对这段实践的说明中，可以看出，他对列宁讲的合作社理论的理解和自己经验的总结，主要是指生产合作。

简单协作与新生产力

毛泽东、刘少奇在历史上形成的这种对不同形式合作社作用的不同认识，也许正是日后在互助合作问题上产生分歧的由头。

刘少奇在春耦斋（1951 年 7 月 5 日）向马列学院的学生讲课不久，又对中共中央华北局关于华北五省农村互助合作会议（即第一次小白楼会议）向中央的报告，尤其是对不同意见的争论部分进行了修改。这个报告于 7 月 25 日定稿。

华北局的报告，陈述了四月会议及以后的一些情况、争论和解决的问题。在介绍了山西省委的意见之后，报告说："会议不同意山西省委的这种意见，认为目前的互助组织是以个体经济（私有的）为基础的，在自愿两利下的集体劳动组织，故不能在这个基础上逐步地

---

① 《中共党史参考资料》第 9 册，第 253～254 页。
② 《毛泽东选集》第 3 卷，第 931 页。

直接地发展到集体农场。因为农业集体化，必须以国家工业化和使用机器耕种以及土地国有为条件。没有这些条件，便无法改变小农的分散性、落后性，而达到农业集体化。将来在这些条件下普遍组织起来的集体农场，对于目前的农业劳动互助组来说，是一种完全新的组织。在集体农场组织之后，目前形式的互助组就没有必要了。因此，山西省委在目前提出在互助组内对私有财产不是巩固，而是逐渐动摇、削弱以至否定，并企图由此走上集体化的方针，是错误的，是根本违反互助组在私有财产基础上的等价原则的。这就直接破坏了互助组。富农已开始发展，但并不可怕，到将来适当时期可予以限制，如实行农业累进税等；现在即提出限制富农政策来阻止和避免农村阶级分化，不但不可能，而且对发展农业生产是有害的，所以也是不对的。上述错误思想的实质，是一种空想的农业社会主义思想。"①

刘少奇在报告中讲到巩固互助组主要依靠充实生产内容一段时，加了这样一句话："在长时期内，在农民中就进行了一种实际上的集体主义教育，是将来组织集体农场必需的思想基础。"②

参加华北五省互助合作会议的山西长治地委书记王谦，回到太原以后，向省委汇报了会议精神和华北局领导的指示，山西省委立即召开省委常委扩大会议，讨论研究华北局5月4日的批复，认为不能同意华北局的意见，决定进行申述。由省委书记赖若愚亲自起草的《关于互助会议的几个问题》的申述报告，经省委常委扩大会讨论通过，由陶鲁笳呈送华北局（陶鲁笳当时正在北京参加华北局召开的宣传工作会议）。刘澜涛为此专门找陶谈话，陶鲁笳明确表态说："山西省委没有错，在这个问题上，省委不能作检查。5月6日，赖若愚和副书记解学恭以个人名义致电华北局，对

---

① 薄一波：《若干重大决策与事件的回顾》上卷，第 190~191 页。

② 薄一波：《若干重大决策与事件的回顾》上卷，第 191 页。

华北局的批评又一次进行申诉，表示了不同意见，认为七届二中全会已经明确半社会主义性质的合作社是新民主主义五种经济成分之一，我们试办这种初级社，不存在违背《共同纲领》精神的问题。"①

陶鲁笳后来回忆说：山西省委此时专门派人驻京，准备检查。但省里的领导干部，特别是长治地区的干部从心里并不认为搞初级社试点是错误的，也不认同"空想的农业社会主义"的提法。在这种情况下，感到没办法了，王谦等人就给毛主席写了一封信。时间是在刘少奇公开批评山西省委以后。这封信还附了 1950 年至 1951 年上半年《中共长治地委关于组织起来的情况与问题》的几个报告，以及王谦从华北局五省互助会议回来后写的《关于党对农业生产的领导问题》，全面介绍了长治地区试办农业初级社的情况。②

毛泽东在看到华北局与山西省委的不同意见后，即要杨尚昆通知刘少奇、薄一波、刘澜涛到他住处谈话。毛泽东明确表示不支持他们，而支持山西省委的意见，并批评了互助组不能成长为农业生产合作社的观点，以及现阶段不能动摇私有基础的观点。他认为，既然西方资本主义在其发展过程中有一个工场手工业阶段，即尚未采用蒸汽动力机械而依靠工场分工以形成新生产力的阶段，那么，中国的合作社，依靠统一经营形成新生产力，去动摇私有基础，也是可行的，这符合七届二中全会和政协《共同纲领》关于合作社经济是半社会主义性质经济的决定。

薄一波后来回顾这件事情时说：毛泽东讲的道理把我们说服了。这样，经少奇同志修改的华北局报告当然也就没有发出了，但原件刊

---

① 马社香：《山西试办全国首批农业合作社的前前后后——陶鲁笳访谈录》，《党的文献》2008 年第 5 期，第 72 页。

② 马社香：《山西试办全国首批农业合作社的前前后后——陶鲁笳访谈录》，《党的文献》2008 年第 5 期，第 73 页。

登在华北局内部刊物《建设》杂志上（因事先已排印）。少奇同志还通过范若愚同志向马列学院一班学员收回 7 月 5 日下午在春耦斋发给他们的材料。①

于是，刘少奇的意见被否定，对农业社会主义的批评，从此也不再提及。在此后的近三十年中，"农业社会主义"这一表述，也成了政治上的禁区。

据说，毛泽东这段关于西方资本主义经过工场手工业阶段，形成新生产力的谈话，是他的政治秘书陈伯达查了《资本论》后为他提供的。实践证明，陈伯达在这里为毛泽东出的是一个馊主意。

马克思在《资本论》中分析手工工场比独立的手工业者有更高的劳动生产率，指的是，手工工场实行了分工或分工的深化，工人反复进行同一操作，动作熟练，从而加速；劳动方法的不断完善，节约了变换劳动工具和移动工作地点的时间；为适应单一操作，工具不断得到改进，从而提高了劳动生产率。工具的改进、简化和多样化，又为机器的产生创造了物质条件。

而农业则不同于工业。在农业生产过程中，同类作物甚至多种作物，在同一时期基本上是处在同一生长阶段上，需要进行同一种操作，不可能在同一时间内由不同的人进行不同的操作，也不可能由一个劳动者不断进行同一种操作。因此，农业劳动者基本上都要完成农业生产全过程的各种主要操作，即从播种、施肥、浇水、锄草到收割。由于农业生产过程的这种特点，即便是实行集体劳动，也无法实现类似手工工场中那样全面的专业分工。农业生产，确有一部分农事活动，靠个人或一家一户的力量难以独立完成，需要进行互助协作的。但这只是农业生产全过程的个别环节。因此，简单协作并不可能产生新生产力，把马克思工场手工业的原理简单地照搬到农业中来是不准确的。

---

① 薄一波：《若干重大决策与事件的回顾》上卷，第 185～192 页。

第一个农业互助合作决议的出台

毛泽东在肯定了山西省委的意见后，即指派陈伯达去主持召开一次互助合作会议，负责为中央起草决议。9月7日，毛泽东审阅了中共中央关于召开互助合作会议的通知稿。通知说："中央决定于九月二十日在京开会，请东北、华北、西北、中南、华东各中央局及山东分局，并转告河南、河北、山西省委，各派一位熟悉和管理农业生产互助合作工作，并足以代表你们意见的同志（例如研究室主任或副主任），充当代表参加会议，并随带有关材料来京。"①

陈伯达奉命来到华北局刘澜涛的办公室，他向华北局的负责同志和华北局政策研究室的成员，传达了毛泽东的意见。对于《共同纲领》中"凡已实行土地改革的地区，必须保护农民已得土地的所有权"的规定，毛泽东认为，一边保护，一边也可以动摇，现在保护它就是为了逐步动摇它。毛泽东提出这样的质问：为什么不能动摇私有？保护之，就不能动摇之？对于华北局批评山西省委设想通过互助合作，用零敲碎打的办法直接过渡到社会主义，毛泽东质问：为什么不能直接过渡，还要经过什么？他还倡议召开一次全国性的互助合作会议。陈伯达委托华北局政策研究室具体筹备这次会议，会址仍在华北局招待所的小白楼，并要求华北局政策研究室的同志为他起草决议提供资料和具体意见。②

据当年参与其事的华北局政策研究室工作人员回忆：陈伯达在起草决议期间，在他的宿舍原中央党校（即自得园）的"孤岛"上，连续召开了三四次座谈会。参加第一次座谈的有张磐石、李哲人，一直参加到底的有华北局政策研究室的同志。每次座谈都是夜里十点以

---

① 《毛泽东年谱（1949～1976）》第1卷，第393页。
② 杜润生主编《当代中国的农业合作制》（上），当代中国出版社，2002，第138、140页。

后开始，凌晨两三点结束。座谈的方式，是陈伯达根据毛泽东的意见草拟的一个决议提纲，一面念，一面要大家发表补充意见。他叫这种方式是"挤牛奶"。开始，李哲人提出没有机械化能否实行集体化的问题。陈伯达用资本主义工场手工业的例子进行解释，并且说农业生产合作社相当于工场手工业阶段。张磐石对此还进一步提出疑问，陈仍然坚持这种解释，说农民合作与资本家雇工虽有不同，但在手工业基础上仍可分工分业集体劳动，发挥协作的优越性。①

9月20日，中共中央召开的第一次互助合作会议在小白楼正式开始，30日结束。参加会议的有华北局政策研究室、河北省委、中南局政策研究室、河南省委、东北局、东北局政策研究室、西北局、华东局和山东分局派来的人。西南局当时正在全面进行土地改革，没有派人参加。中共中央政策研究室的人参加了初期的会议。另外，农民作家赵树理自始至终参加了会议。会议开始时，华北局负责人程子华、刘澜涛也曾到会。

会议由陈伯达主持，开得很简单，在传达了毛泽东的指示精神以后，就讨论他起草的决议。他读一段，让大家讨论一段。开始大家很不习惯这种开法，要求汇报一下各地互助合作运动的情况和问题。陈伯达坚持他的开法。尽管陈伯达传达了毛泽东的意见，有些人仍然坚持自己的看法，或提出一些问题，会上讨论很热烈。特别是赵树理，总是以他的家乡某哥、某嫂为例，讲农民如何不愿互助劳动和合作经营的情况。陈伯达很不耐烦，常常用他的福建普通话顶赵。赵树理听不太懂他的福建话，常是你说你的，我讲我的。对决议草案一开头讲土地改革后农民有两方面的积极性，有人不同意这种写法，说"决议怎么一开头就写农民有两个积极性呢"，主张先对形势作个分析。有些同志对土地入股的农业生产合作社的性质提出疑问。在讨论农民究竟哪种积极性是主要的、第一位的时，发生了争论。陈伯达一再强

---

① 《中国农业合作史资料》（试刊），1986 年 5 月，第 36 ~ 37 页。

调互助的积极性，赵树理一再以他家乡的实例说明农民最热心的还是单干发家。争论了几个回合，最后，还是把个体经济的积极性写在了前面，并且说明，农民在土改后对于个体经济的积极性是不可避免的，党充分了解农民这种小私有者的特点，提出不能忽视和粗暴挫折农民这种个体经济的积极性，然后再讲如何逐步发展互助合作。会议每天只开六小时，每天都要写一个几百字的简报，当晚报送毛泽东。讨论结果，一致同意决议草案精神，对陈伯达起草的决议草案作了不多的修改，算是通过了。

过了两个多月，中共中央书记处讨论后，又对这个决议草案作了一些修改，经中央政治局和毛泽东批准，由毛泽东写了"中央指示"，于12月15日下发各中央局和省委，并要求印发到全国各县委、区委，强调指出："这是在一切完成了土地改革的地区都要解释和实行的，请你们当作一件大事去做。"①

土地改革以后（这时全国的土改尚未全部完成），就要"趁热打铁"，通过以土地入股的方式把农民组织起来，开始向社会主义过渡。这就在实际上否定了允许私有经济在农村有一个发展的新民主主义政策。

就在陈伯达按毛泽东的意图为中央起草农业生产互助合作决议的同时，1951年9月，刘少奇曾主动为中央起草《关于合作社的决议（草案）》。他开门见山地指出："中国现在有以下一些主要的合作社组织：（一）农村中的劳动互助组与农业生产合作社；（二）农村中的供销合作社；（三）城市中的消费合作社；（四）城市和农村中的工业生产合作社。以上四类，是目前已经发展或开始发展并有广大发展前途的合作社组织。除了对前面第一类农村中的劳动互助组与农业生产合作社中央另有决议指示外，对于其他三类合作社在目前所存在的问题，特作如下各项决议。"但从现有保存的手稿来看，这个草案

---

① 《毛泽东年谱（1949～1976）》第1卷，第439页。

主要是讲了在农村组织供销合作社的内容，即农村供销合作社的基本任务、农民组织供销合作社的目的、共产党积极赞助农民起来组织供销合作社、供销合作社办理供销业务的基本方针及供销合作社的股金与股金分红（不全）。① 由组织供销合作逐步引导农民走向生产合作，是刘少奇的一贯思想，但与这时毛泽东的想法是不一致的。因此，按刘少奇最初的设想，这个文件没有起草完整就搁笔了，更没有形成正式文件。

李立三被戴了三顶帽子

在工会工作方针问题上，全国总工会常务副主席、党组书记李立三是同意邓子恢的意见的。全国总工会党组曾召开会议讨论邓的报告，并发通知要求全国工会工作者将邓的报告作为整风文件，认真学习，整顿作风。

就在农业互助合作这场争论，由毛泽东作了裁决不久，李立三于1951年10月2日，就工会工作中的争论问题，向毛泽东主席写了报告。② 他说：有同志认为在国营企业中公私利益是完全一致的，无所矛盾，甚至否认"公私兼顾"政策可以适用国营企业。另一种意见认为在国营企业中公私利益是基本一致的，但在有关工人生活的劳动条件等问题上是存在有矛盾的，但这种矛盾的性质是工人阶级内部的矛盾，因而是可以而且应当用协调的方法，即用公私兼顾的方法来求得解决的。对此，李立三明确表示：

　　我个人是同意后一种意见的。我觉得公私关系问题，不仅在目前国营企业中，而且在将来社会主义时期各种对内政策问题上

① 《刘少奇论合作社经济》，第122～133页。
② 本段及以下几段，参见李桂才主编《中国工会四十年（1948～1988）资料选编》，辽宁人民出版社，1990，第213～216、271～284、309～321页。

也还是一个主要问题，否认"公私兼顾"的原则可以运用到国营企业中的意见，可能是不妥当的。

不料，李立三这个报告送到毛泽东那里以后，却遭到了否决。毛泽东在中央的一个文件上批示说："工会工作中有严重错误。"

11 月，中共中央批准成立由刘少奇、李富春、彭真、赖若愚、李立三、刘宁一组成中华全国总工会党组干事会，负责指导全总党组工作，实际上是由这个党组干事会来领导批判李立三，改组全总党组。

12 月 13 日，党组干事会领导召开全总党组第一次扩大会议，对全国总工会工作进行检查。会议由李富春主持，不是党组干事会成员的陈伯达以他的特殊身份在会上作定调发言，给李立三戴上了三顶帽子："狭隘的经济主义"；"严重的工团主义"；"领导方法的主观主义"。

陈伯达的结论是，李立三在工会工作上所犯的错误，是严重的原则错误。他的狭隘的经济主义、否认党的领导、脱离实际和脱离群众，乃是表现了社会民主党的倾向，这种社会民主党的倾向是完全反马克思列宁主义的。

于是，会议完全照着这个调子，对李立三的"错误"进行揭露、上纲、批判。会议开了 10 天，有 30 多人作了批判发言，李立三本人三次作了自我批评，并对某些问题作了解释性说明。12 月 20 日，李富春在会上作了《在工会工作问题上的分歧》的结论。对李立三的"错误"作了"全面""系统""理论"的分析。

结论强加给李立三的第一个错误，是指责李把工人阶级对于社会主义企业的关系和对于国民党时代资本主义企业的关系混同起来，于是也就把发展生产与提高工人的物质文化生活这两个方面对立了起来。结论说毛泽东的观点是，在国营企业中完成生产的任务，"是行政、支部、工会三位一体共同的任务。各顾各地把三方面工作分裂起来的作法，是完全错误的"。结论由此断言，李立三把国营企业的行政方面看成代表"公"的方面，把工会看成代表"私"的方面；"公私关系"就是国营企业的行政和工会的关系，"公私矛盾"就是行政和工会的矛盾等观点及作法，与中央的观点及方针是"完全相抵触的，直接相冲突的"。结论认为，国营企业中所发生的"公私利益之间的矛盾"，有不少是反映了先进与落后的矛盾。工会的任务就是要把落后分子提高到先进分子的水平，而不是迁就落后的现象。

结论强加给李立三的第二个错误，是指责李否定共产党对工会的领导，说李立三虽然表面上说工会工作"要在党的领导下进行"，但在实际上恰恰是取消了党的领导。

结论强加给李立三的第三个错误，是指责李在领导方法上是主观主义的、形式主义的、事务主义的，甚至是家长制的。

12月22日，中共全总党组扩大会议通过了《关于全国总工会工作的决议》，正式将强加给李立三的三顶帽子以决议的形式肯定了下来。

由此，李立三被免去了全国总工会党组书记、副主席的职务，中央任命山西省委书记赖若愚前来接任。

李立三在会上的三次自我批评被认为不深刻，因而实际上未能过关的李立三，无奈于1952年5月20日再次交出《我在全国总工会工作中所犯错误的检讨》。

检讨不得不把决议中的三顶帽子先接受下来，承认这个"批评是正确的，是非常深刻中肯的"，"这种深刻的揭发、尖锐的批评是非常必要的"。

但李立三仍坚持对自己的理论观点作出说明，同时又极其谨慎地将自己的观点与刘少奇、邓子恢作出适当的区别，以免将刘、邓牵连进来。

关于发展生产与改善工人生活的问题，李立三在检讨中说："工会应以发展生产为中心任务的问题，我也常常说过，'工会应当面向生产'，'工人阶级要改善生活，唯一的根本道路是努力发展生产'，同时在另一些地方又说'必须切实改善工人生活，才能发扬工人的劳动热情，提高劳动生产率'。……但是事实上并没有真正理解'发展生产'与'改善生活'这两方面是密切连系而不可分离的统一过程。"因此，李立三"从来没有象少奇同志在华北兵工会议的结论中所作的那样提法：'职工会的任务，是团结教育职工，提高职工阶级觉悟，为增加生产，提高质量，减低成本，完成并超过生产任务而斗争；并在这种任务下来适当的照顾职工经济的与文化的生活'。相反的，在我的说话中常常过分夸大'改善生活'方面的任务，说什么'工会工作者的地位决定了要多代表工人群众的日常利益'。这种说法，显然是把工人阶级的日常利益和工人阶级的整体利益对立起来，也就把'改善生活'的利益与'发展生产'的利益对立起来，这显然是反映工人群众中的落后思想，代表这种落后思想，而不是象共产主义的工会工作者所应有的态度一样，努力去把这种落后思想提高起来，逐渐地、不断地提高到先进分子的水平。这种把'改善生活'与'发展生产'对立起来的观点，自然就取消了工会应以'生产为中心'的任务。所以我虽然讲了不少'以生产为中心'和'面向生产'的话，但由于我并没有了解这句话的真正意义，在实际工作中便完全迷失了、丧失了这个中心"。

在检讨工会与行政的关系问题时，李立三说："过去讲到这个问题时，我也说过'在以工人阶级为领导的新民主主义国家中，公营企业是全体人民的企业，是工人阶级自己的企业，是社会主义性质的企业。这里没有阶级对抗，没有剥削的存在，增加生产就是增加国家财富，增加社会财富，也就是增加改善全体人民和工人本身生活的物质基础。……在公营企业中所有党政工团的组织都应当强调这种公私利益的一致性，这不只是为了达到搞好生产的共同目的是必要的，而且这就是对工人群众进行阶级教育，进行共产主义教育'（见在公营企业中贯彻公私兼顾政策的几点意见）。这是说明了公营企业的行政与工会的一致性、同一性。同时我又说，工会与行政之间，'还是存在有一定的矛盾……但这种矛盾是一个阶级内部的矛盾，所以没有对抗性，是可以协调的'（同上）。这对不对呢？我想也还是有多少道理的。既然行政与工会'有工作方面的不同，分工的不同'就是两者之间具有差别性。'差别就是矛盾'（矛盾论）。但是行政与工会的同一性和差别性这个矛盾的两方面，哪是主要的方面，起主导作用的方面呢？……这个问题对于我，是没有能正确解决的。因而不适当地、错误地强调了行政与工会的差别性，强调了两者之间的矛盾，说工会与行政有'具体立场'的不同［这个说法虽然是其他同志（指邓子恢——引者注）提出来的，我却把它引申发挥成了严重的理论上的错误］；说'公私利益之间还存在有一定的矛盾，这就是社会主义性质的国营企业中还需要有代表工人群众的工会组织以及工会还需要保护工人群众利益的客观基础'。这里既错误地把公私关系与行政和工会的关系混同起来，又错误地夸大了公私之间的矛盾，这样就把工会看成好像是与行政完全对立的东西，而忘记了连结它们的最主要的东西——同一性，自然要得出荒谬错误的结论"。①

从以上摘引的片断中，不难看出当时李立三顾全大局，保护同志的良苦用心。

1978年12月举行的中共十一届三中全会以后，中共中央对建国后造成的一系列冤假错案进行复查平反。1981年3月，全国总工会党组作出了《对全国总工会党组第一次扩大会议复查结论》，推翻了当年强加在李立三头上的诬蔑不实之词，明确指出："李立三同志关于在国营企业中的工会工作方针，首先强调公私利益的一致性，以及发展生产是为国家增加财富，是改善工人生活的物质基础，指出发展生产是党支部、行政、工会三位一体的共同任务。又反复阐明公私利益之间客观存在的矛盾不应忽视，而要坚持用兼顾的方针和协调的形

---

① 《中共党史教学参考资料》第19册，第422～423页。

式积极地给予解决。""这一系列的论述既维护国家利益，又维护职工个人利益，是符合马列主义的。经过三十年来工会工作正反两方面的实践经验证明是正确的。会议根据立三同志关于行政与工会有时在某些具体问题上客观存在着矛盾，还会有争论的观点，就错误地认定立三同志把党、政、工三方面各顾各地对立起来，进行批判。这是极端片面的形而上学，尤其陈伯达在会议上批判立三同志的发言，孤立地抓着立三同志'在有关工人生活的具体问题上、在劳动条件上、公私利益之间还存有一定的矛盾'这句话，就武断地说'这是立三同志思想的中心……这是分配中心论'。他并以狭隘经济主义的罪名，强加给立三同志。这些错误的批判和讨论经过实践证明是十分有害的，应一律推倒。"

复查结论指出："无论立三同志的言论或行动，都不存在反对党的领导，不存在工会高于一切，不存在工会代替国家政权的无政府主义倾向。甚至把他关于在一些方面不应把工会和党同样看待的意见，也认为他犯了严重工团主义错误。这在理论上和实际上都是错误的、有害的，应予推倒。"

复查结论还认为，李立三在领导全总工作期间，作了大量奠基工作，他在工作上的一些错误，不应夸大为主观主义的错误。"他对社会主义时期工会存在的必要性，作了重要的理论探讨，1951年，他就提出在社会主义企业中行政与工会的矛盾是人民内部的公私矛盾，需要正确组织和正确处理，至今仍有现实意义。"

复查结论最后宣布：

> 综合以上情况，《结论》和《决议》认定立三同志犯了严重的工团主义、经济主义、主观主义错误，是缺乏事实根据的，均应推倒。1951年全总党组第一次扩大会议的《结论》和《决议》都应撤销，恢复李立三同志的名誉。因为立三同志的所谓错误而受株连的同志，亦应平反昭雪，恢复名誉。

　　至此，这场三十年前的冤案，终于有了一个公正的结论，还了历史的本来面目。

刘少奇去南方休养

　　就在中共中央批准成立全总党组干事会，准备批评李立三"错误"的时候，作为中央书记处分管工会工作的书记、新成立的全总党组干事会主要领导成员的刘少奇，在全总党组扩大会召开前夕，于11月底由中央安排去南方视察和休养。

　　刘少奇向毛泽东报告说：

> 　　我今日即到北京医院去检查肠胃，这是苏联医生多次要求我的。大概两三天后即可检查完毕，拟于本月廿六日起身到杭州去休息。
>
> 　　总工会的同志们已和我谈过一次。富春同志已答应负责总工会的日常领导工作。全总党组及党组干事会名单已拟就，交富春同志再去斟酌后即可提交中央批准。此后，即召集党组会总结工作，赖若愚同志参加总结会后再回山西一次。①

　　11月27日，刘少奇携夫人王光美离开北京去南方视察。对此次刘少奇的南方之行，王光美有过如下回忆：

　　第一站到天津，参观了正在举办的华北物资交流大会，并稍作停留。然后，沿津浦线南下，经山东济南、曲阜，安徽蚌埠，于12月3日抵达江苏南京。在宁期间，参谒了中山陵、雨花台烈士陵园，视察了玄武湖入城水闸、地质调查所、历史博物馆等地。后经无锡、苏州，于8日到上海。在沪期间，视察了刚组建不久的驻沪海军部队，

---

　　① 《建国以来刘少奇文稿》第3册，第797页。

并乘"南昌"号军舰沿黄浦江航行，巡视了吴淞口要塞。为海军南昌舰题词："为保卫祖国的海岸而奋斗"。参谒了上海中山故居，专程拜访了居住在上海的宋庆龄。

宋庆龄对刘少奇夫妇来访非常高兴，亲自煮咖啡招待。宾主谈起了孙中山先生。宋庆龄说，她已经知道刘少奇去向中山陵献了花圈，她对此表示感谢。刘少奇诚恳地说："孙中山先生是伟大的革命家，是我们的老师。我们现在实行的新民主主义就是继承了孙中山先生的新三民主义。"宋庆龄答道："我一直相信，只有在共产党的领导下，中山先生的主张才能实现。"

12月13日，到达浙江杭州。初冬时令，北方已是寒风凛凛，但在南方的杭城，此时还无寒意。刘少奇在此停留达一月之久。这期间，他无意游览西湖胜景，而是利用这少有空档埋头通读范文澜著的《中国通史》。这部中国几千年的文明史，也是无数朝代的兴亡史，对于刚取得全国政权的中国共产党人来说，要把中国建设成一个工业化强国，立于世界民族之林，显然是有很多东西值得借鉴的。①

---

① 参见黄峥执笔《王光美访谈录》，第124～127页。

酝酿向社会主义过渡的总路线

关于中国何时实行社会主义的问题，中共七届二中全会决议确定是两个转变的战略，即先使中国稳步地由农业国转变为工业国，再由新民主主义国家转变为社会主义国家。1950 年 6 月 23 日，毛泽东在全国政协一届二次会议闭幕词中说："我们的国家就是这样地稳步前进，经过战争，经过新民主主义的改革，而在将来，在国家经济事业和文化事业大为兴盛了以后，在各种条件具备了以后，在全国人民考虑成熟并在大家同意了以后，就可以从容地和妥善地走进社会主义的新时期。"① 然而，到 1952 年夏秋之交，中国社会经济的现实状况已经发生了一些超出原来预想的变化：恢复国民经济的任务超前完成了；国营工商业产值已超过私营工商业的产值；农业生产互助合作的普遍开展，农村生产关系的变革已在悄然兴起。正是这种种社会经济现象，引发了毛泽东对向社会主义过渡的新思考。

从现在开始过渡问题的提出

历史地看，1951 年有关农业生产互助合作问题的争论，涉及的

---

① 《毛泽东文集》第 6 卷，人民出版社，1999，第 80 页。

根本问题，就是此时是否就应该逐渐动摇、削弱直至否定私有基础的问题，也就是是否从当下开始起步向社会主义过渡。1951年12月，经中共中央批准下发的第一个《关于农业生产互助合作决议（草案）》认定：

> 这种劳动互助是建立在个体经济基础上（农民私有财产的基础上）的集体劳动，其发展前途就是农业集体化或社会主义化。长时期以来的事实，证明党中央这个方针是完全正确的。

这种劳动互助合作有三种形式：简单劳动互助，常年互助组，土地入股的农业生产合作社。党中央的方针就是根据可能的条件而稳步前进的方针。决议指出：

> （五）关于农业互助合作的问题，总的说来有两种不同的错误的倾向：一种倾向是采取消极的态度对待互助合作运动，看不出这是我党引导广大农民群众从小生产个体经济逐渐走向大规模的使用机器耕种和收割的集体经济所必经的道路，否认现在业已出现的各种农业生产合作社是走向农业社会主义化的过渡的形式，否认它们带有社会主义的因素。这是右倾的错误的思想。另一种倾向是采取急躁的态度，不顾农民自愿和经济准备的各种必须的条件……认为现在可以一蹴而在农村中完全达到社会主义。这些是"左"倾的错误的思想。[①]

1951年12月15日，毛泽东为中共中央起草印发此决议（草案）的通知，要求各级党委把组织农业生产互助合作"当作一件大事

[①] 中华人民共和国国家农业委员会办公厅编《农业集体化重要文件汇编（1949~1957）》（上），中共中央党校出版社，1981，第37~44页。

去做"：

>　各中央局，并转分局，省市区党委：
>　　（一）兹将关于农业生产互助合作的决议草案一件发给你们，请印发到县委和区委。请即照此草案在党内外进行解释，并组织实行。这是在一切已经完成了土地改革的地区都要解释和实行的，请你们当作一件大事去做。①

由上可见，关于农业生产互助合作决议已经明确，通过互助合作将个体农民组织起来，就是引导农民由个体经济到农业集体化和社会主义化的必经道路。毛泽东强调现在就要把它当作一件大事去做。这就是说，由新民主主义向社会主义过渡，不是曾经说过的十年、十五年以后，而是应该从现在就开始着手过渡了。当然，正式提出从现在就向社会主义过渡的问题，则是1952年的事。

为争取苏联对中国第一个五年建设计划的援助，周恩来于1952年8月15日率领中国政府代表团前往苏联访问。9月3日，周恩来率代表团同斯大林进行第二次会谈，商议中国五年建设计划以及与此有关的其他问题。在周恩来谈了国民经济的恢复等情况，说明中国五年建设计划的方针和基本任务以后，斯大林说：中国三年经济恢复时期的工作，"给我们这里的印象很好"。但是，在五年计划中规定工业总产值每年递增20%，是勉强的，不留后备是不行的。必须要有后备力量，这样才能应付意外的困难和事变。因此，建议中国每年的工业增长速度降到15%，同时表示愿意为中国实现五年建设计划提供所需的技术设备、贷款等援助，并派出专家帮助中国建设。② 9月22日，周恩来和陈云等离莫斯科回国，24日返抵北京。

①　《建国以来毛泽东文稿》第2册，第578页。
②　中共中央文献研究室编《周恩来年谱（1949～1976）》上卷，中央文献出版社，1997，第257~258页。

9 月 24 日晚上，毛泽东在中南海颐年堂主持召开中共中央书记处会议，听取周恩来关于"一五"计划轮廓问题同苏联商谈情况的汇报，并讨论"一五"计划的方针和任务。周恩来汇报后，毛泽东讲话。他说："我们现在就要开始用十年到十五年的时间基本上完成到社会主义的过渡，而不是十年或者以后才开始过渡。七届二中全会提出限制反限制的斗争问题，现在这个内容就更丰富了。工业中，私营占百分之三十二点七，国营占百分之六十七点三，是三七开；商业零售是倒四六开。再发展五年，私营比例会更小，但绝对数字仍会有些发展。这还不是社会主义。五年以后如此，十年以后会怎么样，十五年以后会怎么样，要想一想。到那时私营工商业的性质也变了，是新式的资本主义，公私合营、加工订货、工人监督、资本公开、技术公开、财务公开，他们已经挂在共产党的车头上，离不开共产党了。他们的子女们也将接近共产党了。农村也要向互助合作发展，前五年不准地主、富家参加，后五年可以让他们参加。"又说"争取十五年不打仗是可能的"。①

斯大林赞同逐步过渡的办法

对毛泽东提出的现在就开始过渡的新思路，中共中央书记处的同志没有提出异议，并多次开会进行讨论。

就在毛泽东提出从现在开始过渡的思想不久，1952 年 9 月 30 日，刘少奇率中共中央代表团赴苏联参加苏联共产党第十九次全国代表大会。代表团成员有饶漱石、陈毅、李富春、王稼祥、刘长胜。这是刘少奇以中共中央领导人身份，第二次前往莫斯科。行前，毛泽东委托刘少奇将中国将从现在开始向社会主义过渡的设想，向斯大林汇报并征求他的意见。

① 《毛泽东年谱（1949～1976）》第 1 卷，第 603～604 页。

　　苏共十九大于 1952 年 10 月 5 日开幕，有 45 个兄弟党派代表团出席大会表示祝贺，其中最引人注目的是中国共产党代表团。主人将中共中央代表刘少奇安排在主席团来宾席的第一排，以示尊重。刘少奇谦逊地不肯就座，说坐在第三排就可以了。匈牙利的拉科西说：你不坐第一排，我们怎么坐。于是，拉科西陪同刘少奇坐在了第一排，位置十分显著。

　　10 月 8 日，刘少奇在大会上致词并宣读中共中央的祝词。他说："苏联共产党（布尔什维克）第十九次代表大会的召开是一件具有伟大历史意义的事件。中国共产党的党员对于这次代表大会表示了极大的兴趣和关切。中国共产党的中央委员会特派我们六个人为代表向大会致贺。因此，我今天能有机会亲自向大会宣读由中国共产党中央委员会毛泽东主席签字的中国共产党中央委员会的贺词，使我们感到最大的荣幸。中共中央的贺词对苏联共产党领导苏联人民作出的伟大业绩作了高度评价。"[1]

　　10 月 9 日，苏联《真理报》刊登了刘少奇在大会的致词，并注明刘少奇为中共中央总书记。此事引起刘少奇的高度重视。当日，刘少奇极其郑重地致信苏共中央书记马林科夫，申明："中共中央现在没有总书记。党的中央委员会和政治局、书记处，均在毛泽东同志的领导之下，以毛泽东同志为主席。而我只是中央书记处的书记之一，虽然我对于党内的问题过问得比其他同志稍多一些。中共中央有一个秘书长的职务，这个职务是管理中央本身的行政事务工作的，以前由任弼时同志担任，任弼时同志去世后，即由我代理。这个职务和各国兄弟党总书记的职务是不同的。"[2]

　　10 月 14 日，苏共十九大闭幕。

　　对刘少奇的来访，斯大林十分重视。这一方面是中国共产党在国

---

[1]　《中共中央派出代表团参加联共代表大会　刘少奇同志在代表大会上致词并宣读中国共产党中央的祝词》，《人民日报》1952 年 10 月 11 日。

[2]　刘崇文、陈绍畴主编《刘少奇年谱（1898~1969）》下卷，第 304 页。

际共产主义运动中有着特殊重要的地位；另一方面，对斯大林来说，刘少奇已经是老相识和老朋友了。就在十九大闭幕当天下午，斯大林亲自打电话给刘少奇，大意是说：大会一开完，紧接着就要开中央全会，他感到身体疲劳、精神困倦，又无暇休息，因为中央全会要研究解决一系列组织问题和人事安排事项，以及一些有关方针、政策等问题。这些事使他忙得不可开交，其他的事都顾不上了。然后，斯大林又询问了刘少奇的身体状况和代表团的日程安排，问是否准备参观和旅游，或采取某种方式休息若干天。他表示，他无疑准备会见中共代表团，但要求稍等若干天，希望刘少奇利用这个时间安排自己的活动。刘少奇表示同意。王稼祥建议刘少奇利用等斯大林会见的几天时间，以个人的名义给斯大林写一封信，把要同斯大林讨论的几个问题提出来，使他有充分的时间考虑后再同中共代表团会见。刘少奇采纳了王稼祥的意见。

10 月 20 日，刘少奇写的信送交斯大林，通报了中共中央关于对农业、手工业和资本主义工商业进行社会主义改造，使中国逐步过渡到社会主义的一些设想，以及关于召开全国人民代表大会、党代表大会和制订宪法等问题。关于中国怎样从现在逐步过渡到社会主义去的问题，刘少奇写道：

> 中国现在的工业生产总值（不包括手工业），国营企业已占百分之六七点三，私人企业只占百分之三二点七。而在一九四九年国营只占百分之四三点八，私人占百分之五六点二。在商业中，全国商品总值的经营比重，国营加合作社经营现在也占百分之六二点九，私人只占百分之三七点一，但在零售商业中私人还占百分之六七。这是因为全国依靠商业活动维持生活的店员、小贩和店主约有八百万人，如果国营商业与合作社商业扩展太快，就要引起这些人的失业，因此，我们在商业中控制了国营商业与合作社商业的发展步骤，没有让它们大量发展，而如果要使它们

发展，那是比较容易办到的。在私人工商业中，那些不适合国计民生需要的企业已绝大部分被淘汰，保存下来的大部是于国计民生有益的企业。在工业和商业中，国营比重现已超过私营很多。此外，铁路全部国营，银行几乎全部国营，出进口贸易私人经营者也极少，全国主要商品已由国家控制，生产手段的生产国营已占百分之八二点八。这是现在的情形。

我们估计：再过五年，即我们执行了第一个五年经济计划之后，在工业中国营经济的比重将会有更大的增加，而私人资本主义经济的比重则会缩小到百分之二十以下。再过十年，则私人工业会缩小到百分之十以下。私人工业在比重上虽会缩小，但在绝对数上还会有些发展，因此多数资本家还会觉得满意，并和政府合作。

在十年以后，中国工业将有百分之九十以上是国有的，私人工业不到百分之十，而这些私人工业又大体都要依赖国家提供原料、收购和推销它们的成品及银行贷款等，并纳入国家计划之内，而不能独立经营。到那时，我们就可以将这一部分私人工业不费力地收归国家经营。

在征收资本家的工厂归国家所有时，我们设想在多数的情形下可能采取这样一种方式，即劝告资本家把工厂献给国家，国家保留资本家消费的财产，分配能工作的资本家以工作，保障他们的生活，有特殊情形者，国家还可付给资本家一部分代价。

我们估计：到那时，中国的资本家可能多数同意在上述条件下把他们的工厂交给国家。

　　……

这是我们设想的将来可能的一种工业国有化的方式。至于将来所要采取的具体的方式以及国有化的时机，当然还要看将来的情形来决定。

在农业中，在土地改革后，我们已在农民中发展互助合作运动。现在全国参加这个运动的农民已有百分之四十，在老解放区则有百分之七十到八十，并有几千个组织得较好的以土地入股的农业生产合作社和几个集体农场。我们准备在今后大力地稳步地发展这个运动，准备在今后十年至十五年内将中国多数农民组织在农业生产合作社和集体农场内，在基本上实现农业经济集体化。

中国的富农在农村经济中原来就不占重要的比重……估计在今后也不会有大发展。因此，互助合作运动是今后中国农村经济发展的主要方式。在完成农村经济集体化的最后时期，应该采取怎样的办法来消灭虽然不很多的富农，则要看那时的情形来决定。

在中国，除开近代工业和农业外，还有广大的手工业。现在手工业的生产超过机器工业的生产量，人民必需的制成品大部还是由手工业供给的。对于这些手工业，我们准备用力帮助小手工业者组织生产合作社，并鼓励手工作坊主联合起来采用机器生产，还有一部分则会要被机器工业所挤垮……

这就是我们所设想的怎样过渡到社会主义去的大体方法。这些问题还没有在中共中央的会议上讨论过，还只是若干同志的一种设想并在非正式的谈话中谈论过。因为这些问题中有些是新问题，我们所设想的不知是否正确？请您指示！

关于何时召集全国人民代表大会问题，刘少奇写道：

中国人民政治协商会议的第一次会议在1949年开过后，已有三年了，最近就应该召开第二次会议。而如果在最近不召开人民政协的第二次全体会议，那就应该在明年或至迟后年召开第一次全国人民代表大会。因为人民政协在全国有很好的信（誉），各民主党派也愿意召开人民政协，而不积极要求召开全国人民代表大会，全国选举的准备工作也还有些不够，因此，我们考虑在明年春夏之间召开人民政协的第二次全体会议，而把全国人民代表大会推到三年以后去召开。

在中国党内有人提出了制订宪法的问题。当然，如果要制订宪法就应召开全国人民代表大会。但在中国是否要急于制订宪法也还可以考虑。因为中国已有一个共同纲领，而且它在群众中在各阶层中均有很好的威信，在目前过渡时期即以共同纲领为国家的根本大法是可以过得去的。如果在目前要制订宪法，其绝大部分特别是对资产阶级和小资产阶级的关系也还是要重复共同纲领，在基本上不会有什么改变，不过把条文的形式及共同纲领的名称加以改变而已。因此，我们考虑在目前过渡时期是否可以暂时不制订宪法，而以共同纲领代替宪法，共同纲领则可以在历次政协全体会议或全国人民代表大会加以修改补充，待中国目前的阶级关系有了基本的改变以后，即中国在基本上进入社会主义以后，再来制订宪法。而那时我们在基本上就可以制订一个社会主义的宪法。

……

以上各项安排是否妥当？也请您指示！①

10 月 24 日，刘少奇率代表团成员陈毅、饶漱石、王稼祥同斯大林、马林科夫、布尔加宁、贝利亚会谈，就中国政治经济建设等问题交换意见。斯大林首先表示同意刘少奇关于中国社会主义改造的设想和分析，他接着说："我觉得你们的想法是对的。当我们掌握政权以后，过渡到社会主义去应该采取逐步的办法。你们对中国资产阶级所采取的态度是正确的。"斯大林还说：消灭富农要分步骤来进行。苏

---

① 《关于中国向社会主义过渡和召开全国人民代表大会问题》（1952 年 10 月 20 日），《建国以来刘少奇文稿》第 4 册，第 525～530 页。

联过去对富农采取了剧烈的办法，把300万富农迁到西伯利亚。他们现在参加了集体农场。东欧各国到现在还未消灭富农。十月革命后，经过12年才消灭富农。关于土地国有化问题，斯大林认为，现在中国还不宜和苏联一样实行土地国有化。如果实行土地国有化，农民会产生误解，他们会认为土地刚分到手又被拿回去了。东欧各国也没有实行土地国有化，但波兰和捷克斯洛伐克已经开始禁止土地买卖，这一点，农民还可以接受，就是这种办法，实行时也要谨慎。也有的东欧国家征购了富农的土地交给农民，价格由国家规定，并由国家付款，今后这部分土地当然应当看作国家的，这个办法农民也可以接受。

关于召开全国人民代表大会问题，斯大林说：

> 如果你们没有准备好，全国人民代表大会可暂不召开，而开政治协商会议。但政协不是人民选举的，这是一个缺点，对外来说，如果有人在这一点上加以攻击，人们会不大了解……召开人民代表大会是反映人民的呼声，召开党的代表大会也是反映人民的呼声，所以是以人民选举出来的为好。①

10月28日，斯大林又邀刘少奇作第二次会谈。斯大林再次建议中国举行选举并制订宪法。他说：你们目前可以使用《共同纲领》，但是应准备制订宪法。"如果你们不制订宪法，不进行选举，敌人可以用两种方法向工农群众进行宣传反对你们，一是说你们的政府不是人民选举的；二是说你们国家没有宪法……人家就可以说你们的政权是建立在刺刀上的，是自封的。"斯大林同意把《共同纲领》改变成宪法的意见。他说有一部宪法比没有要好。你们在宪法中可以规定这

---

① 《关于与斯大林会谈情况给毛泽东和中央的电报》（1952年10月26、30日），《建国以来刘少奇文稿》第4册，第533～535页；《阎明复回忆录》（一），人民出版社，2015，第230～231页。

样的条文："第一，全体人民包括资本家富农在内，均有选举权。第二，承认企业主和富农的财产权。第三，承认外国人在中国的企业的租借权。"这种权利如果中国政府不愿意给外国人，可以在实行时不给或少给，这些事实在中国都是存在的，并不妨害你们搞宪法。他认为，中国可以在1954年搞选举和制订宪法，这样做对你们是有利的。

斯大林还说："你们现在的政府是联合政府，因此，政府就不能只是对一党负责，而应向各党派负责。"这样，国家机密很难保障，你们有些重要机密外国人都知道。例如，不久前，你们的政府代表团来苏联，美、英就说要谈旅顺问题。是联合政府，国家重要的问题就不能不同其他党派商量，其他党派的人很多是同美、英有联系的，他们知道了，就等于美、英也知道了。你们的计划如果事先被敌人知道了，对你们是不利的。如果人民选举的结果当选者共产党员占大多数，你们就可以组织一党的政府。其他党派在选举中落选了，你们不应当使统一战线破裂，你们应继续在经济上和他们合作。①

关于与斯大林会谈的情况，刘少奇先后于1952年10月26日、30日用电报向毛泽东和中央作了报告。②

在苏联访问期间，刘少奇的身体状况一直不大好。参观位于列宁山上新建的莫斯科大学时，由于山上风大，又受凉得了感冒，医生检查发现血糖等指数也不正常。代表团成员王稼祥的身体也不好，战争年代负的伤时常复发。刘少奇于10月18日致电毛泽东和中共中央，报告苏共十九大的情况及身体状况，希望利用这次机会在苏联进行检查、治疗和休养。19日，接毛泽东来电，称：中央同意你及稼祥同

---

① 《关于与斯大林会谈情况给毛泽东和中央的电报》（1952年10月26、30日），《建国以来刘少奇文稿》第4册，第535～537页；参见《阎明复回忆录》（一），第231～232页。

② 《关于与斯大林会谈情况给毛泽东和中央的电报》（1952年10月26、30日），《建国以来刘少奇文稿》第4册，第533～538页。

志在苏休养一个月至一个半月。同时告之，王光美、朱仲丽（王稼祥夫人）即去莫斯科。[①] 王光美和朱仲丽随即乘民航飞机去莫斯科。刘少奇在11月初参加苏联十月革命35周年的庆祝活动以后，于11月下旬与王光美到苏联南部黑海边的索契休养。王稼祥夫妇被安排在有矿泉水的休养地。

黑海的海滨城市索契，是苏联领导人的疗养地，被认为是一个极为神奇的地方。它与苏联的东部城市符拉迪沃斯托克（海参崴）地处同一纬度（北纬43.35°），但没有海参崴的风雪和严寒。这是由于高加索大山的群峰为它挡住了来自北方和东北方的寒风；黑海夏天为它吹来凉风，冬天海水的升腾又给它带来温暖。所以，索契四季如春。它的年平均温度冬天为6°，夏天为23°，空气湿度达到80%。西方人称它为"俄国的里维埃拉"（即拥有棕榈海滩和戛纳等名城的法国海滨旅游胜地）。20世纪初，莫斯科的一位大商人在这里建起了黑海沿岸的第一个疗养院，并把它称作"高加索的里维埃拉"。在苏联执行第一个五年计划的时候，索契疗养院的建设被列入了总体规划。1934年，索契疗养旅游区成为国家重点建设工程。从此，在索契南北，从马迈依卡河到库杰普斯塔河30公里长的海岸线上布满了疗养院和疗养所。苏联许多重要领导人和重要机构的疗养院就在这如诗如画般的山坡上，斯大林的个人别墅则在一处叫"绿色灌木丛"的疗养区内。

刘少奇和王光美在这疗养胜地休息了一个来月，通常是上午参观、爬山，午休后看书、散步，晚上常有电影。他们参观过当地的热带植物研究所，还乘船在黑海作了一次游览。由于索契气候宜人，空气清沁，休养地的饮食又有科学安排，因此这一个月休养的效果很好，使常年的劳累得到了解除，体质得到了恢复，这可以称得上一次

---

① 《建国以来毛泽东文稿》第3册，第590页。

少有的轻松机会。①

12 月 1 日，刘少奇电告毛泽东：我已来到休养所五天，"我预定在南俄休息一个月，同时我已告诉联共中央，如需要我回莫时，我随时可以回到莫斯科"。

12 日，毛泽东致电少奇："中央决定明年二月五日召开党的全国代表会议（不是代表大会），请你于十二月下旬或一月初回国，以便准备议程。"②

刘少奇接到毛泽东来电后，于 1 月初离开索契去莫斯科，1 月 7 日从莫斯科启程回国，11 日回到北京。

总路线进一步酝酿和完备

斯大林的表态，无疑是对毛泽东和中共中央的极大支持。

此后，毛泽东进一步在党内进行酝酿，他多次在中央书记处会议上谈论这个问题。11 月 3 日，他说："要消灭资产阶级，消灭资本主义工商业，但是要有步骤，一是要消灭，一是还要扶持一下。"③ 1953 年 2 月中旬，毛泽东沿京汉线南下视察。在专列上听取河北邢台县委第二书记、县长张玉美汇报农业互助合作的发展情况后，毛泽东得出结论说："看来，农业不先搞机械化，也能实现合作化，中国不一定仿照苏联的作法。"④ 专列到达武汉，毛泽东接见了中共中央中南局、湖北省委、武汉市委的少数领导人，着重向他们谈了向社会主义过渡的问题。根据王任重的记录，毛泽东的谈话要点如下。

---

① 1999 年 11 月 11 日，王光美对林蕴晖书面访问的回复（王小苏执笔整理）。
② 《建国以来毛泽东文稿》第 3 册，第 642 页。
③ 《毛泽东年谱（1949~1976）》第 1 卷，第 623 页。
④ 张玉美：《毛主席邀我同车行》，中共河北省委党史研究室编《领袖在河北》，中共党史出版社，1993，第 74 页。

一、有人说"要巩固新民主主义秩序"，还有人主张"四大自由"，我看都是不对的。新民主主义是向社会主义过渡的阶段。在这个过渡阶段，要对私人工商业、手工业、农业进行社会主义改造。过渡要有办法。像从汉口到武昌，要坐船一样。国家实现对农业、手工业和私营工商业的社会主义改造，从现在起大约需要三个五年计划的时间，这是和逐步实现国家工业化同时进行的。

二、全国解放后，富农不敢剥削雇工了。即使还没有搞完土地改革的地方，富农实际上也变成富裕中农了。斯大林建议我们土改中要保留富农，为的是不要影响农业生产。我们发展农业生产并不依靠富农，而是依靠农民的互助合作。

三、我们现在家底子很薄弱。钢很少、汽车不能造，飞机一架也造不出来；面粉、纱布的生产，还是私营为主。

四、要团结民主人士，使他们的生活好一点，争取他们和我们一起搞建设。经济基础不强，政治基础也就不强。

五、私人工商业如何转？资本家转什么？他们如何生活？其中有些人会和我们一起进到社会主义的。只要不当反革命，就要给工作，给饭吃。①

接着，毛泽东沿长江而下到达安徽省的安庆。在与安庆地委书记傅大章等的交谈中，毛泽东指出要搞好革命的转变问题。他扳起指头向大家说：假如新民主主义革命有十项任务现在已经完成了七项八项，那么要不要等到把这十项任务都做完了，再去搞社会主义呢？不是的，只要基本条件成熟了，就可以开始进行社会主义革命工作，我们是革命阶段论者，但两个阶段不能截然分开。②

---

① 刘继增等主编《毛泽东在湖北》，中共党史出版社，1993，第2～4页。
② 傅大章：《关于毛泽东同志1953年2月视察安庆时讲话的回忆》，《理论建设》1984年第96期，第104～106页。

1953 年 2 月 26 日，毛泽东回到北京。在 27 日召开的中央政治局会议上，毛泽东谈到在湖北同孝感地委负责人谈话的内容，他说："什么叫过渡时期？过渡时期的步骤是走向社会主义。我给他们用扳指头的办法解释，类似过桥，走一步算是过渡了一年，两步两年，三步三年……十到十五年走完了。我让他们把这话传到县委书记、县长。在十年到十五年或者还多一些的时间内，基本上完成国家工业化及对农业、手工业、资本主义工商业的社会主义改造。要防止急躁情绪。"①

但是，直到 1953 年春，除了 2 月将 1951 年 12 月中共中央作出的《关于农业生产互助合作决议（草案）》经过修改作为正式决议，明确经由土地入股的农业生产合作社将个体农民引导到社会主义的集体化道路外，对如何将私人资本主义工商业改造为社会主义国有化企业，从刘少奇给斯大林的信中看，基本上还是到一定时候由国家采取征收的办法实行国有化。至于毛泽东所设想的走一步一年、两步两年、三步三年的逐步过渡的途径，还有待进一步摸索。

为了确切掌握新中国成立后资本主义工商业的变化，研究和确定对资本主义工商业改造的具体途径，中共中央指派中央统战部部长李维汉，率领包括由国家计委和工商管理局负责人参加的调查组，于 1953 年 3 ~ 4 月到武汉、上海、无锡、常州、济南等地进行调查研究。李维汉回忆说，通过调查研究，使我们对建国后私人资本主义的变化和国家资本主义的发展及其地位、作用等重大问题，获得了明确的认识：

第一，经过前三年国民经济的恢复和改组，社会主义经济力量已日益发展，私人资本主义经济在国民经济中的比重已相对削弱，但它仍然是我国的一项重要的经济因素，在一定时期内对国计民生仍然有

---

① 《薄一波给田家英的信》（1965 年 12 月 30 日），逄先知、金冲及主编《毛泽东传（1949 ~ 1976）》（上），中央文献出版社，2003，第 249 页。

相当大的作用。到 1952 年，私营工业在全国工业总产值中的比重虽有下降，但仍占 39%，在华东地区，其比例则高达 60%；在商业方面，1952 年私商在全国零售总额中占 64%，华东地区占到 73.1%。在整个私营企业中，生产资料的生产占 25%，生活资料的生产占 75%。这说明，当时私人资本主义经济在国民经济中仍然占有相当重要的地位，它不仅可以为国家生产产品，帮助物资交流，而且可以维持工人就业，为国家积累资金，训练企业的技术和管理干部，具有不可替代的积极作用。

第二，尤其重要的是，三年来各种形式的国家资本主义已有显著发展，包括了资本主义工业的主要部分，使私人资本主义企业的性质发生了重要变化。1952 年，加工、订货、统购、包销、收购等占当地大型私营工业的比重，上海为 59.5%，天津为 70%，武汉为 65.5%，西安为 70%，沈阳为 55.9%，广州为 32.8%。通过国家资本主义的这些形式，国家掌握了私营产品的主要部分，对稳定物价、发展经济建设起了重要的作用。公私合营企业在当时发展还较微弱，其在全国工业总产值中的比重只占 5.7%，但在若干行业中其比重则较大。调查表明，各种形式的国家资本主义都是社会主义经济同资本主义经济在各种不同方式下的联系和合作，而公私合营则是社会主义成分在企业内部同资本主义成分的合作并居于领导地位，因此是国家资本主义的高级形式，属半社会主义性质。在过渡时期的头三年，通过各种形式国家资本主义的发展，社会主义经济的领导和控制力量日益增强，资本主义经济体系正在逐步地受到控制和削弱；这些私营企业已经不再是纯粹私人资本主义性质，而是在人民政府管理之下的、同社会主义经济相联系的并受工人监督的国家资本主义企业了。其中的公私合营企业在全国范围内虽还处于萌芽状态，但它是由社会主义成分直接领导、同私股代表共同经营的企业，是最有利于领导企业和资产阶级分子向社会主义过渡的形式，因此最值得我们重视。

第三，由于头三年对国家资本主义的发展经验缺乏系统的总结和认识，不论对国家资本主义的初级、中级形式或高级形式，在政策思想、公私关系、劳资关系、生产经营、利润分配等方面都存在很多问题。加工订货缺乏计划性，资本家反映"来时涨死，去时饿死"，"来时急如星火，去时却如清风"；工缴利润偏高偏低，产品检验偏宽偏严，公私之间争议矛盾很多。在公私合营企业中我们的工作更为薄弱，问题更多，对资产如何评估，公股代表如何领导，公私双方如何改善合作共事、搞好企业生产，企业利润如何合理分配等，都缺乏共同遵循的明确方针。不少同志对私人资本主义在一定时期内的积极作用估计不足，从而对如何领导和改造私人资本主义和资产阶级分子，缺乏明确的方针和积极的态度。①

调查组通过邀请各地党委和财经行政主管部门负责人进行座谈，结合学习列宁、斯大林关于社会主义经济建设的理论，于 5 月形成了《资本主义工业中的公私关系问题》的调查报告。5 月 27 日，李维汉将报告上送中共中央并毛泽东主席。

报告详尽分析了各种形式的国家资本主义的地位和作用，提出了充分利用那些足供利用的资本主义的积极措施，以及目前存在而亟待解决的问题。报告指出：目前我们同资产阶级的关系上是"政治、经济、工运之间不统一，财经国营内部也不统一"，"国营不顾私，各依需要，各行其是"，"限制干涉有人，解决问题无主"，继续下去也就是"继续乱下去，对公、私、劳、资，资源共享都不利"。我们是分散主义，而资本家却是比我们统一的，因此就要给他们以钻空子的机会，据反映，上海资本家的战略是"倚靠工商联，团结工商局，中立劳动局，孤立职工会，打击税务局"，值得我们注意。报告认为解决问题的关键在于统筹兼顾（公私、劳资均需要），而关键的关键更在于有统一领导。

报告的结论是：

---

① 李维汉：《回忆与研究》（下），中共党史出版社，1986，第 739～741 页。

经验似已证明，国家资本主义的各种形式（其中一部分将由低级向高级发展），是我们利用和限制工业资本主义的主要形式，是我们将资本主义工业逐步纳入国家计划轨道的主要形式，是我们改造资本主义工业使它逐步过渡到社会主义的主要形式，是我们利用资本主义工业来训练干部、并改造资产阶级分子的主要环节，也是我们同资产阶级进行统一战线工作的主要环节。抓住了这个主要形式和主要环节，在经济上和政治上都有利于领导和改造资本主义和资产阶级分子的其他部分。所以建议我们在目前集中地或着重地来解决我们同这一个主要部分的资本主义工业的关系问题。[①]

关于对私人资本主义经济改造的具体途径，一直是包括毛泽东在内的中共中央领导人都在考虑的问题。刘少奇在1948年所作的关于新中国经济的性质与经济建设方针的报告中就曾谈到国家资本主义问题。他说："什么是国家资本主义？无产阶级领导的国家，在适当条件下监督资本家，使资本家为国家服务的一种制度……所谓适当条件，就是使资本家也愿意接受国家监督，如国家与资本家订合同，他们就愿意接受，不愿意而强制则等于没收。""在蒋介石被打倒后，中国资产阶级是孤零零的。因此，只要我们的条件适当，中国资产阶级可能接受我们的监督。只要我们的环境安定了，又保证他们开工厂、做生意的一定的利润，他们一般是可以接受我们监督的。有些资本家在我们监督下才敢于发财。中国可能比俄国更多地、更长时期地采用国家资本主义的办法。"[②] 陈云在1950年6月中共七届三中全会上的讲话，谈到调整公私关系问题时说："只有在五种经济成分统筹兼顾、各得其所的办法下面，才可以大家夹着走，搞新民主主义，将

① 《关于〈资本主义工业中的公私关系问题〉给中央并主席的报告》（1953年5月27日），《李维汉选集》，人民出版社，1987，第266～267页。
② 《刘少奇论新中国经济建设》，第52～53页。

来进到社会主义。"①1952年9月，毛泽东在中央书记处会议上谈到如何向社会主义过渡时也曾谈到，公私合营、加工订货等国家资本主义形式，将使私营工商业的性质发生改变。1952年10月，周恩来在同若干资本家代表谈话时也说："将来用什么方法进入社会主义现在还不能说得很完整，但总的来说，就是和平转变的道路……如经过各种国家资本主义的方式，达到阶级消灭，个人愉快。"②但整个来说，具体途径都还没有摸透。

正是在这个背景下，李维汉的报告受到毛泽东的高度重视。李维汉回忆说，毛泽东亲自打电话给他，说这份报告"要提交政治局会议讨论"。刘少奇、周恩来看了这个报告，也都作了赞扬。刘少奇认为中央统战部的文件很好，系统地解决了问题。周恩来说："我这段时间也在调查寻找对私人资本主义实行社会主义改造的方针和途径，罗迈（即李维汉——引者注）的报告解决了问题。"③

经过由低级到高级的国家资本主义形式，逐步将资本主义工业改造为公私合营企业，与1951年提出的经过互助组、初级合作社到高级合作社，把个体农业逐步引导到社会主义集体农业的过渡形式一起，构成了过渡时期总路线对生产资料私有制改造的完整途径。

毛泽东作过渡时期总路线的报告

毛泽东对过渡时期总路线第一次作完整表述，是1953年6月15日在中央政治局会议上的讲话。毛泽东6月15日的讲话提纲，就写在李维汉提交中央政治局会议讨论的《关于利用、限制、改造资本

---

① 《调整公私关系和整顿税收》（1950年6月6日），《陈云文选》第2卷，人民出版社，1995，第93页。

② 《团结民族资产阶级，发展国民经济》（1952年10月25日），《周恩来统一战线文选》，人民出版社，1984，第238页。

③ 李维汉：《回忆与研究》（下），第742、748页。

主义工商业的若干问题（未定稿）》的封面上。提纲内容如下：

> 总路线是照耀一切工作的灯塔。
>
> 有所不同和一视同仁，公私兼顾、劳资两利和发展生产、繁荣经济，前者管着后者。
>
> 几点错误观点：（一）确立新民主主义的社会秩序；（二）由新民主主义走向社会主义；（三）确保私有财产。
>
> 党的任务是在十年至十五年或者更多一些时间内，基本上完成国家工业化和社会主义的改造。
>
> 所谓社会主义改造部分：（一）农业；（二）手工业；（三）资本主义企业。
>
> 逐步
>
> 对于将资本主义逐步过渡到社会主义的认识——社会主义成分是可以逐年增长的，资产阶级的基本部分是可教育的。①

在很长一段时间内，中共党史学界认为，"在十年到十五年或者更多一些时间内，基本上完成国家工业化和社会主义改造……社会主义改造：（一）农业；（二）手工业；（三）资本主义企业"这段文字，最早就是出现在 6 月 15 日这个提纲中。现在有材料证明，这个文字表述的时间还要早一点，即在这年 4 月举行的第一次全国农村工作会议期间，毛泽东写的关于农村工作问题提纲中就有了这个内容，提纲写道："农村工作总的精神，是生产的恢复和逐步组织起来的路线。"进而指出："在十年至十五年或更多的时间内，基本上完成国家工业化和社会主义改造（农业，手工业，资本主义工商业）。"② 是

---

① 《毛泽东在中共中央政治局会议上的讲话提纲》（手稿，1953 年 6 月 15 日），转引自逄先知、金冲及主编《毛泽东传（1949~1976）》（上），第 253 页。

② 《毛泽东关于农村工作问题提纲》（手稿，1953 年 4 月 17、20 日），中国人民解放军国防大学党史党建政工教研室资料室存。

否可以认为，在李维汉的调查报告之前，对私人资本主义工业已不再考虑像刘少奇给斯大林报告中所提的等将来采取一步步国有化的办法，但具体途径还有待摸索，这正是中共中央委派李维汉南下调查的由头。

毛泽东在 6 月 15 日的正式讲话中，①对过渡时期总路线的内容作了全面阐述。他说：

> 从中华人民共和国成立，到社会主义改造基本完成，这是一个过渡时期。党在过渡时期的总路线和总任务，是要在十年到十五年或者更多一些时间内，基本上完成国家工业化和对农业、手工业、资本主义工商业的社会主义改造。

在这之前，毛泽东说过过渡的起点是 1953 年，在这里则明确提出是从中华人民共和国成立时起。关于完成的时限，毛泽东说："考虑来考虑去，讲十年到十五年或者更多一些时间比较合适。根据几年来的经验，大概十年到十五年是一定需要的。"

接着，毛泽东强调指出："党在过渡时期的总路线是照耀我们各项工作的灯塔。不要脱离这条总路线，脱离了就要发生'左'倾和右倾的错误。"他批评说：

> 有人认为过渡时期太长了，发生急躁情绪。这就要犯"左"倾的错误。现在基本建设、农业、手工业、资本主义工商业方面都有急躁情绪，比如急于要多搞合作社，"五反"后对资本家进攻没有停止，使工人阶级自己处于进退两难地位。
>
> 有人在民主革命成功以后，仍然停留在原来的地方。他们没

---

① 毛泽东：《在中共中央政治局会议上的讲话》（1953 年 6 月 15 日），《党的文献》2003 年第 4 期，第 20～22 页。

有懂得革命性质的转变，还在继续搞他们的"新民主主义"，不去搞社会主义改造。这就要犯右倾的错误。就农业来说，社会主义道路是我国农业唯一的道路。发展互助合作运动，不断地提高农业生产力，这是党在农村中工作的中心。

毛泽东着重批评了"右倾"。他认为，"右倾的表现有这样三句话"。

一是"确立新民主主义社会秩序"。这句话最初写在周恩来1953年2月4日向全国政协一届四次会议的政治报告里。原文是："以上这些成就（指新中国成立三年来取得的成就——引者注），说明我国的新民主主义社会秩序已经确立。"毛泽东审阅时删去了这句话。

毛泽东批评说："确立新民主主义社会秩序"这种提法是有害的。过渡时期每天都在变动，每天都在发生社会主义因素。所谓"新民主主义社会秩序"，怎样"确立"？要"确立"是很难的哩！比如私营工商业，正在改造，今年下半年要"立"一种秩序，明年就不"确"了。农业互助合作也年年在变。过渡时期充满着矛盾和斗争，是变动很剧烈很深刻的时期。我们现在的革命斗争，甚至比过去的武装革命斗争还要深刻，要在十年到十五年使资本主义绝种。"确立新民主主义社会秩序"的想法，是不符合实际斗争情况的，是妨碍社会主义事业的发展的。

二是"由新民主主义走向社会主义"。这句话是1952年1月5日，周恩来在全国政协第三十四次常委会讲到对私人资本主义经济实行利用、限制政策时说："私人资本主义经济的存在和发展，是要在国家经济领导之下的。因之他们在国家、社会和经济生活中是有可为的方面，亦有不可为的方面；有被允许发展的方面，亦有被禁止发展的方面的。凡有利于国计民生的私人经济事业，就容许发展；凡不利或者有害于国计民生的私人经济事业，就不容许发展；凡能操纵国计民生的经济事业，就应由国家统一经营。这是《共同纲领》规定了的。只有这样，中国经济的发展道路才能由新民主主义走向社会主义。"①

毛泽东批评说："由新民主主义走向社会主义"这种提法不明确。走向而已，年年走向，一直到十五年还叫走向？走向就是没有达到。这种提法，看起来可以，过细分析，是不妥当的。

三是"确保私有财产"。这句话出自华东军政委员会、中南军政委员会分别于1951年2月1日和3月11日颁布的关于春耕生产十大政策的布告，其核心是保护农民在土地改革中获得的果实。布告规定："凡在土地改革地区农民分得之土地财产，非土改区农民在清匪反霸减租退押中退得之所有财物，政府一律予以保护，佃权予以保证，如有不法地主非法倒算胜利果实，借故夺佃者，依惩治不法地主条例严惩不贷。"1951年11月12日，邓子恢在中南军政委员会第四次会议上作工作报告，在谈到1951年农业取得全面丰收的原因时说：首先，清匪、反霸、减租退押、土地改革等正确政策，削弱与消灭了封建土地所有制，解放了农业生产力；其次，人民政府及时颁布了春耕生产十大政策，确保了农民土地所有制，安定了他们的生产情绪。1952年3月22日，中南军政委员会颁布《关于1952年农业生产十大政策的布告》，进一步完善了对保护农民私有财产的规定，即"农民在土地改革中所分得的土地、房屋、农具、粮食等斗争果实，一律归新得户所有，产权财权已定，不再变动，并允许各人自由经营，自由处理"。② 以上表明，"确保私有财产"，是出于保护农民获得的土改成果不受侵犯提出来的。

毛泽东批评说，"确保私有财产"，因为中农怕"冒尖"，怕"共产"，就有人提出这一口号去安定他们。其实，这是不对的。

以上被批评为"右倾"的三句话，其实都是在毛泽东提出从现

① 《"三反"运动与民族资产阶级》（1952年1月5日），《周恩来选集》下卷，人民出版社，1984，第82页。
② 参见林蕴晖、顾训中《人民公社狂想曲》，河南人民出版社，1995，第94~99页。

在开始向社会主义过渡的设想以前说的。这几句话的思想，与中共七届二中全会确定建设新民主主义的建国纲领，和此后经全国政协第一次会议通过的《共同纲领》的精神是完全一致的，因而是正确的。毛泽东所作的批评，实际上是把建设新民主主义同向社会主义过渡对立起来，是对自己创立的新民主主义理论的批判，并对此后中国经济社会的发展造成了长远的影响。

对如何用逐步的方法，完成对生产资料私有制的社会主义改造，毛泽东认为，这对农业、手工业的集体化、合作化，比较好懂；对如何将资本主义工商业逐步改造过渡到社会主义，好多人不懂。因此，他着重讲了对资本主义工商业的改造问题。他说：

"我们根据过去四年的经验，资本主义企业中社会主义因素是逐年增长的。私营商业，可以逐年挤掉……向两边挤：（一）商业资本向工业挤，他们剩下的钱可以搞工业；（二）店员我们接收过来，先救济后就业。私营工业，社会主义因素也可以逐年增长。两种国家资本主义，都有社会主义因素。高级是公私合营，是半社会主义性质，或者社会主义因素更多一点。低级的是加工订货，两头和中间都卡住了……不要认为资本主义经济十五年原封不动，社会主义因素在资本主义企业中是逐年增长的。不要总把资本主义经济看成一块铁板，看成是不变化的。

"几年来经验证明，资产阶级的基本部分，或者说多数，是可以教育的。他们是民主人士，可以教育。荣毅仁说，资本家分三种人，一是自愿进社会主义的，二是被拉进社会主义的，三是被社会主义扫掉的。他希望头两种人多些。

"资本主义企业的数量不可忽视，其作用是不小的。它有工人和店员三百八十万，而国营企业也只有工人和店员四百二十万，超过它不多。资本主义企业数量很多，目前少不了它，而我们又有办法逐年把它改造为社会主义企业。目前一脚踢开资本主义企业是不行的，我们也没有资格……统筹兼顾完全必要，以便我们集中主要精力做国营企业的工作，集中力量搞国防，搞重工业。对资本主义企业不是置之不管，而是做教育工作，使资产阶级削尖脑袋要来找我们可以逐步改造。

"要把资产阶级看成是一个敌对阶级，不这样看就要犯错误。另方面，要看到资产阶级分子是可以改造的。不要忘记一个政治条件，就是政权在我们手里，因而我们有本领有能力来改造他们。

"我们已经有了半社会主义的公私合营的经验，这给了资本家一个榜样。过去我们是汉文帝的办法西向让三，南向让再，不得已做了皇帝。今后公私合营每年都要发展。国营企业和公私合营企业在经济上大为优胜，就有可能吸引大批资本家要求合营。现在有了政治条件和经济优势这两条，使得资本家不能不服我们，不能不接受我们的领导，愿意同我们合作，愿意接受合营。现在有许多问题需要解决需要统一领导免得政出多门。"①

毛泽东的长篇讲话，概括起来，核心是"要在十年到十五年使资本主义绝种"。那种继续搞新民主主义的主张，之所以被批评为"右倾"，恰恰是不符"使资本主义绝种"这个根本主张的。

1954年2月6日，刘少奇代表中央政治局向七届四中全会报告说："1953年，我国已进入有计划的经济建设时期，并开始执行第一个五年建设计划。党中央政治局认为在这个时机提出党在过渡时期总路线是必要的和适时的。"② 2月10日，四中全会通过决议，正式批准中央政治局确认的这条总路线。此后不久，这条总路线的内容，以国家总任务的形式写入了国家宪法。当年9月20日，经第一届全国人民代表大会第一次会议通过的《中华人民共和国宪法》，在序言中写道："从中华人民共和国成立到社会主义社会建成，这是一个过渡

---

① 毛泽东：《在中共中央政治局会议上的讲话》（1953年6月15日），《党的文献》2003年第4期，第20～22页。

② 《为增强党的团结而斗争》（1954年2月6日），《建国以来刘少奇文稿》第6册，第68页。

时期。国家在过渡时期的总任务是逐步实现国家的社会主义工业化，逐步完成对农业、手工业和资本主义工商业的社会主义改造。"① 从而最终完成了这条总路线由酝酿、提出到定型的全过程。

刘少奇与毛泽东的理论共识

先搞十到十五年或者更长时间的新民主主义建设，而后根据情况再采取严重的社会主义步骤；从现在起就向社会主义过渡，十到十五年或者更长时间建成社会主义，这显然是不同的两种思路。自毛泽东提出过渡时期总路线后，刘少奇等中央领导人之所以很快接受了他的意见，一是大家都认为新民主主义本身是一个过渡性社会，其必然的发展前途就是社会主义；二是大家心目中的社会主义就是苏联模式；三是社会主义有条件早日实现，也是大家所希望的。

1953 年 12 月 15 日，毛泽东主持召开中共中央书记处扩大会议，通过了《为动员一切力量把我国建设成为一个伟大的社会主义国家而斗争——关于党在过渡时期总路线的学习和宣传提纲》。提纲对总路线作了如下解释："党在过渡时期总路线的实质，就是使生产资料的社会主义所有制成为我国国家和社会的唯一经济基础。"对何以必须这样做，毛泽东接着写了以下的话："我们所以必须这样做，是因为只有完成了由生产资料的私人所有制到社会主义所有制的过渡，才利于社会生产力的迅速向前发展，才利于在技术上起一个革命，把在我国绝大部分社会经济中使用简单的落后的工具农具去工作的情况，改变为使用各类机器直至最先进的机器去工作的情况，借以达到大规模地出产各种工业和农业产品，满足人民日益增长着的需要，提高人民的生活水平，确有把握地增强国防力量，反对帝国主义的侵略，以

---

① 《建国以来重要文献选编》第 5 册，中央文献出版社，1993，第 520 页。

及最后地巩固人民政权，防止反革命复辟这些目的。"①

应该说，上述对社会主义实质的认识，是毛泽东、刘少奇等一代中共领导人的共识。这既有历史的惯性作用，更有深层的理论原因。

经过延安整风，毛泽东不只是党内无可争议的第一位领袖，而且是党内运用马克思列宁主义指导中国革命实践的杰出代表。刘少奇在中共七大关于修改党章的报告中说："我们的毛泽东同志，是我国英勇无产阶级的杰出代表。他是天才的创造的马克思主义者，他将人类这一最高思想——马克思主义的普遍真理与中国革命的具体实践相结合，而把我国民族的思想水平提高到了从来未有的高度，并为灾难深重的中国民族与中国人民指出了达到彻底解放的唯一正确的道路——毛泽东道路。"② 因此，在党内，对毛泽东的正确，已毋庸置疑。

从对马克思列宁主义，尤其是对什么是社会主义的理解来说，这一代共产党人不能不带有他们那个时代的深深的烙印。早年接受马克思主义，主要著作就是《共产党宣言》《共产主义 ABC》等。无产阶级取得政权，剥夺剥夺者，由国家直接管理经济，实行按劳分配等，这些就是社会主义的基本原理。由此，把斯大林 1930 年代在苏联建成的社会主义看成社会主义的样板。苏联的今天就是我们的明天，也就成为广大中共党员对社会主义的基本共识。由于所要建立的就是以单一公有制为基础的社会主义，那么，消灭资本主义私有制和农民的个体私有制，只是时间迟早的问题。在这里，共同的目标模式是决定性的，时机和方法则处于服从的地位。

正是基于这样的根本原因，1953 年 1 月，刘少奇从莫斯科回国以后，就分别在不同场合积极宣传毛泽东从现在开始向社会主义过渡的思想。第一次在公开场合宣传，是 1953 年 5 月 2 日在中国工会第七次全国代表大会上，刘少奇代表中共中央向大会致祝词。他向中国

---

① 《毛泽东年谱（1949～1976）》第 2 卷，第 200 页。
② 《刘少奇选集》上卷，人民出版社，1981，第 319 页。

工人阶级宣告："我们祖国现正开始进入一个新的历史时期，并向我们提出了新的历史任务，这就是实现我们国家的工业化和逐步过渡到社会主义社会的任务。"刘少奇说："作为我们国家的领导阶级的工人阶级，它在国内和国际上的责任都是极其重大的，为着逐步地实现我们国家的工业化和过渡到社会主义社会，为着很好地担负我们在国际上的责任，我们必须加强工人阶级本身的团结，必须更进一步地巩固同农民的联盟，巩固同知识分子的联盟，巩固以工农联盟为基础的人民民主阵线。"[①]

1954年1月20日，为纪念列宁逝世30周年，中共中央在北京隆重举行大会，由刘少奇在会上作了报告。

刘少奇在报告中，歌颂了列宁领导创立世界上第一个社会主义国家的伟大历史功绩，扼要地叙述了列宁对马克思主义的重大贡献，以及列宁主义对中国革命的巨大影响和指导意义。接着，刘少奇说：

"以中华人民共和国的成立为标志，中国已经进入社会主义革命即社会主义改造的新时期，逐步地过渡到社会主义社会的时期。在中国目前过渡时期中，列宁主义过渡时期的学说对于我们是完全适用的。毛泽东同志最近所规定的我们国家在过渡时期的总路线和总任务，就是按照中国的具体的历史条件运用列宁主义建设社会主义的学说而提出来的。

"列宁教导我们，工人阶级所领导的政权和巩固的工农联盟乃是建设社会主义的决定性的条件。我国的人民民主政权是以工人阶级为领导、以工农联盟为基础的，我们必须不断地加强这个联盟，加强人民民主政权的力量，运用这个力量来发展国家的社会主义工业，并按社会主义原则来逐步改组整个国民经济。

"列宁教导我们，为完成社会主义的建设必须加强党的领导作用。用马克思列宁主义武装起来、在毛泽东同志领导下的中国共产党

---

① 《建国以来刘少奇文稿》第5册，第136、138页。

是鼓舞和组织中国人民取得胜利的伟大力量。为了执行党在过渡时期的总路线，把我们国家建设为一个伟大的社会主义国家，我们必须像列宁所教导我们的那样为保持和提高马克思主义的无产阶级的纯洁性而斗争，必须不断地克服和清除我们队伍中的资产阶级思想的影响，清除混入党内的投机分子和个人主义的野心家，提高党的纪律，增强党的团结。

"列宁教导说，决不可以把建设社会主义看做是轻而易举的事。建设社会主义就是要最后消灭一切形式的生产资料的私有制度；要使生产资料的公有制度成为全社会的唯一基础，这是人类有史以来的一个最伟大最深刻的社会变革。因此，我们一定要团结全党，团结工人阶级，团结全体劳动人民，团结各民主党派和民主人士，一步一步地前进，来完成这个艰巨光荣的任务。社会主义建设对于我们是完全新的工作，但是因为有久经考验的、百战百胜的列宁主义指导我们，有以毛泽东同志为首的中国共产党中央和中央人民政府领导我们，有苏联建设社会主义的丰富经验做我们的榜样，并且有我们伟大的盟邦苏联给予我们以无私的帮助，所以只要我们虚心地学习，谨慎而勇敢地工作，我们就一定能够使我国建成为社会主义国家的伟大事业取得完全的胜利。"[①]

刘少奇在这个报告中对列宁关于过渡时期的学说和党在过渡时期的总路线所作的阐述，可以说是中共中央领导人当年对社会主义理解的集中反映，也是刘少奇和毛泽东在中国怎样走向社会主义的问题上，由新中国建立之初的不同思考到趋于一致的根本原因。

---

① 《中国共产党中央书记处书记刘少奇在中国共产党中央委员会纪念列宁逝世三十周年大会上的报告（摘要）》，《新华月报》1954年2月号，第11~12页。

九

协力推进农业互助合作

在农业互助合作问题上，刘少奇本来是有自己的想法的。1951年12月，根据毛泽东的建议，中央通过了第一个互助合作决议（草案）。基于新民主主义原本就是为社会主义创造条件的共同理念，刘少奇放弃了自己的意见，积极支持毛泽东的主张，坚决按照中央通过的决议办事。

邓子恢执掌中央农村工作部

1952年8月4日，毛泽东批示同意刘少奇7月15日关于增设中央机构，调各中央局书记来中央工作的建议。时任中共中央中南局第二书记的邓子恢，奉调来京任中共中央农村工作部部长，并由他来组建中央农村工作部，① 以加强对农村工作的领导，推进农业互助合作

---

① 刘少奇指出："目前在中央建立这样多的工作部门，在干部配备上是有困难的，但因工作发展的需要，势在必行。目前即应调来一些干部，逐步搭起架子，逐步建立工作，逐步充实机构。各部部长：拟由高岗任计划委员会主任；饶漱石任中央组织部长并兼管工会、青年团、妇联工作；习仲勋任中央宣传部部长并兼管政府文委工作；邓子恢任农村工作部（委）部长并协助高岗计划委员会工作；政法工作部由彭真任部长；工业部、财政贸易部、交通运输部，或由李富春、薄一波、

的健康发展。①

1953 年 1 月上旬，邓子恢来到北京，被安排在中南海与毛泽东、刘少奇住处很近的颐园居住。他上任伊始，就去向毛泽东报到并请求指示。毛泽东热情地接见了邓子恢与同去的中央农村工作部秘书长杜润生。毛泽东对他们说：关于农村问题，中央已经有了一个文件，即第一次互助合作会议的文件。在这个文件中，要求把开展互助合作当作新时期一项历史任务。其中，正式提出农民有两个积极性，一个是个体经济的积极性，一个是互助合作的积极性。你们农工部，要发挥互助合作的积极性又必须保护个体的积极性，而不要挫伤它。毛泽东还说：我们不是谈过上下两篇文章吗？上篇搞民主革命，下篇就是搞社会主义革命嘛；就农村来说，土改已经结束了民主革命，现在是要做第二篇文章了。当毛泽东转向他们了解下面农村的情况时，杜润生说：土改以后，成了小农经济的天下，向互助合作方向前进，得从小农经济的现状出发，加以引导，不搞不行，太着急也不行。邓子恢插话说：河南提出允许"四个自由"，发布告示，让农民放心，这个布告还是好的。杜润生接着说：对于新区，还是生产压倒一切。毛泽东表示：好哇，第一件事就抓这个吧。②

邓子恢对党中央、毛泽东交下的十五年或更长一点时间完成农业合作化的任务，是完全拥护的，同时也深感这不是一件轻而易举的事。一方面，大政方针中央已经定了下来；另一方面，又得看到"中国小农经济有上千年历史，个体变集体，小生产改大生产，决非朝呼夕至之事"。他与刘少奇一样，以为互助合作要根据生产力发展的需要，农业合作化的速度要与国家工业化的速度相适应。他强调：

贾拓夫兼任部长，或暂缺部长，由各中央局选调可以担任副部长者作实际工作，由高岗、邓子恢管理这三个部的工作。"《关于加强党中央办事机构问题》，《建国以来刘少奇文稿》第 4 册，第 333～334 页。

①　《邓子恢传》，第 487 页。

②　杜润生：《忆五十年代初期我与毛泽东主席的几次见面》，中央文献研究室《缅怀毛泽东》编辑组编著《缅怀毛泽东》（下），中央文献出版社，1993，第 375～376 页。

农业合作化要从小农经济的现状出发；互助合作是一种经济活动，与战勤动员不同，与土地改革也不同；要坚持自愿互利，由点到面，由少到多，由低级到高级，逐步发展，稳步前进。

毛泽东批评"言不及义"

农村的实际状况，并不如人们想象的那样理想。中央第一个互助合作决议下达以后，1952 年 8 月，由农业劳动模范为主组成的中国农民代表参观团到苏联参观回国后，对苏联农业集体化的好处作了广泛的片面宣传，① 加上其他多种因素，1952 年冬到 1953 年春，互助合作在相当大一部分农村出现了急躁冒进的倾向，在不少地方，"宁多勿少，宁大勿小""越多越好，越大越好"的错误思想蔓延，不顾主客观条件，违反农民自愿原则，盲目地多办社办大社，盲目追求财产公有，无偿地把农民的私有耕牛、农具等归大堆，引起社会动荡，农民的生产积极性受到极大影响。不少地方一冬无人拾粪，副业无人搞，场里、地里庄稼无人收拾，牲口无人喂（甚至有饿瘦、饿死的），有的地方发生了贱价卖牲口、砍树、杀猪、大吃大喝等现象。

---

① 全国全面丰产模范耿长锁说："苏联集体化农业的好处说不完。我们那里常受旱涝的威胁。但在苏联，坡地不旱，洼地不涝，都长得好庄稼。因为苏联不靠老天吃饭。伟大的斯大林改造自然计划改变着气候，防风护田林带、水渠和人造雨，使土壤保有充足水分。这是我们亲眼见到的。""集体农民的生活真是令人羡慕。他们吃的是面包、肉、牛奶，星期天穿的不是哔叽就是绸子，睡的是钢丝床，房子里有自来水、电灯，收音机、柜橱桌椅齐备。每个集体农场都有俱乐部、图书馆、无线电转播站、电影场。集体农民一面工作一面唱歌。那里没有人剥削人的现象，大家都很快乐。这种生活只有集体化才能得来。看了之后，真使人羡慕。我们一定要努力争取这种生活在中国实现。"吉林"韩恩农业生产合作社"领导人韩恩说："一看苏联农村，就觉得我们的道路是广阔的。我们的农业生产合作社就是初步的集体化。苏联的集体农场是由无到有，由小到大。苏联今天的道路，就是我们明天的道路……只要大家努力，那么苏联的集体化农业离我们是不远的。"见《苏联农民的道路就是我国农民的道路》，《新华月报》1952 年 12 月号，第 132 页。

针对这种种情况，邓子恢及时向党中央、毛泽东作了报告，并提出建议。1953 年 3 月，中央根据邓子恢的建议，在一个月内连续发出了《关于缩减农业增产和互助合作发展的五年计划数字给各大区的指示》《关于春耕生产给各级党委的指示》《关于布置农村工作应照顾小农经济特点的指示》三个文件。《人民日报》也为此专门刊发了《领导农业生产的关键所在》的社论。中央的指示和社论都指出：当我们向互助合作道路上前进时，切不要忘记前进的出发点乃是小农经济，工作对象是小私有者，而对这种小私有者个体农民来说最关紧要的问题，是他们切身利益能否得到保护和发展的问题。因而为了正确地组织领导农民，发挥农民的生产积极性，必须切实纠正互助合作运动中正在滋长着的急躁冒进倾向。

毛泽东当时对此也很重视，他将中央第一个农业互助合作决议、关于春耕生产的指示和《人民日报》社论汇编成册，以《当前农村工作指南》为题，发到全党，并在按语中说，这三个文件提示了党在当前阶段指导农村工作时所必须掌握的理论认识和重要的政策原则，以及群众路线的工作方法，要求各级党委组织一切从事农村工作的人员来一次认真的学习。

但与此同时，毛泽东的注意力主要还是放在如何防止个体农民发展成富农上面。他在 4 月中旬听取邓子恢汇报时说：允许富农经济存在，不是不加限制。互助合作发展，社会主义因素增加，也就是限制富农发展。什么"四大自由"，"四小自由"也不能有。富裕中农怕"冒尖"，我才高兴。他还对"确保农民的私有制"的说法作了批评，说保护是可以的，"确保"是不可能的。[①]

不久，陈伯达向毛泽东谎报军情，说中央农村工作部反冒进变成了"冒退"。随着粮食供应紧张形势的出现和统购统销政策的确定，毛泽东决心加快农业互助合作的步伐，把工作中心由组织互助组转向

①　《邓子恢传》，第 461 页。

组织农业生产合作社，并对中央农村工作部在 1953 年春季以来，协助党中央纠正农业合作化中的急躁冒进所作的工作提出了批评。

毛泽东在 10 月 15 日找陈伯达等谈话说：

"办好农业生产合作社，即可带动互助组大发展。

"在新区，无论大中小县要在今冬明春，经过充分准备，办好一个到两个合作社。

"只要合乎条件，合乎章程、决议，是自愿的，有强的领导骨干（主要是两条：公道，能干），办得好，那是'韩信将兵，多多益善'。

"一般规律是经过互助组再到合作社，但是直接搞社，也可以试一试。

"互助组还不能阻止农民卖地，要合作社，要大合作社才行。

"合作社不能搞大的，搞中的；不能搞中的，搞小的；但能搞中的就应当搞中的。能搞大的就应当搞大的，不要看见大的就不高兴。

"要打破新区一定慢的观念。"

合理摊派，控制数字，不然工作时心中无数。

毛泽东强调："各级农村工作部要把互助合作这件事看作极为重要的事。个体农民，增产有限，必须发展互助合作。对于农村的阵地，社会主义如果不去占领，资本主义就必然会去占领。"他还认为，粮食、棉花、油脂的供求都有极大的矛盾，要解决这种供求矛盾，就必须解决所有制与生产力的矛盾。个体所有制必须过渡到集体所有制。总路线也可以说就是解决所有制问题。

11 月 4 日，毛泽东再次找陈伯达等谈话："发展农业生产合作社，现在是既需要，又可能，潜在力很大。如果不去发掘，那就是稳步而不前进。""'纠正急燥冒进'，总是一股风吧，吹下去了，也吹倒了一些不应当吹倒的农业生产合作社。"

他批评说：要搞社会主义。"确保私有"是受了资产阶级的影响。"群居终日，言不及义，好行小惠，难矣哉"。"言不及义"就是言不及社会主义，不搞社会主义……不靠社会主义，想从小农经济做文章，靠在个体经济基础上行小惠，而希望大增产粮食，解决粮食问题，解决国计民生的大计，那真是"难矣哉"！

他强调："积极领导，稳步发展"这句话很好。这大半年，缩了一下，稳步而不前进，这不大妥当。总路线就是逐步改变生产关系。斯大林说，生产关系的基础就是所有制。这一点同志们必须弄清楚。现在，私有制和社会主义公有制都是合法的，但是私有制要逐步变为不合法。在三亩地上"确保私有"，搞"四大自由"，结果就是发展少数富农，走资本主义的路。

毛泽东还指出："中央现在百分之七八十的精力，都集中在办农业社会主义改造之事上……各级农村工作部的同志，到会（指第三次互助合作会议——引者注）的人，要成为农业社会主义改造的专家，要成为懂得理论、懂得路线、懂得政策、懂得方法的专家。"①

正在举行的第三次互助合作会议，传达了毛泽东的上述谈话精神，会议为中央草拟了《关于发展农业生产合作社的决议》。这个决议于12月16日由中共中央通过并颁布执行。从此，互助合作运动就由以发展互助组为中心环节的阶段，转入以发展农业生产合作社为中心环节的阶段。

停止发展、全力巩固方针的确定

毛泽东对农业生产合作社的发展极为关注。1954年2~3月，毛泽东召集刘少奇、彭德怀、邓子恢谈过一次话，批评对社会主义不热心，告诫不要重犯1953年的错误。②

中共中央关于发展农业生产合作社的决议下达不久，农村就掀起了农业生产合作社发展的第一次高潮。到1954年10月，农业生产合

---

① 《关于农业互助合作的两次谈话》（1953年10月15日、11月4日），《毛泽东文集》第6卷，第298~306页。
② 《邓子恢传》，第472页。

作社由原近 10 万个发展到 22 万个，翻了一番还多。中央要求到
1955 年春耕以前，农业生产合作社全国发展到 60 万个，1957 年组织
50% 以上的农户加入合作社，使现有形式的农业生产合作社在全国农
村成为主要形式。于是，很快出现了第二次发展高潮，到 1955 年 1
月，合作社发展到 48 万个，发展势头越来越猛。由于 1954 年夏季遇
到严重水灾，粮食生产计划没有完成，却比原计划多收购了近百亿斤
（94 亿斤），有的地方甚至挖了农民的口粮。加上农业生产合作社发
展过急过快，工作简单粗暴，侵犯了农民利益，因而再度引起农民的
不安，不少地方贱卖与滥宰牲畜，滥伐林木，农村关系全面紧张，直
接影响了春耕生产。

1955 年 1 月初，邓子恢向刘少奇汇报了农村的紧张情况。他说：
现在看来，有些省份，如河北、山东、河南，农业生产合作社数量大
了一些。1 月 4 日，邓又以国务院第七办公室的名义，向周恩来总理
写了简报。其中说：去年 12 月中央批准全国共办 60 万个合作社，下
面积极性很高，将计划提高到 70 万个。现在看来，真正办好 60 万个
都是不容易的。原因是县、区干部几乎全年 12 个月都在做统购统销
工作，只能抽出一个短时间去发展合作社。现在全国办起来的 38 万
个新社（老社尚有 10 万个），没有人帮助这些社克服初建时的种种
困难。此时正赶上全国搞统购统销，部分农民抵触情绪很重，此种情
绪和他们怕"归公"的思想顾虑结合在一起，出卖牲口，滥宰猪羊，
有了钱不买生产资料，用于抢购不急用的东西，甚至用来修坟、买棺
材等，这些现象提醒我们必须警惕小私有者对于社会主义改造的动摇
态度。为了使合作化运动健康发展，邓子恢向中央提出两项建议。

一是制定一个全国性的章程，明确农业生产合作社的半社会主义
性质，使干部不致乱立法，群众不致乱猜疑。

二是发一个关于整顿和巩固农业生产合作社的通知，指明当前农
业合作社的发展已接近 60 万个社的计划，除新区一些地方还须发展
一些外，整个运动应转向控制发展、着重巩固的工作阶段，以避免将

粮食统购统销和发展农业生产合作社两种紧张合到一起，引起更多不利生产的现象。

邓子恢在向中央提出上述建议的同时，在写给刘少奇转毛泽东的一封信中，还对《农业生产合作社示范章程（草案）》的内容提出了具体的修改意见。

刘少奇和周恩来对邓子恢报告的情况十分重视，立即将他提出的意见提交中央政治局讨论。政治局采纳了邓子恢的两项建议，1月10日，以中共中央名义下达了《关于整顿和巩固农业生产合作社的通知》。《农业生产合作社示范章程（草案）》，刘少奇让陈伯达、廖鲁言、杜润生修改后，再以国务院名义颁布试行。

但是，农业生产合作社的发展势头仍压不下来，2月上旬，又发展到58万个。这时，全国财经会议正在举行。会议集中研究了当前的农村情况和粮食购销问题，形成了中共中央、国务院《关于迅速布置粮食购销工作安定农民生产情绪的紧急指示》草稿。在刘少奇主持下，由周恩来、陈云、邓小平、彭真、邓子恢、李先念、谭震林、杨尚昆等参加，对草稿内容经过慎重研究、修改定稿。紧急指示明确指出：目前农村情况相当紧张，不少地方，农民大量杀猪宰羊，不热心积肥，不积极准备春耕，生产情绪不高。应当看到，这种情况是严重的，其中固然有少数富农和其他不良分子的抵抗破坏，但从整个说来，它实质上是农民群众，主要是中农群众对于党和政府在农村中的若干措施表示不满的一种警告。据此，中央决定：1955年7月至1956年6月的粮食年度内的粮食征购任务减为900亿斤，并实行粮食"三定"（定产、定购、定销）制度。同时，把农村合作化的步子放慢一些。

当时农村出现的挫折，使毛泽东也有所冷静。3月3日，他亲自签发了以中共中央、国务院名义下发的《紧急指示》，同时，约邓子恢谈话说，5年实现合作化的步子太快，有许多农民入社，可以肯定不是自愿的。他提出，到1957年，入社农户发展到1/3就可以了，不一定要 50%。3 月中旬，毛泽东又一次听取邓子恢、陈伯达、廖鲁言、陈正人、杜润生汇报农村工作。针对当时农村的紧张情况，毛泽东说："生产关系要适应生产力发展的要求，否则生产力就会起来暴动，当前农民杀猪宰牛就是生产力起来暴动。"在谈到农业生产合作社的发展方针时，毛泽东说："方针是'三字经'，叫一曰停，二曰缩，三曰发。"并当场议定：浙江、河北两省收缩一些，东北、华北一般停止发展，其他地区（主要是新区）适当发展一些。①

为使中共中央的"停、缩、发"三字方针有效地贯彻下去，刘少奇从 3 月到 6 月分别约见各省市负责人了解情况，阐释中央的方针，主持中央会议，研讨具体措施。②

3 月 18 日，刘少奇约见邓子恢，提出农业合作化第一个五年计划、第二个五年计划、第三个五年计划各发展 1/3 的意见。

4 月 6 日，刘少奇约集中南各省负责人谈话。在谈到农业生产互助合作问题时，刘少奇说：办好现有的农业生产合作社，树立旗帜，建立信仰，总结经验，培养干部，对农民，对我们，都很重要。今后的方针，应该是巩固地向前发展。合作化的要求是又快又好，以好为第一，因为好了就可以快。这一批办不好，就不能快，为了快，必须把这一批办好，所以合作化的快慢，决定于这一批办得好不好。

4 月 8 日，刘少奇约集北京、天津两市及华北各省负责人谈话，向他们说：河北省已经建立 10 万个社，山西省入社农户已占总农户的 42%，这是很大的成绩。目前主要问题是把现有的巩固好，只要巩固好现有的，就会有农民要求入社，所以，为了发展，就要巩固。今年明年少发展些，因为干部没有训练出来，经验不成熟，再快了就要发生危险。

在谈到粮食收购问题时，刘少奇说：决不能依靠在初级市场用价

① 《邓子恢传》，第 472 页。

② 刘崇文、陈绍畴主编《刘少奇年谱（1898～1969）》下卷，第 334～339 页。

格政策收购粮食来完成任务。价格的确可以指挥市场，但如果单纯依靠价格政策，就会造成囤积居奇，投机倒把，得利的是商人和少数富有者，吃亏的是劳动人民，这是资本主义的路线。我们不走这一条路线，而走社会主义路线。实行统购统销，就是为了使若干基本生活资料不涨价，以保证广大人民的必需。

4月9日，刘少奇约集东北各省负责人谈话说：东北地区合作社已经发展了很多，今年主要是巩固，把现有的办好，不要多发展，甚至可以停一年，只要把这一批办好，将来就快了。

在谈到农村建党问题时，刘少奇说：农村发展党要与社会主义改造任务结合起来。所谓觉悟高，就是对合作化事业积极，能爱护公共财物，关心公共事业，愿意多尽义务，而不是自私自利。这样的人就可以发展入党，每个合作社要有一批这样的人才能办好。

针对有些地方脱产干部过多的情况，刘少奇指出：不能无限制地脱产，要加以控制，太多的要逐步减少，但不能因而削弱党的工作。

关于办农业生产合作社要依靠贫农的问题，刘少奇认为：依靠贫农在内容上现在和过去不同，现在要包括新中农。新中农不能不依靠，因为他们人数多，贫农现在只有20%，依靠20%是不够的。新中农过去是贫农，由于土地改革和党的领导才上升起来，因此是可以依靠的。

4月19日，邓子恢向刘少奇汇报召开全国农村工作会议的准备情况，谈了全国农业生产合作社已经发展到67万个，大大超出了原定的发展计划，当前农村形势仍然相当紧张，不少地区人心不稳。

刘少奇问：为了稳定局势，把全国67万个社收缩为大约57万个，是不是必要？你可以提出自己的意见。

邓子恢谈了依靠贫农（包括新中农）、照顾贫农利益的问题，说去年没有解决好，对中农作适当让步，但不能损害贫农的根本利益。

刘少奇问：什么是贫农的根本利益？

邓子恢一时答不上来。

刘少奇说：应该教育干部教育贫农，使他们看清楚贫农根本的利益，就是把中农团结起来，把合作社办好，共同走上社会主义的道路。不要光看眼前利益，不要因小失大。刘少奇还问道：斯大林那篇《胜利冲昏头脑》文章你看过吗？

邓子恢说看过。

刘少奇说：我们也有，你写文章批嘛！①

4月20日，刘少奇主持中共中央书记处会议，讨论农业合作化问题。邓小平、邓子恢等到会，杜润生汇报了农村情况，谭震林作了补充，主要是讲浙江的情况。会上有几位同志发言，都主张把当前农村工作的重点，放在已经办起来的社尽量巩固下来；发展过多的省份，要收缩一些。

刘少奇最后发言，他说："今后一年农业合作化的总方针是'停止发展，全力巩固'。现在全面停下来，秋后看情况再定，个别县、区、乡未办的，有条件的可以试办。全国合作社已经发展到六十七万个，其中发展过多的省份有超过两三万的，主观力量控制不了，要收缩一些。能巩固住五十几万个社，即是最大胜利。"②

刘少奇强调说：问题的核心是如何对待中农的问题，所谓强迫不强迫，自愿不自愿，就是对待中农的问题，强迫也是强迫中农，自愿也是叫中农自愿。为了保证中农自愿，可以把速度放慢一下，明年春天停止发展，做好巩固工作。中农看见社办好了，就会自动来敲门，那时候我们把门打开。他们自愿，我们欢迎，这可以保证合作化运动的健康发展。③

中共中央书记处会议确定当前合作化的总方针是"停止发展，全力巩固"。

---

① 《邓子恢传》，第486～487页。
② 刘崇文、陈绍畴主编《刘少奇年谱（1898～1969）》下卷，第339页。
③ 《缅怀毛泽东》（下），第383页。

第三次全国农村工作会议于 4 月 21 日开幕。邓子恢致开幕词，传达了中央书记处会议确定的方针。他解释说，停止发展，是为了把现有社巩固起来，有条件巩固的要尽一切力量巩固。

会议刚开两天，即 4 月 23 日，刘少奇即邀集各省与会同志谈话，他说：农业合作化目前的中心问题，是巩固办好已经建立起来的一批农业生产合作社。为了发展，就要巩固，因为已不可能再快，干部没有训练出来，经验不成熟，如果再像 1954 年冬天那样的速度发展下去，是冒险的。①

此后，全国农村工作会议就农村形势是不是紧张、造成紧张的主要原因是什么、农业合作化有没有冒进现象、为什么干部的冒进情绪比较多等问题，展开了热烈的讨论。5 月 6 日，邓子恢作会议总结，他肯定了农村工作的成绩是主要的，分析了造成紧张的原因，对贯彻中央方针提出了四条要求：一是秋前一般停止发展，全力巩固现有的合作社，站稳脚跟再继续前进，不要连滚带爬地前进，擦不完的屁股；二是发展较快、问题较多的省份适当收缩，把有名无实的社、问题很多陷于瓦解的社，尽快帮助转为互助组或个体经营；三是新区秋后适当发展，发展多少，7 月或 8 月再研究一下；四是办好互助组、照顾单干户。会后，邓子恢以中央农村工作部的名义，向中央写了关于全国第三次农村工作会议的报告。②

贯彻"停、缩、发"三字方针

从 1 月 10 日中共中央下发《关于整顿和巩固农业生产合作社的通知》以后，全国各地对已经建立的农业生产合作社进行了几个月的整顿工作。由于浙江省的情况比较严重，3 月 24 日，邓子恢会同

---

① 《邓子恢传》，第 488 页。
② 《邓子恢传》，第 490 页。

中共中央副秘书长、中央书记处第二办公室主任谭震林，邀请正在北京的浙江省委第一书记江华开会研究，商定了对浙江目前合作化工作的意见，即按照毛泽东的"停、缩、发"三字方针，和浙江要"收缩一些"的精神，共同拟定了给浙江省委农村工作部的建议，指出："对合作社数量分别地区实行压缩，有条件巩固的必须加以巩固，无条件巩固的，应主动有领导地转回互助组或单干经营，能够巩固多少算多少，不要勉强维持虚报成绩。"同时强调："正确的方针只能是：有条件办好的一定争取办好，不可冒退；没有条件办好的，应打通基层骨干和办社积极分子的思想，团结住他们，和他们一道领导群众进行改组，一道领导退社的农民进行生产，无论他们是退回互助组或个体经营，都应该把他们的生产搞好，始终保持良好联系，不伤感情，为将来办好合作社而继续努力。"建议认为，"能巩固好 3 万个社，保持 10% 以上的农户在自愿基础上合作下去"，"仍应承认是很大的收获"。会议决定以中央农村工作部的名义，于 3 月 25 日将建议用电报发往浙江省委农村工作部。邓子恢对电报稿稍作修改，经谭震林、江华、陈伯达、廖鲁言、陈正人、杜润生过目同意后，委托陈伯达送毛泽东审阅。陈伯达很快用电话告诉邓子恢："主席同意。"[1] 于是电报以中央农村工作部名义于 3 月 25 日发往浙江。

给浙江省委农村工作部的电报发出后，邓子恢出国访问。谭震林继续召集中央书记处二办和中央农村工作部负责人开会研究具体办法，江华也参加了会议。经研究决定，派中央农村工作部秘书长杜润生和中央书记处二办副处长袁成隆去杭州，向浙江省委口头解释电报内容的精神。谭震林和江华还分别用电话亲自向浙江省委传达了这次会议的意见。

杜、袁二人到达杭州后，发现"农村紧张状态确未平息，若干

---

[1] 《邓子恢传》，第 485 页。

地区正趋向高度紧张"。在4月5日召开的浙江省委会议上，杜润生作了发言。他指出，浙江"去冬今春发展合作社战略上勇敢是正确的，但战术上是缺乏准备的"。他在分析了农村紧张情况后提出："现在怎么办？全国总结了三条办法"，即"一哄而退"；"尽量维持，尽量巩固"；"全力巩固，坚决收缩"。他建议采用第三条办法，"要巩固的全力巩固，要收缩的坚决收缩，防止一哄而退，但必须坚决收缩"。4月11日杜润生、袁成隆联名向中央农村工作部和中央书记处二办写了《关于浙江省农村情况的报告》，在汇报了浙江农村紧张情况后，提议："一年之计在于春，必须赶快下马"，"下粮食之马"，"下合作之马"。"除全面端正自愿、互利政策外，还需要一个全力巩固、坚决收缩的方针。即丢掉虚假成绩，集中力量巩固真实成绩，以免全面勉强维持，把力量分得四散，什么也办不好，使紧张局面拖延下去。"

对于中央两部门的电报和杜、袁二人的意见，浙江省委十分重视。在省委书记霍士廉主持下，省委会议一致同意"全力巩固，坚决收缩"的方针，并立即召集全省县委书记会议，部署缓和农村紧张状况的工作。杜润生在会上作报告，再次阐明合作化运动中"依靠贫农，团结中农"的阶级路线和"全力巩固，坚决收缩"的方针。霍士廉代表省委作报告，说："为了集中力量办好能够办好的合作社，并使领导上能腾出手来领导互助组和个体农民进行生产，就必须贯彻'全力巩固，坚决收缩'这条方针。"在会议举行前，杜润生曾专程回京向谭震林请示浙江的收缩措施是否可行。江华也再次从北京打电话给浙江省委，说"浙江合作冒进，全国第一"，督促省委采纳中央农村工作部的建议。于是，自这次全省县委书记会议之后，浙江开始了合作社的巩固和收缩工作，具体分为着重于收缩和着重于巩固两个阶段。

收缩工作从4月中旬开始到5月下旬结束，历时一个多月。首先是统一各级干部的思想。全省县委书记会议之后，各县普遍召开县委会议和县委扩大会议，多数县还召开了乡党支部书记会议或区、乡、社三级干部会议，传达全省县委书记会议精神，统一干部认识。同时，各县派出一批领导干部，深入重点乡，进行巩固和收缩工作的试点。随后，各级干部纷纷深入农村，一面广泛宣传自愿互利原则，让政策直接同群众见面，一面打通骨干思想，减少阻力。经过深入细致的工作，全省的农业生产合作社，由53144个减为37507个，减少了15637个，其中大部分转为互助组。5月中旬，浙江省委召开扩大会议，肯定了前段合作社的整顿工作。同时指出整顿初期工作中的偏差，把一部分不该收缩的社也转退了，个别地方把农业生产合作社全部解散了，成了空白乡。

总体来说，这次整顿工作是做得好的。1955年7月26日，中共中央农村工作部二处编制的《农业合作化运动最近的简情》统计，全国农业合作化运动在贯彻"停、缩、发"方针后，原有67万个合作社中，浙江减了15607个，河北减了7000个，山东减了4000个，其他各省均无大的变动，有些省份略有增加，由于有增有减，巩固下来的有65万余个社，实际减少2万多个社。①

---

① "停、缩、发"的方针是经过毛泽东同意并亲自作出的概括。在整顿和巩固工作过程中，刘少奇在与邓子恢谈话中说过，现有67万个社，能巩固50几万个就是最大胜利；也曾问过邓子恢，是否要从67万个压缩到57万个，请他提出意见。但这些都是商讨中的意见，既未作出决定，更未付诸实施。但在1962年9月举行的中共八届十中全会上，毛泽东在重提阶级斗争的同时，批判了所谓"黑暗风"、"单干风"、"翻案风"。他在批评邓子恢时，说邓"对形势的看法几乎是一片黑暗"，"对包产到户大力提倡"，"这是与他在1955年夏季会议以前一贯不愿搞合作社，下令砍掉几十万个，毫无爱惜之心，而在这以前则竭力提倡四大自由，'好行小惠，言不及义'是相联系的"。显然，"砍掉20万个"之说，并不符合历史事实。它只是从是否要收缩10万个的酝酿意见，是从毛泽东对"下令砍掉几十万个"的批评中演绎而来。在"文化大革命"中，1967年11月23日，以《人民日报》、《红旗》杂志、《解放军报》编辑部名义，发表的题为《中国农村两条道路的斗争》，把这次整顿巩固农业生产合作社的正确方针、措施和取得的成果，说成是刘少奇趁毛泽东"不在北京的机会"，"制定了'停'、'缩'、'整'的反动方针，并亲自批准了大砍合作社的计划。两个多月的时间，全国就有20万个合作社被砍掉了"。

毛泽东批评"小脚女人"走路

由于"停、缩、发"方针的贯彻，放慢了合作化的发展速度，加上粮食统购统销采取了"三定"政策，减少了征购数量，农村形势再次缓和了下来。但在对农村增加粮食供应过程中，又出现农民争相购粮，以及销量越多的地方，"缺粮"的呼声也越强烈的情况。显然，其中一部分人的缺粮是虚假现象，个中重要原因是农民对统购统销政策心中无底，存在一种不正常的紧张心理，当然，也不排斥个别不法地主、富农以及潜藏的反革命分子乘机挑拨破坏，制造人为紧张。有的地区对农村粮食供应工作及时作了整顿，粮食销量很快降了下来，就是证明。这些情况引起了毛泽东的极大注意。

4 月 20 日晚，邓子恢向刚从外地返京的毛泽东汇报第三次全国农村工作会议的准备情况，在谈到造成农村紧张形势的因素时分析说：（1）最为突出的是粮食统购统销中发生的；（2）城乡对私商改造太快太猛，城乡流通受阻，使部分农民特别是贫农收入减少；（3）更根本的因素是农业社会主义改造，主要是合作化出了毛病。三者都是造成紧张的带根本性的因素，但是合作化方面的毛病是最根本的，而粮食是当前最突出的。对此，毛泽东未置可否。[①]

4 月下旬，毛泽东在南方视察，沿铁路公路两旁，看了农田庄稼的长势，听了地方领导人的汇报，对农村形势作出了新的判断。他认为，说农民生产情绪消极，那只是少部分的。我沿途看见，麦子长得半人深，生产消极吗？所谓缺粮，大部分是虚假的，是地主、富农、富裕中农的叫嚣。更重要的是，中共中央上海局书记柯庆施向毛泽东汇报说，经他调查，县、区、乡三级干部中，30% 的人反映农民要"自由"的情绪，不愿意搞社会主义。柯庆施这一席话给

---

① 《邓子恢传》，第 487 页。

毛泽东留下了深刻印象，使毛泽东联想到，这种"不愿搞社会主义"的人，下面有，省里有，中央机关也有，进而断定，所谓农村形势紧张，农民对粮食统购不满，合作化有强迫命令等说法，一概是"发谣风"。① 这表明，毛泽东从这时起，开始用阶级斗争的眼光来观察农村形势了。

5月9日，毛泽东约见李先念、邓子恢、廖鲁言、陈国栋（粮食部副部长）谈粮食与农业合作化问题，周恩来参加。毛泽东说：粮食，原定征购900亿斤，可考虑压到870亿斤。这样可以缓和一下。这也是一个让步。粮食征购数字减一点，换来个社会主义，增加农业生产，为农业合作化打下基础。今后两三年是农业合作化的紧要关头，必须在这两三年内打下合作化的基础。毛泽东问：到1957年化个40%可不可以？邓子恢说：上次说三分之一，还是三分之一左右为好。毛泽东说三分之一也可以。农民对社会主义改造是有矛盾的。农民是要"自由"的，我们要社会主义。在县、区、乡干部中，有一批是反映农民这种情绪的，据柯庆施同志说有30%。不仅县、区、乡干部中有，上面也有，省里有，中央机关干部中也有。说农民生产情绪消极，那只是少部分的。我沿路看见，麦子长得半人高，生产消极吗？②

接着，5月17日，毛泽东在中南海颐年堂主持召开华东、中南、华北地区15个省、市委书记会议，讨论农业合作化、粮食统购统销等问题。会上，有的省委书记汇报说，农业合作社整顿收缩，引起了农村干部和群众很大不满；有的省委书记埋怨中央农村工作部压抑了下面办社的积极性。毛泽东说："下乡考察，是民主人士提出来的，我们把它普遍化，集体组织下去考察。各省市要招呼县、区、乡，对考察要表示欢迎，采取老实态度和积极态度。借民主人士下去这一

① 薄一波：《若干重大决策与事件的回顾》上卷，第372～373页。
② 《毛泽东年谱（1949～1976）》第2卷，第370页。

压，对工作也有好处。我们的工作有成绩也有缺点。我们说，乱子不少，但一般还好。合作化问题，乱子也是不少，但大体是好的。不强调大体好，那就会犯错误。在合作化问题上，有种消极情绪，我看必须改变，再不改变就会犯大错误。"

接着，毛泽东重新解释了他自己认定的"停、缩、发"三字方针。他说："对于合作化，一曰停，二曰缩，三曰发。缩有全缩，有半缩，有多缩，有少缩。社员一定要退社，那有什么办法。缩必须按实际情况，片面地缩，势必损伤干部和群众的积极性。后解放的地区就是要发，不是停、不是缩，基本是发。有的地方也要停，但一般是发。华北、东北老解放区里面，也有要发的。比如山东百分之三十的村子没有社，那里就不是停，不是缩，那里就是发。该停者停，该缩者缩，该发者发。"①

会上，有些省委书记重新自报了1956年春耕前大幅度发展合作社的计划，引起毛泽东的高度重视，给他很大鼓舞。毛泽东最后作总结，定下农业生产合作社的发展指标是："河南七万、湖北四万五、湖南四万五、广东四万五、广西三万五、江西三万五、江苏六万五。"②

6月14日，刘少奇主持中央政治局会议，讨论中央农村工作部的报告。批准了报告提出的下一年度农业生产合作社的发展计划，即在当年春65万个社的基础上，到1956年春发展到100万个社。刘少奇在会上说：明春发展到100万个，关一下门，办好了，让中农自愿来敲门，关键是保证中农自愿。③

6月下旬，毛泽东回到北京，立即约见邓子恢谈话，提出原定1956年春耕前合作社发展到100万个，同现有的65万个比较，只增加35万个，即只增加半倍多一点，似乎少了一点，可能需要比原有

---

① 《毛泽东年谱（1949～1976）》第 2 卷，第 375～376 页。
② 《毛泽东年谱（1949～1976）》第 2 卷，第 376 页。
③ 刘崇文、陈绍畴主编《刘少奇年谱（1898～1969）》下卷，第 340 页。

的 65 个增加一倍左右，即增加到 130 万个左右，基本上做到全国 20 多万个乡都有一个到几个社。毛泽东问邓子恢：你看怎么样？

邓子恢说：回去考虑考虑。

回到部里，邓子恢找互助合作处负责同志商量，大家看法一致，认为还是坚持 100 万个的原计划好。第二天，邓子恢对毛泽东说：上年由 11 万个社一下子发展到 65 万个社已经太多了，发生了冒进的问题，还需要做大量的工作才能巩固；下年发展到 100 万个，都要巩固下来，更不容易。如果发展到 130 万个，那就超过出了现有的办社条件许可的程度。还是维持 100 万个的计划比较好。① 由此，引发了中共党内一场关于农业合作化发展速度的大争论。

7 月 15 日，毛泽东在中南海颐年堂同林铁、吴芝圃、王任重、周礼、柯庆施、舒同谈农业合作化问题，谭震林、陈伯达参加。毛泽东说：

> 关于合作社的发展，原来我也主张停一年，在南方不要办得太快。看到浙江、安徽都搞了几万个社，我的主意变了，为什么其他省不可以多搞一些呢？说合作社办得不好，不巩固，刚办起来当然会有许多问题，像新修的坝一样不坚固，要加工修筑。河北省派了一万二千干部下乡，搞了两个月，只有百分之六的社解散了，百分之七的户退出了，其余百分之九十四的社、百分之九十三的户都巩固下来了。各省也要这样做，每发展一批就要巩固一批，要派大批干部下乡，在统购以前好好整顿一番。把合作社的发展计划改为三分之一左右是我的意见，实际上可能达到百分之五十左右，现在已经有些县达到了百分之六十，并没有什么问题。
>
> 生产力与生产关系问题。社会经济的规律是不能违反的，生产关系一定要适合生产力，生产力是最活跃的。生产关系处理得

---

① 《邓子恢传》，第 492 页。

好，生产力就会发展，牲口增加，猪增加，肥料增加。如果处理得不好就会破坏生产力。合作社是改变生产关系的，农民的私有观念很强，先改为部分公有，即半社会主义，以促进生产力的发展。河北有一个合作社把十几个牲口集中起来喂养，乱打架，四十八根缰绳都搞断了，这样就不如私有私喂，租用雇用。生产关系处理得不好，违反了经济规律，农民会骂人，要砍树，对生产不利。统购任务过大，农民就顶牛。上层建筑不能违反经济发展规律，违反了就会使生产力起埂子。生产关系在一定条件下决定生产力的停滞、下降或发展。我们的各项政策一定要促进生产力的发展。政策过头不对头，对生产力的影响是很灵的。

毛泽东强调说：

今年农村工作要搞好。还有半年时间，要搞好生产，搞好政策，搞好互助合作和统购统销。定产要定到户，定产定得低一点，"四留"要留得多一点，就不顶牛了，好办了，农民的积极性就大了。农业生产计划你们要搞得比中央大一点，要努力超过，多想办法。我们的民族大有希望。河北合作社社员里贫农（包括新中农）约占百分之六十至七十，老中农百分之三十至四十，你们各省也摸一摸，到底情形如何，告诉我，我现在很注意农村阶级情况。有困难，要抓紧，抓而不紧不行。①

值得注意的是，毛泽东这次召集华北、中南、华东多位领导人谈农业合作化问题，未见中央农村工作部部长邓子恢参加，不能不给人一个印象：毛泽东对邓子恢在农业合作化问题上的态度强烈不满。

果然，7月18日，毛泽东写信给杜润生，要他把全国第三次农

---

① 《毛泽东年谱（1949~1976）》第2卷，第398~400页。

村工作会议各项材料，如报告、各人发言和结论，"送我一阅"，① 开始审查中央农村工作部对农业合作化的指导方针。29 日，毛泽东在中央农村工作部报送的《农业合作化最近简报》上写了下面一段话：

> 目前不是批评冒进的问题，不是批评"超过了客观可能性"的问题，而是批评不进的问题，而是批评不认识和不去利用"客观可能性"的问题，即不认识和不去利用广大农民群众由于土地不足、生活贫苦或者生活还不富裕，有一种走社会主义道路的积极性。
>
> 要有坚定的方向，不要动摇。要别人不动摇，就要自己首先不动摇。要看到问题的本质方面，要看到事物的主导或主流方面，这样才能不动摇。事物的非本质方面，次要方面必须不忽略，必须去解决存在着的一切问题，但不应将这些看成事物的主流，迷惑了自己的方向。②

基于上述认识和理念，7 月 31 日，毛泽东在中共中央召开的省、市、自治区党委书记会议上作《关于农业合作化问题》报告，严厉批评所谓"小脚女人"走路，发动对农业合作化中"右倾"错误的批评。

邓子恢根本没有想到问题竟然弄到如此严重的地步。他立即找到刘少奇，向少奇申诉说：我不是把农村形势看得一团漆黑，浙江收缩当时是对的，希望中央不要再鼓励大发展，突破 150 万，减产如何办？刘少奇劝邓子恢，要正确对待主席的批评。③

由毛泽东《关于农业合作化问题》报告推动起来的全国农业合作化运动高潮，似乎应验了他关于"大多数农民有一种走社会主义

---

① 《毛泽东年谱（1949～1976）》第 2 卷，第 398～401 页。
② 《毛泽东年谱（1949～1976）》第 2 卷，第 406～408 页。
③ 《邓子恢传》，第 497～498 页。

道路的积极性"，"在全国农村中，新的社会主义群众运动的高潮就要到来"的预言。中共党内批"右倾"的运动，也随之逐步升级。

中共七届六中全会

关于毛泽东向邓小平提出，邓子恢的思想，要用大炮轰，是在省、市、自治区党委书记会议之前还是之后，已出版的论著有两种说法。

《毛泽东传》中说：在 7 月 11 日毛泽东与邓子恢等七人谈话之后，7 月 15 日邓子恢再次反映不同意农业合作社翻一番，发展到 130 万个的意见。于是毛泽东对邓小平说："邓子恢的思想很顽固，要用大炮轰。"①

当事人之一的杜润生则坚持说，在省、市、自治区党委书记会议之前，并没有发生 130 万个还是 100 万个的争论。所以，当邓子恢在会上检讨以后，毛泽东说："和子恢同志的争论已经解决了。"争论再起，是 8 月 3 日的事。对这一过程，杜润生在他的自述中做了详细的叙述：

那是在 8 月 3 日这一天（不是人们相传的 7 月 31 日会议之前），毛泽东曾找邓子恢谈话，提出合作化速度可以再快一点，100 万个再添 30 万个，搞 130 万个合作社，即由翻半番改为翻一番，看怎么样？邓说回去考虑考虑。邓再次去见主席之前，找了部里合作处处长李友九商量，李认为还是坚持 100 万个的原计划为好，因为这是中央刚定下来的，办好这一批社具有重大示范作用。那时天已很晚，我已经睡觉了，邓如果找到我，我可能会劝他中国之大计划伸缩空间也大，不必再争这点数字。几年来事实说明定数字的任意性是显而易见的，不必过于拘泥。

当晚，邓子恢去见毛主席，讲了干部与群众思想都准备不够，应

① 逄先知、金冲及主编《毛泽东传（1949～1976）》（上），第 380～381 页。

该巩固一批发展一批。已经办的社人均收益要超过富裕中农的水平，对农民有吸引力了，那时可以加快。如果第一批不办好，会影响以后农民接受合作社的愿望。应当以苏联为鉴，苏联集体化时期，生产力遭到严重破坏。如超越现实条件，会大伤元气（前几个月邓老刚从东欧访问回来）。100 万的数字是反复商量、经中央同意才定下来的，我们争取在实际工作中努力超过，不要再修改了。

邓子恢还谈到合作社要求很多条件，包括群众觉悟水平、干部领导水平，落后地区还缺会计，账目混乱，仅培养会计就需要时间等。主席听了很不高兴，不以为然地说：百万就行，多 30 万就不行？我看不见得。觉得邓说的那些根本不是理由，是把战术问题和战略问题混淆了，因此认为是路线问题。

此次谈话之后，在 8 月下旬，事情出现了某些变化。

8 月 26 日，毛泽东在一则批示中写道："小平、尚昆同志：请电话通知中央农村工作部：在目前几个月内，各省市自治区党委关于农业合作化问题的电报，由中央直接拟电答复；并告批发此类来报的同志，不要批上'请农村工作部办'字样。"这样，实际上让中央农村工作部和邓子恢"靠边站"了。①

于是，才有毛泽东向邓小平讲，类似邓子恢的思想，一般批评不够，要用大炮来轰，遂决定在 10 月召开扩大的六中全会，把中央各部副部长以上、省委书记以上的干部都叫来。

10 月 4～11 日举行的中共七届六中（扩大）全会，依据毛泽东关于农业合作化问题的报告通过决议，明确说中央农村工作部犯了"右倾机会主义"的错误。毛泽东在会上作了总结。刘少奇、周恩来、朱德、陈云、邓小平、彭真等都在会上发了言，从不同侧面对毛泽东的决策作了论证。

刘少奇发言的主题是：农业合作化，是我国当前阶级斗争中决定

---

① 《杜润生自述：中国农村体制变革重大决策纪实》，人民出版社，2005，第 57 页。

谁胜谁负的基本问题。

他说："我们正处在伟大的社会主义革命斗争中，这个革命，就它的广度和深度来说，是比民主革命更广泛更深刻得多的革命。在从资本主义到社会主义的过渡时期中，农业合作化这个问题，实际上是我国实现社会主义建设和社会主义改造中最复杂也是最重要的问题，是我国当前阶级斗争中决定谁胜谁负的基本问题。农业合作化问题，比起土地革命问题，牵涉面更多，震动的范围更大，影响更深。因此，赞成社会主义或者反对社会主义，目前主要的也是以对待农业合作化问题的态度来划分界线的。我国工人阶级已经成为国家的统治阶级，国家的经济命脉已经掌握在人民政权的手中，广大群众拥护着我们的党，在这种情况下，许多代表资产阶级利益而反对社会主义的人并不一定直接表示反对社会主义，甚至也不直接表示反对社会主义工业化，但他们却时常借口农民问题来同我们作针锋相对的斗争。因此，当着广大的农民群众已被说服走社会主义道路，并且大批大批在加入合作社的时候，一切反对社会主义的派别和资本主义分子都必然要来集中地反对农业合作化运动。这就是最近反对粮食统购统销和反对农业合作化那股谣风的来源之一。但是我们有些同志，由于他们对于社会主义革命的精神准备不够，没有用心倾听在农民中占大多数的贫农和下中农的意见，没有从阶级斗争的观点上来分析这种谣风，所以他们在这种社会主义同资本主义两条道路斗争的紧要关头，表现了不可容许的动摇。我们从这里应当得到一种严重的教训：共产党员要善于分别社会上各种人的意见，在听到各种叫声的时候，要注意各种叫声的来源，要注意是什么人在叫，是代表什么人在叫。要增强我们抵抗各种谣风和错误意见的力量，保证以后不再发生这种动摇。"①

周恩来发言的主题是：我们怎样过社会主义这一关。

---

① 《刘少奇在中共七届六中全会上的发言记录》（1955 年 10 月 11 日），手抄件，中国人民解放军国防大学党史党建政工教研室资料室存。

他说："不能认为我们全体共产党员对于过社会主义这一关都已经有了充分的精神准备。有一些原来是抱着赞成党的民主革命纲领的态度来参加党的，一到同党走完民主革命这段路他们便不愿继续前进了。有一些同志平日熟悉的只是民主革命的纲领，全国解放以来又没有来得及或者没有注意去熟悉社会主义革命的纲领，因而迷失了方向，丧失了对新鲜事物的感觉，表现出政治上和思想上的某些动摇。有一些同志虽然接受了社会主义革命的纲领，但是由于骄傲自满，自以为是，对于中央的方针和路线存在着不正确的认识，对于广大劳动群众的社会主义积极性估计不足，对于社会主义革命发展的客观过程也缺乏认真的研究，因此他们就在这样或那样的工作上发生抵触情绪，并在革命高潮面前惊慌失措起来。必须认清，在当前的社会主义革命阶段，我们党同资产阶级的关系，与过去资产阶级民主革命阶段来比，已经发生根本的变化。在这个阶段，我们党同资产阶级的关系是集中在社会主义和资本主义两条道路的斗争上。一面接受领导，接受改造；一面又抵抗领导，抵抗改造——这就是今天资产阶级的特点。接受领导和改造是形势所迫，不得不然，不是心甘情愿的；抵抗领导和改造则是资产阶级的反动本质的表现。由此可见，在社会主义革命阶段，工人阶级和资产阶级的矛盾已经成为主要矛盾，党内曾经出现过依靠商人亦即依靠资产阶级、农村允许四大自由亦即允许自由剥削的资产阶级论调，这是多么严重的错误！"周恩来号召全党同志要站稳工人阶级立场，学习毛泽东的著作，提高马列主义理论水平，在实践和思想斗争中锻炼自己，过好社会主义这一关。[①]

朱德发言的主题是：怎样贯彻农业合作化的决议。

他说："应该动员省、地、县、区、乡各级党的组织，以双倍于

[①] 《周恩来在中共七届六中全会上的发言记录》（1955 年 10 月 11 日），手抄件，中国人民解放军国防大学党史党建政工教研室资料室存。

土改时期的精神和力量，来进行农业合作化的工作。必须学会在不同地区、不同问题上贯彻自愿互利原则，在不同季节、不同作业上加强生产的经营和管理。总之，要具体，不要空洞；要实际，不要浮夸。"

他还谈到以下几个问题："（一）凡是为农业生产和农民生活所需要而又有发展前途的手工业，都应该很好地加以组织和领导；由于农业合作化的发展，农民对于新式农具、拖拉机、小型的发电设备等等的要求，将日益增加，我们应该早做准备。（二）要重视中药的生产和经营，中药在我国有悠久的历史，全国药材约有一千八百多种，产值也很大，约有五亿左右的人口依靠中药来治疗疾病，对我国民族的生存和发展有过和有着巨大的贡献。在种植中药的地区，农业生产合作社应该被种植一定数量的药材当做农业生产的任务，或者当做中药的副业去经营，并努力增加产量和提供质量。再生产野生药物的地区，应改善收购、运输方面的状况，采取各种合理的措施，鼓励农民采集药材，使分散的小宗药物能够成为大宗的有用的药材，以充分发挥中药的作用。（三）农业社应吸收复员军人和中小学毕业生参加。中小学毕业生有一定的文化知识和进取精神，是国家可贵的建设人才。这样做，既能解决农业合作化发展中干部不足的困难，又能解决复员军人和中小学毕业生的就业问题。"①

陈云发言的主题是：增加农业产量的主要办法，是实现农业生产的合作化。

他说："我国第一个五年计划建设的重点是重工业，这是完全必要的。因此，必须用各种方法来增加农业的产量，使农业能够尽量适应、至少不太落后于工业的发展。增加农业产量的方法是很多的。如开垦荒地、兴修水利等。但是大规模的开荒，不是近几年能办到的；兴修水利，短期内也不可能大量增加灌溉面积。就目前的需要和可能

---

① 吴殿尧主编《朱德年谱（新编本）（1886～1976）》（下），中央文献出版社，2006，第1512～1513页。

来说，增加农业产量的主要办法，无疑是实现农业生产的合作化。"
陈云认为："只要把分散的小农经营组成几十户或更多户的联合经
营，就能使个体农民难于单独进行的种种增产措施，得以实现。如果
农业生产合作社在建设的头一二年内，没有拖拉机，仍旧使用畜力和
现有农具，一般可以增产 20% 的话，那么，单单这一项，在全国农
民组成了农业生产合作社以后，就可以增产粮食六七百亿斤。在目
前，这是一种投资最少、收效最大、收效最快的增加农业产量的办
法。也只有把小农的经营组成为农业生产合作社，才有可能在具备了
客观条件以后，使我国农业由使用畜力农具的小规模的经营跃进到使
用机器的大规模的经营。把农民组织到农业生产合作社里面，这不但
是目前增加我国农业产量的主要办法，而且是我国实现社会主义改造
的一个主要方面。只有在农村社会主义化了之后，我们才可以说，社
会主义确实战胜了资本主义。"①

邓小平发言的主题是：我们所要的是工人阶级领导的以建设社会
主义为目的的工农联盟。

他说："农业合作化问题是摆在我们党面前迫切要求解决的一个
重大问题。它不只是牵涉到我国 5 亿多农村人口的大事，还因为党内
在这个问题上存在着分歧的意见，存在着思想的混乱。对合作社问题
抱着右倾观点的同志的重要论据之一是怕破坏工农联盟。究竟农业合
作化是有害于工农联盟，还是有利于工农联盟呢？这是一个很重要的
问题。我们知道，工人阶级领导下的工农联盟的目的在中国革命第一
阶段是为了反帝反封建革命的彻底胜利，在现阶段就是为了建设社会
主义。既然我们所要的是工人阶级领导的以建设社会主义为目的的工
农联盟，那么为了巩固工农联盟，我们的党就应当明确地提出合作化
的道路是农民继续摆脱贫困走向富裕生活的唯一道路，并且用事实来

---

① 《陈云在中共七届六中全会上的发言记录》（1955 年 10 月 7 日），手抄件，中国人
民解放军国防大学党史党建政工教研室资料室存。

向农民证明这条道路的正确性；就应当明确依靠贫农的方针，热情地
支持广大贫农和下中农走社会主义道路的积极性，在合作社中树立贫
农的优势；就应当不断地用说服的方法，并通过事实来克服中农，特
别是富裕中农的动摇性，同时采取各种经济措施（例如实行统购统
销、办供销合作社、办信用合作社等）来割断他们同城乡资本主义
经济的联系，扩大社会主义阵地，缩小资本主义阵地，这样来达到团
结中农一起走到社会主义的目的。毫无疑问，只有这样，我们才能有
真正巩固的工农联盟。反之，如果我们迁就富裕中农，抹杀贫农和下
中农的利益，那就是既损伤了贫农和下中农的积极性，也不能使还在
动摇的中农坚定起来。结果决不会是什么工农联盟的巩固，而只能是
彻头彻尾地破坏了工农联盟。"①

彭真发言的主题是：农业合作化问题上的右倾思想，是农村两条
道路斗争在党内的反映。

他说："在过渡时期的农村，社会主义道路同资本主义道路的斗
争是很尖锐的，阶级关系是紧张的。当前突出表现在工农业关系、粮
食征购、农业合作化等方面。这些紧张情况，本质上都是分散落后的
小农经济的生产方式和资本主义的生产方式同社会主义的大工业和大
农业的生产方式矛盾的反映；是社会主义同资本主义两条道路斗争的
反映。问题的复杂性在于，现在抵抗农业社会主义改造的逆流不但有
广泛的社会基础，而且有在党内的支持者。他们满足于'三十亩地
一头牛，老婆孩子热炕头'的生活，对个人发财很热心，对社会主
义则很冷淡，如有的富裕中农说的那样，'有了剪发头，赶上大犍
牛，社会主义顶个球？'这就在党内形成了一种相当紧张的关系，在
党内发生了两条道路的斗争。在一部分区、乡干部、党员中如此，在
高级干部中也有这种情况，目前在农业合作化问题上的右倾思想，正

---

① 《邓小平在中共七届六中全会上的发言记录》（1955 年 10 月 10 日），手抄件，中
国人民解放军国防大学党史党建政工教研室资料室存。

是农村这种尖锐斗争在党内的反映。"①

以上诸位中央领导人的发言，其共同之点，就是对农民尤其是对富裕农民自发倾向的担忧；把劳动农民的个体经营与资本主义的自发倾向等同起来；把贫富差距的相对扩大与阶级的两极分化等同起来。与之相应的是，关于个体经济的出路，当前得以迅速提高农业生产产量的途径，关于过渡时期的阶级矛盾和阶级斗争，关于新时期工农联盟的基础，社会主义改造是一场革命的群众运动等。集中到一点，就是实现农业合作化，是当前解决一切矛盾的关键。这些中共中央领导人认为，只有实现了农业合作化，才有可能实现我国几千年来的个体小农经济向集体化大农业的过渡，使农民走上社会主义的幸福大道，获得彻底解放；才有可能使工农联盟在新的基础上获得巩固；才有可能迅速提高农产品的产量，并将其纳入国家计划的轨道，使农业的发展适应工业化的需要；才有可能最后消灭农村的富农阶级，孤立并消灭城市资产阶级；才能顺利地实现党在过渡时期的总路线、总任务。由此，把农业合作化是大发展还是小发展，看成走社会主义还是走资本主义两条道路的斗争，也就毫不奇怪了。

陈毅在全会上的发言，后来以《毛泽东同志关于农业合作化问题的报告是理论和实践相结合的典范》为题公开发表。其中说道：

"今年7月31日毛泽东同志在党内发表了关于农业合作化的论文，解决了三年来党内关于农业合作化的争论……毛泽东同志这篇论文，不仅仅对于农业合作化有深刻的指导意义，而且对于我国整个社会主义均有深刻的指导意义。正当着中国6亿人民进行社会主义革命的新时代，他这篇论文，给我们以领导运动的最犀利的精神武器，使我们能明辨是非，摸清方向，有指望、有把握把我国建设成为社会主义社会。

"毛泽东同志这篇论文的意义，我们可以从各种角度去了解，去

---

① 《彭真在中共七届六中全会上的发言记录》（1955年10月10日），手抄件，中国人民解放军国防大学党史党建政工教研室资料室存。

取得教训，帮助我们去做好社会主义建设工作，我认为其中具有特别重大意义的贡献，是理论上的贡献。我认为应该把理论上思想上的贡献放在先头。

"马克思列宁主义的威力，在于掌握历史发展的规律，依靠着千百万群众的革命意志，对实际生活进行科学分析，拿出真凭实据，从说明历史掌握现在到预见将来。不仅看到那在地平线上已经出现的东西，而且只要地平线上略有征候便能看见将要大量出现的东西。便能以自己的思维能力结合群众的积极性与创造性，提供推动和迎接伟大未来的行动计划。这当然是一般爬行思想者所绝不能梦见的事。马克思列宁主义的理论，不仅能预见革命高潮，而且能领导群众预备和推进革命高潮，以至掌握革命高潮，使革命达到圆满的胜利。毛泽东同志在伟大的中国革命中起了各方面的作用，其中最主要的作用是起了伟大的理论家的作用，这是决定革命胜利的杠杆。毛泽东同志的关于农村合作化的论文，是再一次以马列主义理论指导革命实践，又从革命实践丰富马列主义理论的活生生的典范。这就使我国进行社会主义建设在理论上有了思想保证和政治保证。

"为什么我们这次又犯错误呢？……难道毛泽东同志真有千里眼顺风耳吗？我想在于毛泽东同志善于运用马列主义的基本原理来解决中国革命的实际问题。肯用心作群众实际生活的调查研究。善于用直接的方法取得群众运动的情报，也善于运用间接的方法取得群众运动的情报。更善于运用中国革命的历史知识和斗争经验与当前斗争结合。善于以辩证逻辑的方法透过事物的表象去挖掘事物的本质。这就同我们天天与群众见面并不熟悉群众的人们有了下列的基本差别：毛泽东同志他能了解广大群众的脉搏与广大群众共命运同呼吸，而我们常常不关心群众疾苦，常常脱离群众。他能够依靠新的群众运动使马列主义原理推陈出新，而我们只自囿于狭隘经验的小天地上看不见群众运动中的新世界。"①

① 《人民日报》1955年11月13日。

　　刘少奇、周恩来、朱德、陈云、邓小平、彭真等人在中共七届六中全会上的发言，从各个不同侧面对毛泽东的决策作了论证，批评邓子恢和中央农村工作部的"右倾"，说明毛泽东在认识上发生的急速变化，以至把问题提到如此严重的高度，在中共最高领导层之所以被大家接受，除了毛泽东在长期革命斗争中建立的崇高威望外，重要的是中共党内领导层对在中国如何过渡到社会主义，过渡时期的阶级矛盾和阶级斗争的共识。这就是毛泽东的意见何以很快为中央最高决策层和中央全会接受，并在全党迅速展开反"右倾"的最根本原因。

　　可见，陈毅的上面这番话，绝非是他个人对毛泽东的逢迎和恭维，而是很大程度上反映了中共党内一代领导人，在20世纪50年代对马克思主义理论和毛泽东个人的共识。

农业合作化运动的高潮

　　据统计，1955年6～10月，全国就新建合作社64万个，使合作社总数接近130万个，仅4个月就基本实现了"翻一番"。中共七届六中全会以后，农业合作化运动掀起了更大的"风暴"。

　　各省领导人在7月31日听取毛泽东关于农业合作化报告返回以后，普遍将建社计划加码，根据中南、华东、华北、东北各省区计算，大多数已达到50%以上，少数省区也可以于1955年冬到1956年春达到40%以上，因而提出1956年下半年可以基本上完成合作化，即达到75%以上。

　　据此，毛泽东在1955年11月30日代中央起草的一则电报中说：

　　　　看来各省群众的积极性都很高，如果今冬明春全国各省入社农户最少的能达百分之四十以上，则可以肯定一九五六年下半年全国各省（除新疆自治区）均可以基本上完成初级形式的合作化，这对今后的工作极为有利。[①]

　　实际情况再次突破了毛泽东的预见，1955 年底，全国的农业生产合作社由年中的 63.4 万个增加到 190.5 万个，入社农户由年中的 1692 万户增加到 7545 万户，在全国总农户中的比重由年中的 14.2% 增加到 63.3%（其中高级社由年中的 529 个增加到 1.7 万多个，包括的农户由年中的大约 4 万户增加到 475.5 万户，在全国总农户中的比重由年中的 0.033% 上升到 4%）。[②]

　　1955 年夏秋，在大办农业合作社的这股热潮中，广大农民究竟是怎么想的，何以在如此短暂的时间内农民的各个阶层都被席卷进来了呢？这显然是有原因的。中国的贫苦农民，是在中国共产党领导下获得土地的。经过土地改革获得翻身的大多数贫下中农，认为共产党不会糊弄农民，相信共产党、毛主席指的路肯定是向好变，不会往坏变。加上"高级社是天堂，点灯不用油，耕地不用牛，喝牛奶、吃面包、楼上楼下、电灯电话"的宣传；加上传达精神、组织参观、党内动员、骨干带头、分工包干等组织措施，从 1955 年冬季开始，全国农村掀起了合作化运动高潮。《中国农报》刊载的一则报道写道："'我吃毛主席的，穿毛主席的，为什么跟着毛主席走不要我。'山东历城坝子乡贫农尹传庚三次要求入社未获批准，发出了这样的呼声。""吉林省通化县城沟村 68 岁的关德祥（贫农），听了全村合作化规划的宣传以后说：'听毛主席的话，得好好劳动走合作化这条道，我们老俩口子虽然都老了，不能干硬活，可是还能给合作社看门，照料牲口。'"[③] 这代表了绝大多数贫农的心声。中农的心态显然

---

① 《中央答复甘肃省委关于农业合作化问题的两个报告的电报》（1955 年 11 月 30 日），《建国以来毛泽东文稿》第 5 册，第 464 页。
② 杜润生主编《当代中国的农业合作制》（上），第 376 页。
③ 《全国农业合作化新高涨的综合报道》（1955 年 10 月），黄道霞主编《建国以来农业合作化史料汇编》，第 334 页。

不同，他们中的多数遵循了"人随王法草随风"的古训，顺着潮流走；或者鉴于富农已处于"出租土地无人要，想找雇工没人当，投机买卖断门路，放账剥削怕告状"的境地，一部分富裕中农抱着"迟不如早，早不如快，早入早主动"开始跟进；还有的怕重划成分定成富农，只得"被大风刮进去了"。如果说反"右倾"和层层规划摊派数字，造成了一种政治氛围和压力，那么一系列宣传组织工作则造成了一种高潮的态势，而农民中的不同阶层怀着不同动机参加合作社的行动就为已经点燃的火势加薪添柴。20世纪50年代中期中国农村的合作化"高潮"，正是这样一首交响乐曲。这就是农业合作化运动在1955年冬季急速发展，连毛泽东本人也难以跟上的原因。

鉴于这种情况，同年12月21日，毛泽东在为中共中央起草的《征询对农业十七条的意见》中又提出，农业合作化的进度，1956年下半年基本上完成初级形式的建社工作，入社农户达到80%～85%左右；合作化的高级形式，争取在1960年基本完成，或缩短一年，争取于1959年基本完成。1956年1月23日，中共中央政治局通过的《一九五六年到一九六七年全国农业发展纲要》又要求：合作基础较好并且已经办了一批高级社的地区，在1957年基本上完成高级形式的农业合作化；其余地区，在1958年基本上完成高级形式的农业合作化。

于是，紧跟着大办初级社的热潮，又出现了并社、升级的高级化热潮。据1956年5月底统计，全国加入农业合作社的农户，已达11013万多户，占全国农户总数的91.2%，其中加入高级社的7472万多户，占农户总数的61.9%。1956年底，入社农户达11783万户，占农户总数的96.3%，其中参加高级社的农户10742万户，占农户总数的87.8%，[①] 基本上完成了过渡时期总路线规定的对农业社会主义改造的任务。

---

① 杜润生主编《当代中国的农业合作制》（上），第406页。

成功赎买资本主义工商业

社会主义就是消灭私有制。中国经过新民主主义革命，建立起工人阶级领导的以工农联盟为基础的人民民主专政的政权，没收官僚资本建立起社会主义性质的国营经济控制了国民经济的命脉，下一步就有可能无须经过流血完成社会主义革命。这在新中国成立以前，中共中央领导人就已经明确意识到了。

和平赎买政策的确定

早在1948年9月的中共中央政治局会议上，刘少奇在发言中就预言道：在新民主主义经济中，基本矛盾就是资本主义（资本家和富农）与社会主义的矛盾。在反帝反封建的革命胜利以后，这就是新社会的主要矛盾。斗争的方式是经济竞争。这种竞争是贯串在各个方面的，是和平的竞争。这里就有个"谁战胜谁"的问题。我们竞争赢了，革命就可以和平转变。所谓和平转变，是指无须经过政权的推翻而完成一个革命，并不是不要斗争。①

---

① 《刘少奇论新中国经济建设》，第4~5页。

后来，1949年4月在天津邀请工商资本家座谈，回答他们关于中国将来怎样搞社会主义的提问时，刘少奇说：马克思列宁的书上说，搞社会主义，就一定要打倒资产阶级，革资产阶级的命。将来中国搞社会主义，可以不革你们的命，可以经过新民主主义的发展，用和平的办法走到社会主义。

这个设想，经过三年经济恢复，逐步找到了国家对私人资本主义工业企业实行加工订货、统购包销、公私合营等多种国家资本主义形式。1953年6月15日，毛泽东在中共中央政治局会议上正式提出党在过渡时期总路线的时候，经过国家资本主义将私人资本主义工商业改造成为社会主义企业的思路，正式确定了下来。毛泽东在报告中说：

> 我们根据过去四年的经验，资本主义企业中社会主义因素是逐年增长的……两种国家资本主义，都有社会主义因素。高级的是公私合营，是半社会主义性质，或者社会主义因素更多一点。低级的是加工订货，两头和中间都卡住了……不要认为资本主义经济十五年原封不动，社会主义因素在资本主义企业中是逐年增长的。不要总把资本主义经济看成一块铁板，看成是不变化的。

> 几年来经验证明，资产阶级的基本部分，或者说多数，是可以教育的。他们是民主人士，可以教育。荣毅仁说，资本家分三种人，一是自愿进社会主义的，二是被拉进社会主义的，三是被社会主义扫掉的。他希望头两种人多些。

> 我们已经有了半社会主义的公私合营的经验，这给了资本家一个榜样。过去我们是汉文帝的办法，西向让三，南向让再，不得已做了皇帝。今后公私合营每年都要发展。国营企业和公私合营企业在经济上大为优胜，就有可能吸引大批资本家要求合营。现在有了政治条件和经济优势这两条，使得资本家不能不服我

们，不能不接受我们的领导，愿意同我们合作，愿意接受合营。①

但真要资本家能接受改造，并不是一件简单的事。

1953 年 9 月 8～11 日，全国政协召开第一届常委会第四十九次（扩大）会议，周恩来在会上作《过渡时期总路线的报告》，论证了提出总路线的历史必然性。在 11 日的总结报告中，周恩来专就社会主义改造与资本主义问题、资本主义工商业的前途问题和国家建设问题作了阐述，指出："过渡时期的中心内容，就是实行国家工业化和社会主义改造。"在社会主义改造中，我们"要着重提出经济改造"问题。国家面貌的改变要从经济面貌改变做起。"集中地说，我国新民主主义建设时期，就是逐步向社会主义过渡的时期，也就是社会主义经济成分在国民经济比重中逐步增长的时期。""经过国家资本主义来改造私营工商业，4 年来的经验证明是正确的，可行的。"但"个体农业、手工业，是两个大海，要做的工作还很多。因此，需要相当长的时间，才能走完过渡时期"。②

为做好资产阶级代表人物的思想工作，9 月 15 日，毛泽东约盛丕华、荣毅仁、胡厥文、郭棣活、包达三③五人在中南海怀仁堂谈话并共进晚餐。毛泽东开门见山地发问道："这次会上所谈的（指周恩

① 毛泽东：《在中共中央政治局会议上的讲话》（1953 年 6 月 15 日），《党的文献》2003 年第 4 期，第 20～22 页。
② 《周恩来年谱（1949～1976）》上卷，第 324～325 页。
③ 盛丕华，上海市副市长、市政协副主席，民建中央副主任委员兼上海市委主任委员。荣毅仁，上海申新纺织印染公司总管理处总经理、华东行政委员会财政经济委员会委员、中华全国工商业联合会筹备委员会副主任委员、中国民主建国会中央常委。胡厥文，全国政协委员、上海市政协副主席、中华全国工商业联合会筹备委员会委员、中国民主建国会中央副主任委员。郭棣活，全国政协委员、中华全国工商业联合会筹备委员会委员、上海市人民政府委员、上海市侨联主任。包达三，全国政协委员、中华全国工商业联合会筹备委员会委员、浙江省人民政府副主席。

来在政协常委会关于总路线的报告），工商界会不会有什么波动？（五人都说不会有波动）不要以你们的看法代替别人。"接着，毛泽东说：

回去只谈《共同纲领》第三十一条，即在必要和可能的条件下鼓励私人资本向国家资本主义发展，现在只是说，还要做起来看。三五年的时间，看明白了，事实上也做出个样子来了，就好了。先不忙讲社会主义，一看人心归向，不只看工农同意，工商界也要同意，要有百分之九十以上的人赞同；二看工作安排。慢慢讲，讲几个月，讲一年，讲几年。关于大、中、小企业，过去有的同志认为中、小好，不对，企业越大越好，还是大的重要。每个企业要好好经营，搞好劳资关系，发动劳动积极性，搞好劳动纪律，降低成本，提高产量，提高质量，每年扩大设备，这样就有了前途。将来要安排人员，安排就是有饭吃，其次是地位，即选举。明年召开全国人民代表大会，选举代表，每年国家的事向大会报告，这样，国家的各种建设、重工业建设，大家都参加了。政协机构也还存在，这个名字原是蒋介石的，蒋介石不要，我们要。我过去在重庆说过一句话："中国民族资产阶级和无产阶级具有同一命运。"他们均受帝国主义、封建主义的压迫。过去在革命中中立过、参加过，从历史上看，现在从企业情况看，我们没有理由排斥他们。①

由吃"苹果"到吃"葡萄"

1954 年正式启动了将雇用 10 个以上工人的私人资本主义工

---

① 《毛泽东年谱（1949～1976）》第 2 卷，第 166 页。

业，逐步实行公私合营的规划。公私合营一般是从规模较大的企业开始。但是中国民族资本主义工业大企业为数不多，绝大多数是分散落后的中小型企业。稍具规模的企业实行合营后，剩下还有约占私营工业总产值一半的十二万几千户中小企业，由于机器简陋，工序不全，加上原有的经济联系被打乱，在生产上处境更加困难，也纷纷要求公私合营。国家为保证重点建设，不可能分散力量向这么多小企业投入资金和干部。1954 年 12 月至 1955 年 1 月，国务院第八办公室与地方工业部联合召开了扩展公私合营工业计划会议，讨论 1955 年及以后三年的公私合营工业计划。会议开始，各地方代表纷纷提出意见，说中央光吃"苹果"不吃"葡萄"，把一大堆"烂葡萄"甩给地方，又小又烂，怎么办？私营工业不少行业生产困难，这个问题不加以解决，扩展公私合营的计划就难以制定。

周恩来、陈云听取了汇报。周恩来说：资本家的企业在人民民主专政下应该受到照顾。生产的东西也是在国内用嘛。工人阶级只有一个，没有两个。国营企业的工人是工人阶级，资本家工厂的工人也是工人阶级。你只照顾大的公私合营企业，那小企业的工人干什么？他指出：根据党在过渡时期有计划地发展社会主义、半社会主义工业，和利用、限制、改造资本主义工业的总任务，对中央和地方国营、合作社营、公私合营、私营四种工业，应保证在社会主义成分不断稳步增长的条件下，采取统筹兼顾、各得其所的方针，进行合理安排。既要有所不同，又要一视同仁，以反对资本主义无计划的盲目发展和克服资本主义自发势力，并将各种经济逐步地纳入国家计划轨道。陈云更具体地提出了解决工业生产中的公私矛盾、先进与落后的矛盾、地区之间的矛盾的措施。

1955 年元旦，中共中央政治局举行会议对这个问题进行了讨论。刘少奇在会上发言，明确赞同周恩来和陈云的意见。关于私营工业生产的安排，他强调指出："国营一定要管私营，不管私营，社会主义搞不好，甚至搞不了。"①

在对私营商业的改造方面，1953年夏季以后，国营商业首先扩大了工业品的加工、订货和包销的范围。国家对粮棉等农产品及棉纱、棉布等人民生活必需的工业品实行统购统销措施后，经营这些商品批发业务的私营商业就全部由国营商业取代。1954年7月，中共中央根据已有的经验，决定对私营批发商采取"留、转、包"的方针，即分别情况予以保留，在原行业代理国营批发业务；辅导其转业，代理国营商业从事新的批发业务；撤销商号，将私方人员及职工包下来，经过训练，由国营商业录用。明确把代销、经销作为改造私营零售商业的国家资本主义形式。对经营同一商品的私商，从大到小同时安排，改造为国营商店的代销和经销商店。

1954年对私营商业改造的进展，使国家在掌握主要工农业产品货源，许多商品又供不应求的情况下，稳定了市场，基本上满足了人民的需要，特别是保证了城市、工矿区供应和出口的需要，支援了国家的工业化建设，但同时也引起了城乡市场关系的紧张。城市紧张主要表现在公私关系方面，乡村是收购、供应、公私关系和农民同国家的关系都很紧张。其原因之一是国营和合作社的零售商业前进太快。加上干部、群众对"割断城乡资本主义的联系"发生误解，不少地方对非统购的农副产品也禁止私商收购贩运，小商小贩不能下乡，农民搞副业生产或运销自己的产品也被看成"自发势力"。

刘少奇在1954年12月听取中华全国供销合作总社主任程子华汇报时，就指出要正确对待农村小商小贩的问题。他说："农村的小商小贩还是属于劳动人民的范畴。他们是商业劳动者，能够深入到任何偏僻的农村。要为他们提供货源，使他们能够得到一定的利润；要调动他们的积极性，满足人民的需求。农村小商小贩有几百万人，非常分散，无领导，无计划，有着很大的自发性和盲目性，应该团结教育

---

① 刘崇文、陈绍畴主编《刘少奇年谱（1898～1969）》下卷，第330页。

他们，并通过组织起来的形式对他们进行改造。"①

这时，中共中央经过讨论，对私商改造和农村购销工作进一步作了部署。1955 年 4 月 12 日，中共中央下发了《关于进一步加强市场领导、改造私营商业、改进农村购销工作的指示》，对公私商业实行统筹兼顾、统一安排。对城市零售阵地，社会主义商业前进过多的部分，确定作必要的退让，使所有私营零售商能够在可以维持的水平上，继续经营，以维持生活，并使其服务于商品流转，然后在此基础上再进一步逐行逐业安排改造。至于农村的小商贩，他们担负着收购、分配和短距离运输三种重要的社会任务。他们是劳动人民，性质上有别于商业资本家（城市小商小贩也有相似的性质），但是他们分散落后，无领导，无计划，自发性很强，在目前情况下维持也有困难。改造的方针应该是，根据自愿的原则，在供销合作社领导和计划下，通过各种形式加以组织，使之经过互助合作的道路，分担农村商品流转的任务，并逐步过渡为供销合作社商业。

在审阅这个指示草稿时，刘少奇在如何对待农村商贩部分增写道："应该看到工人阶级当了政，对其他社会各阶级的生活出路必须负责适当安排，这是适合国家利益、有利于工人阶级的。"在如何组织农村集镇私商部分增写道："采取以上各种形式组织农村集镇商贩时，同时也必须注意对未组织起来的私营商贩营业额的影响。"② 他加写这些话，为的是更全面体现统筹兼顾的精神。

毛泽东要大家掌握自己的命运

统筹兼顾、统一安排方针的贯彻实行，到 1955 年秋，私营工业实行公私合营的工厂有 1900 多个，它们的产值占 58%；全国 163 户

① 刘崇文、陈绍畴主编《刘少奇年谱（1898~1969）》下卷，第 328~329 页。
② 刘崇文、陈绍畴主编《刘少奇年谱（1898~1969）》下卷，第 339 页。

（1954 年统计）500 人以上的私营工厂，只剩下 30 家没有公私合营了。如果以私营工业和公私合营工业的总产值为 100，此时，私营自产自销部分仅占 9.2，加工订货部分占 41.4，公私合营部分占 49.4。在北京、上海、天津等城市，已有一部分行业实行了全行业公私合营。

随着农业合作化运动高潮的兴起，加快资本主义工商业的改造也提上了日程。中共七届六中全会结束后，毛泽东立即部署加快改造资本主义工商业的工作。10 月 27 日，毛泽东在中南海颐年堂邀请陈叔通、章乃器、荣毅仁、郭棣活、盛丕华、胡厥文、胡子婴、刘靖基、李烛尘、周叔弢、陈经畲、胡子昂、巩天民、乐松生、黄长水、韩望尘等工商界代表座谈，勉励他们要认清社会发展规律，掌握自己的命运，走社会主义的道路。毛泽东说：

> 社会主义改造是三个五年计划基本完成，还有个尾巴要拖到十五年以后，总之是要瓜熟蒂落、水到渠成。现在还是要劝大家走社会主义道路。要有一些人早些下决心拥护共产，因为迟早是要共产的。现在先搞半共产。农民在一九六〇年以前也只搞半社会主义的农业生产合作社。总之是要逐步地做，不使人们感到突然。生产关系、生活方式都要逐步改变，不要突然改变，最后是要改变的，但是要安排好，要使这些人过得去。一个工作岗位，一个政治地位，都要安排好，将来农民的生活要超过现在的富农。资本家如果将来饿肚子，这个制度就不好。如果大家生活不提高，革命就没有必要，因此生活福利都要逐步提高。总之，要逐行逐业安排好。社会主义改造完成了，大家都领薪水，资产阶级不见了，都成了工人阶级，我看这是好事。我总劝人赞成共产，也许一时感觉不好，但将来会说好的。社会主义会有缺点的，将来还要发展到共产主义，共产主义也要分阶段。旧的制度不行了，新的制度就起来代替。生产力总要向前发展，同生产关

系发生矛盾，这就推动着社会不断前进。几千年以后看马克思，
就像现在看孔夫子。

毛泽东最后说："中心的目的是要经过一批先知先觉作思想准
备，要大家掌握自己的命运。"①

10 月 29 日，毛泽东在中南海怀仁堂邀集全国工商联执行委员座
谈私营工商业社会主义改造问题。毛泽东开宗明义提出工商业社会主
义改造，前途如何，或者说趋势如何的问题。毛泽东说：

> 这个问题，在全国广大的人群中都是存在的，因为我们现在
> 是要改变社会制度。现在我国存在两种私有制，一种是个体小生
> 产者的私有制，一种是资本主义的私有制。在改变这两种私有制
> 的过程中，凡是处在这两种私有制地位的人，都发生前途如何或
> 叫趋势如何的问题，都处在一种动荡不安的情况之中，不晓得将
> 来会如何。所以，我想就这个问题贡献一点意见，就是说，自己
> 要掌握自己的命运。我总劝朋友们，大家安下心来，不要十五个
> 吊桶打水，七上八下。我们的目标是要使我国比现在大为发展，
> 大为富，大为强。我们还是个农业国。在农业国的基础上，是谈
> 不上什么强的，也谈不上什么富的。但是，现在我们实行这么一
> 种制度，这么一种计划，是可以一年一年走向更富更强的，一年
> 一年可以看到更富更强些。而这个富，是共同的富，这个强，是
> 共同的强，大家都有份，也包括地主阶级。地主过了几年之后，
> 就有了选举权，他就不叫地主了，叫农民了。资产阶级，总有一
> 天，大约三个五年计划之内，就不叫资产阶级了，他们成为工人
> 了。农民这个阶级还是有的，但他们也变了，不再是个体私有制
> 的农民，而变成合作社集体所有制的农民了。这种共同富裕，是

---

① 《毛泽东年谱（1949～1976）》第 2 卷，第 457～458 页。

有把握的，不是什么今天不晓得明天的事。那种不能掌握自己命运的情况，在几个五年计划之内，应该逐步结束。那时，全国只有工人、农民和知识分子。知识分子是工人、农民的知识分子。我们现在对资本主义工商业的社会主义改造，实际上就是运用从前马克思、恩格斯、列宁提出过的赎买政策。它不是国家用一笔钱或者发行公债来购买资本家的私有财产（不是生活资料，是生产资料，即机器、厂房这些东西），也不是用突然的方法，而是逐步地进行，延长改造的时间，比如讲十五年吧，在这中间由工人替工商业者生产一部分利润。这部分利润，是工人生产的利润中间分给私人的部分，有说一年四五个亿的，有说没有这么多的，大概是一年几个亿吧，十年就是几十个亿。我们实行的就是这么一种政策。全国资本家的固定资产的估价，有这么一笔账：工业方面有二十五亿元，商业方面有八亿元，合计是三十三亿元。我想，如果十五年再加恢复时期三年共十八年，工人阶级替资产阶级生产的利润就会超过这个数字。改变资本主义私有制，要有几年的准备工作。你们回去传达，请注意不要说是要共产了，引起一阵风，好像刮台风一样，那样不好。关于社会主义改造，我们需要有充分的准备，包括思想准备、宣传教育等许多工作在内，要有秩序有步骤地进行，而不是一阵风，以免招致可能的某些损失。我们要力求保障损失越少越好。我们的目标是要赶上美国，并且要超过美国。美国只有一亿多人口，我国有六亿多人口，我们应该赶上美国。哪一天赶上美国，超过美国，我们才吐一口气。现在我们不像样子嘛，要受人欺负。①

毛泽东的这两次讲话，重申了党和国家对接受改造的工商界人士将给予政治上和工作上的安排，继续实行逐步赎买的政策。这在很大

---

① 《毛泽东年谱（1949～1976）》第2卷，第459～460页。

程度上减轻了工商界人士对前途、命运的担忧和疑虑，促使他们对进一步接受改造采取了较积极的态度。李烛尘在座谈会上表示，要积极推动民建会和工商联的会员搞高级形式的公私合营。荣毅仁讲了荣家在旧社会办实业的坎坷经历，认为只有跟着共产党走，才有光明前途。

刘少奇阐述马列主义的基本点

11 月 16~24 日，根据毛泽东的提议，中共中央召开了有各省、市、自治区党委代表参加的关于资本主义工商业社会主义改造问题的工作会议。会议首先听取了陈云作的关于《资本主义工商业改造的新形势和新任务》的报告。

刘少奇在会上作了长篇发言。针对人们对社会主义改造急速发展产生的疑虑，刘少奇首先从马列主义的原理作了解释。他说：

> 要建成社会主义社会，就要改变资本主义所有制和个体所有制，建立全民所有制和集体所有制。只要我们抓紧了这一点，在这一点上不动摇，那末，我们就基本上没有违背马列主义，就不会犯重大错误。至于用什么方法，采取什么形式，用多少时间来改变这两种所有制，特别是废除资本主义所有制，这是可以根据各国的客观条件来决定的。

接着，他就党决定对私人资本主义工商业实行和平改造，采用赎买的办法来废除资本主义所有制的必要性和可能性，通过与苏联和东欧各国不同条件的对比，作了历史的理论的说明。他指出，废除资本主义所有制，大体有这么几种办法：一种是没收的办法，这是苏联采取了的，东欧各国也是采取这个办法；一种是挤垮的办法，就是不给任务，不给原料，不给生意作，把生意统统揽到我们国营商店、国营工厂里面，这在名义上不说是没收，实际上还是死路一条；还有一种是赎买的办法。

刘少奇对之所以不采取前两种办法，而采取后一种办法，作了历史的分析。他向人们追溯说：

> 在一九四九年那个时候，社会主义经济还没有，就一下没收，会搞个稀烂，经济上不利，政治上也不利。资本家跟共产党合作，愿意接受共产党的领导，也愿意开工生产，我们说不要，一定要自己干，要把它没收，理由不那么充足。而且，那个时候农村里面土地改革没有完成，我们党的干部主要集中在农村，派不出更多的干部到城市里面来。一九五〇年的时候，不是有同志主张对资本家要挤一下吗？毛泽东同志说，不要四面出击，农村里面地主还没有打倒，在城市里面就向资本家出击，这是很不利的，这是很危险的。所以，那时来一个调整工商业，退让一下，是完全正确的。

1949 年不采取没收的政策，在政治上、经济上证明是对的。那么，今天是不是可以没收？刘少奇接着说："今天这个理由更不好说。资本家接受了共产党的领导，成立了工商业联合会，参加了政治协商会议，拥护宪法，努力完成加工订货（当然也有一些五毒行为），这时候忽然一下实行没收，那就没有信用了，政治上就很不利，站不住脚。同时，对我们同帝国主义的斗争，对国内的阶级斗争也是很不利的。经济上也不利。挤垮的办法也一样，挤垮，他就要破产，破产就要受损失，破铜烂铁、坛坛罐罐就要打烂一些，破坏一些。毛泽东同志也讲过，把资本家挤垮，把他赶到马路上去要饭，然后还是要救济他，要他劳动改造。不论是对地主也好，对资本家也好，总是要把他们改造过来，变成劳动者。这条路是不可避免的。马克思就讲过，无产阶级不解放全人类自己就不能最后解放。如果共产党也可以讲一点命运的话，无产阶级就是这么一条苦命。总而言之，我们采取没收的办法也好，挤垮的办法也好，赎买的办法也好，最后还是要把资本家收容起来，加以改造，使他们变成劳动者。因此，用赎买的办法，统一战线的办法，是最好的办法。正象马克思对英国工人阶级说的，在适当的情况下面，对资本家实行赎买的办法，这是最有利的。"

随后，刘少奇又进一步分析了中国资本家可能接受和平赎买的条件。他问道：对资本主义工商业实行和平改造有没有可能？并回答说：这决定于条件。"马克思说过，在一定的条件之下，和平改造是可能的。现在我们就是有了这种条件，有了这种充分的条件。国际的条件，一个是苏联的存在，一个是中国的民族资产阶级跟国际资产阶级割断了联系。说它们一点联系也没有，当然也很难讲，但是它们的经济联系和政治联系一般是割断了的。国内的条件，政治上，有无产阶级、共产党的领导，强有力的人民民主专政，巩固的工农联盟，再加上农业和手工业的合作化，这样就完全把民族资产阶级包围起来了，要它走社会主义道路。经济上，现在我们有极大的社会主义经济优势，资本家不接受改造就要垮台，就要破产，接受改造就统一安排，也就有饭吃。所以，从国际条件来看，从国内条件来看，造成了一种形势，逼着资本家非走这条路不可。同时，我们还采取了赎买的政策，给他利润，安排他的工作，政治上给选举权，给地位。在这种形势下面，在这种条件下面，再加上教育，资本家接受社会主义改造是可能的，和平改造是可能的。"

和平改造，不只是改造资本家的企业，还要改造资本家本人。刘少奇又问：要变资本家和资本家代理人为劳动者，为工人，为国家经济机关的工作人员，这是不是可能呢？他解释说："我看这个问题在我们党内有些同志是怀疑的，而且怀疑这是不是违背马列主义。变为劳动者，无非是种地，做工，在国家机关里面办事，在学校里面教书。而很多资本家是管过工厂的，资本家代理人就是管理工厂的人。当然，其中有些人是不大能够做事的，但有些人是很能够做事的，精明干练、懂技术的人不少，他们管理能力甚至超过我们的同志。如果把他说通了，他不用资本主义的办法而用社会主义的办法来管理工厂，能够管得很好，那为什么不可以呢？把资本家改造之后，有的甚至比我们的同志管工厂管得好一些，这种情形是可能的。当然，将来在我们的机关里面，如果有这么一些资产阶级分子，那消灭资本主义残余的斗争就会更复杂一些，时间更长一些。"

刘少奇语重心长地说："使资产阶级分子接受社会主义改造这件事情，是要准备在一个相当长的时间里面来最后完成的。不是一下子没收，也不是一下子挤垮，而是分成多少年，慢慢地逐步地使他们改变习惯，改变生活方式，到最后不给定息他们也可以维持生活了，生活习惯也改变了，没有觉得不方便了，这就是毛泽东同志讲的'水到渠成，瓜熟蒂落'。"

为了把这项工作做好，刘少奇最后强调，"对资本主义工商业的改造，要有一个全面规划，不要一股风，应该很有计划、很有步骤地来进行这个工作，各方面要配合，党委要抓紧领导"。他说："现在是一个紧要的时期，全行业的公私合营是我们同资产阶级决定胜负的斗争。当然，我们以前也跟资产阶级斗争，'三反''五反'运动把它集中地斗了一下，后来又松一点了，以后还有斗争。其中一个决定胜负的斗争，一个起质的变化、起决定性变化的斗争，就是这个公私合营的斗争。这是谁战胜谁的问题。我们跟资产阶级斗争，到底是社会主义胜利，还是资本主义胜利呢？这个谁战胜谁的问题还没有解决。那末在什么问题上解决呢？一个农业合作化，一个手工业合作化，一个资本主义工商业公私合营。资本主义工商业公私合营了，农业合作化了，手工业合作化了，胜负问题也就解决了。"①

刘少奇号召全党的同志们要紧张起来，谨慎小心，要团结一致，

---

① 《关于资本主义工商业的社会主义改造问题》（1955 年 11 月 16 日），《刘少奇选集》下卷，第 176～183 页。

把这个工作做好。

周恩来也在会上发表了讲话，指出社会主义改造是"理有固然，势所必至"，说现在资本家一只脚已经踏入社会主义的门槛，另一只脚不跟进来也不行了。会议由刘少奇主持，讨论通过了由毛泽东主持起草的中共中央《关于资本主义工商业改造问题的决议（草案）》（1956 年 2 月，中共中央政治局对这个决议草案作了个别修改，追认为正式决议）。决议作了具体规划：资本主义工商业按照全行业实行公私合营和小手工业、小商业采取合作化及其他形式的改造，在一五计划期间内，争取达到 90% 左右，并且准备在"二五"计划期间内，争取使公私合营的企业基本上过渡到国有化。

毛泽东在最后一天参加会议并讲话。他说：帝国主义眼前还不敢发动战争，我们要趁着这个机会，加快社会主义改造，加快我国的发展。

工商业者喜迎公私合营

中央关于改造资本主义工商业问题的工作会议和通过的决议精神，各地还未来得及学习讨论和作出规划，在农业合作化群众运动的风暴推动下，各地对资本主义工商业改造的速度也明显加快。到 1955 年 12 月上旬为止，仅据上海、天津、北京、武汉、广州和重庆等城市，以及江苏、浙江、安徽三省的不完全统计，私营工业中有 30 多个行业、2000 多个工厂，私营零售商业中有 10 多个行业、3000 多家商店，经政府批准实行了全行业公私合营。12 月下旬，毛泽东在《中国农村的社会主义高潮》一书的序言中指出：农业合作化的高潮已使中国的情况起了一个根本变化，这就要求"中国的手工业和资本主义工商业的社会主义改造，也应当争取提早一些时候去完成，才能适应农业发展的需要"。

1956 年元旦过后，首都北京首先出现全行业公私合营热潮。1 月 15 日，北京市各界 20 多万人在天安门广场举行庆祝社会主义改造胜利联欢大会。刘少奇和毛泽东、周恩来等党和国家领导人一起出席大会，接受了各行各业热情洋溢的喜报。北京市市长彭真在会上宣布：我们的首都已经进入了社会主义社会。1月21日，上海市举行各界人民庆祝社会主义改造胜利大会，大会宣告："上海已经进入社会主义社会了！"随后，全国各大中城市相继跟进。一时间，中国大地上到处张灯结彩，锣鼓喧天，喜报频传，呈现出一片沸沸扬扬废除私有制的社会景观。原定用三个五年计划时期基本上完成资本主义工商业的社会主义改造规划，结果在1956年就提早实现了。

毛泽东、刘少奇和全国人民一样，为中国如此顺利地进入了社会主义而高兴，同时又为如此匆忙地进入社会主义，一时在生产供销等方面呈现的紊乱而思虑和操心。

新时期的统一战线

新中国成立之初，中共党内一些人对在中央人民政府安排了不少党外民主人士不甚理解，认为天下是共产党打下来的，现在由这些人来当官，心里不服。刘少奇说：统一战线是党的总路线、总方针，必须执行。不执行，胜利就不能巩固。说做统一战线工作是找麻烦，只有一部分真理，没有全部真理。还有一部分真理是省麻烦，省大麻烦。找来的是小麻烦，省去的是大麻烦，这才是全部的真理。

毛泽东论"三大法宝"

早在 1939 年，毛泽东在《〈共产党人〉发刊词》中，对十八年来革命斗争经验有过如下总结。他说："统一战线问题，武装斗争问题，党的建设问题，是我们党在中国革命中的三个基本问题。正确地理解了这三个问题及其相互关系，就等于正确地领导了全部中国革命。而在十八年党的历史中，凭借我们丰富的经验，失败和成功、后退和前进、缩小和发展的深刻的和丰富的经验，我们已经能够对这三个问题做出正确的结论来了。就是说，我们已经能够正确地处理统一战线问题，又正确地处理武装斗争问题，又正确地处理党的建设问题。也就是说，十八年的经验，已使我们懂得：统一战线，武装斗争，党的建设，是中国共产党在中国革命中战胜敌人的三个法宝，三个主要的法宝。这是中国共产党的伟大成绩，也是中国革命的伟大成绩。"①

那么，全国革命胜利了，共产党在全国执政后，统一战线还要不要呢？毛泽东在1948年斩钉截铁地回答说："有人说全国胜利以后怎么办？那时还要不要统一战线？是不是'一朝权在手，便把令来行'，下一个命令不要统一战线了？不是的。那时的问题是巩固胜利，没有全民族绝大多数人口参加的民族统一战线，胜利就不能巩固。"②

到1955年，在迎接社会主义改造高潮的时刻，为了安抚正在被改造的资产阶级分子，毛泽东再次回答说："统一战线到底还要不要？现在经常发生这个问题。这不是一个政党（共产党或者它的中央委员会），一个集团，少数人或者个别的人，说要就要、说不要就不要这么一个问题。这是要看统一战线存在下去有好处还是没有好处，对劳动人民事业，对走社会主义道路，有利益还是没有利益来决定的。刚才陈云副总理说，我们的道路很宽广，将来不怕没有事情做。我们跟国民党那个时候完全不同，我们的事业很宽广，每年都发展，我们不怕人多。我们已经在长期革命中证明，有统一战线比没有要好。"③

不久，毛泽东更是从国家长远发展的角度强调指出："我国人民应该有一个远大的规划，要在几十年内，努力改变我国在经济上和科学文化上的落后状况，迅速达到世界上的先进水平。为了实现这个伟

---

① 《毛泽东选集》第2卷，第605～606页。
② 《在西北野战军前委扩大会议上的讲话》（1948年1月15日），《毛泽东文集》第5卷，第25～26页。
③ 《在资本主义工商业社会主义改造问题座谈会上的讲话》（1955年10月29日），《毛泽东文集》第6卷，第494页。

大的目标，决定一切的是要有干部，要有数量足够的、优秀的科学技术专家；同时，要继续巩固和扩大人民民主统一战线，团结一切可能团结的力量。"①

第一届全国政协的人士安排

新中国成立伊始，统一战线工作首先碰到是对民主人士的安排。

正当战略决战——辽沈、平津、淮海三大战役还在紧张进行之时，大批民主党派的领导人、无党派民主人士，在中共中央的妥善安排下先后云集河北省平山县的西柏坡和黑龙江省的省会城市哈尔滨，与中国共产党一起商讨未来的建国大计。1949 年 6 月举行的新政治协商会议筹备会议第一次全体会议通过的《关于参加新政治协商会议的单位及其代表名额的规定》，其中代表名额的分配，党派代表为142 个，共产党与国民党革命委员会、民主同盟一样，均为 16 个名额。1949 年 9 月举行的中国人民政治协商会议，将正式选举产生新中国的国家领导人和政府各部门负责人。经中共中央与各方面人士协商的结果，除选举毛泽东为中央人民政府主席，6 位副主席中中共党员 3 人：朱德、刘少奇、高岗；非共产党人士 3 人：宋庆龄、李济深、张澜。政务院总理周恩来，4 位副总理中中共党员为董必武、陈云，非共产党人士为郭沫若、黄炎培。政务院从总理到委员、副秘书长的 26 人中，非共产党人士将占 14 人。许多民主党派人士将出任部长或主任，如中国民主建国会的黄炎培，中国国民党革命委员会的朱学范、李德全，中国民主同盟的章伯钧、史良，中国民主促进会的马叙伦，无党派民主人士李书城，起义将领傅作义，作家沈雁冰，教授梁希等。对这种安排，中共党内不少同志不甚理解，认为天下是共产

---

① 《社会主义革命的目的是解放生产力》（1956 年 1 月 25 日），《毛泽东文集》第 7 卷，第 2 页。

党打下来的，现在由这些人来当官，心里不服。

为做好党内的工作，弄清楚党中央这样安排的道理，克服党员中正在滋长的骄傲情绪和以功臣自居的情绪，团结好广大民主党派、无党派民主人士共同担负起建设新中国的重任，刘少奇在多种场合，反复阐明必须坚决贯彻执行党的统一战线方针的必要性和重要性。

1949年9月15日，刘少奇在参加新政协筹备会工作的党员代表大会上就指出："我们快要胜利了。现在，以前不革命、甚至反革命的人都来了，我们不要讨厌他们，要团结他们，用统一战线的形式实现对他们的领导。统一战线是党的总路线、总方针，必须执行。不执行，胜利就不能巩固。这次统战工作，是以我们为主。我们一方面要反对投降主义，同时也要反对'左'倾关门主义，要正确执行无产阶级的马列主义的群众路线。"①

10月7日，刘少奇在政协全国委员会中共党组举行的第二次全体党员大会上，更从第一届政协会议的实践对新中国成立以后必须继续开展统一战线工作的重要意义作了阐述。

全国政协一届一次会议通过了三个重要文献，即《共同纲领》《中国人民政治协商会议组织法》《中华人民共和国中央人民政府组织法》。其之所以重要，在于它们是新中国立国建国的根本依据。《共同纲领》在历史上起了国家根本大法——宪法的作用。

就此，刘少奇说："政协大会胜利地闭幕了，这个会是开得好的。第一，准备工作充分，胜利通过了三个文件。准备工作充分，特别表现在筹备期间我们和各党派人士作了很多接触。党外人士各有各的想法，各有各的看法，若不接触，不进行充分的教育，就不可能取得一致。这不要说对党外人士，就是党内也是如此，思想上无准备，光叫举手，通过了，也只是形式上的一致。先接触，多讨论，组织参观，开座谈会，不断地耐心地进行说服，把他们的思想大大地提高一

---

① 刘崇文、陈绍畴主编《刘少奇年谱（1898~1969）》下卷，第224页。

步。这样才使得他们对三大文献，不是勉强举手通过，而是心悦诚服。这就叫团结。团结是在坚持我们的政治原则的基础上去团结，这样才能把工作做好。这次各方面都说共产党光明正大，大公无私。张难先说这次会开得好，有条有理，融洽愉快，不像辛亥革命搞得乱七八糟。以亲身参加过辛亥革命的老先生说出这样的话，证明我们是真正做了工作，工作做得很好。罗隆基也说'《共同纲领》没有高调'。实际上从《新民主主义论》、《论联合政府》到《共同纲领》，我们并没有降低我们的政治原则。三大文献开始讨论时，还不是有很多意见，这也不好，那也不好。以前说是提得太高了，现在则说没有高调，是他们的观点变了。"

刘少奇认为："这次采用的小组讨论方式很好，也是一条值得注意的经验。三大文献经过讨论、修改，使每个代表都充分发表意见。这样有两个好处，一方面使我们的主张为他们所接受，一方面吸收了他们好的意见和经验，使我们更加聪明起来。他举例说：如国旗的决定，开始提出一个图样，征求意见的结果，将近三分之一的人不赞成。照理是可以通过的，举手表决的话，三分之一不赞成不到半数。但我们觉得这样表决不好。因为反对的人并不是故意捣蛋，也是为了国旗好看。所以后来又才决定采用五星红旗，果然打出一看，是要比原来的图样更好看一些。可见有些地方，党外人士的意见，有时还比我们的意见更接近真理，接近艺术。所以，对党外人士提出的意见，不能采取拒绝的态度。不能以提出意见的这个人好或不好，来决定他们的意见是好或者不好。不管什么人提出的，好的要接受，不好的意见要批驳，不管是党员或非党员提出的。这才是光明磊落的态度。这就是我们的原则性。"

针对有的同志反映的革命胜利了，为什么还要搞统一战线，还要请那么多非共产党的民主人士来做政府委员和有的同志认为的同民主人士合作还可以，对那些原国民党将领则大可不必等模糊认识，刘少奇反问道：革命胜利了，仗很快就要打完了，统一战线是不是可以不要了呢？他耐心地解释说："要不要统一战线，不决定于胜利不胜利，而决定于中国的国情。中国今天无产阶级很少，百分之九十以上是非无产阶级，全国人口四万万五千万，而共产党员只是三百万。工业不发达，生产量不大。这些条件决定了党必须执行统一战线的政策，必须联合农民，联合各民主阶层，联合一切愿意跟我们走的人，其中包括过去跟我们打过仗现在觉悟过来脱离了反革命阵营的分子，如傅作义、程潜等。统一战线的政策，对此是不应该动摇，不应该怀疑的。因为只有这样做，才是对无产阶级有利，对中国人民有利。联合资产阶级这是一个很重要的政策。中国资产阶级，它没有投降日本帝国主义，也没有跟蒋介石走，今天，我们没有理由剥夺他们经济上、政治上的权利。我们比俄国十月革命的条件好，条件之一就是资产阶级不是坚决反对我们。再加上我们的教育工作，就能使广大知识分子真正为新中国建设服务。这比起十月革命来，是一个很好的条件。"

刘少奇最后说："党的统一战线政策是长期的，当然不是遥遥无期，至少十几年之内必须实行这个政策（后来，刘少奇和毛泽东等中共中央领导人，在实践中逐步明确了统一战线政策是长期的，正式提出了'长期共存，互相监督'的方针）。统一战线政策是全国性的，不是中央搞一搞，各地可以不搞了。有些同志觉得会前协商，反复讨论太麻烦。其实，这才是避免麻烦，减少麻烦最好的办法。麻烦是不能完全避免的，我们不应怕，要耐心地进行工作。不能以麻烦为借口拒绝党的统一战线政策的执行。"[①]

第一次全国统战工作会议

显然，在要不要继续坚持党的统一战线政策这个问题上，不是哪

---

① 《刘少奇在一届政协全国委员会中共党组第二次全体党员大会上的讲话》（1949年10月7日），手抄件，中国人民解放军国防大学党史党建政工教研资料室存。

个中央领导人作几次报告、讲话，就能完全解决了的。为更好地统一党内各级领导干部的思想，进一步明确党的统一战线工作的方针和各方面统战工作的基本政策，克服党内严重存在着的"左"的关门主义、宗派主义倾向和少数同志中的敷衍主义、迁就主义的倾向，1950年1月23日，刘少奇签发了中共中央统战部关于准备召集统战工作会议的电报通知，确定3月15日在北京举行党的统一战线工作会议，要求各地党委确定参加会议的人选并准备有关统一战线工作的材料及意见。

第一次全国统战工作会议于3月16日在中南海开幕，会上反映出来的思想认识问题，主要有两个：一是对民族资产阶级的政策，是斗争为主还是团结为主；二是民主党派的性质及存在的必要性。

关于民族资产阶级。有一种意见认为，民族资产阶级今天已成为斗争的主要对象。因此主张，国营经济要"无限制地发展"，国营经济越发展就越要排挤私营经济。例如，火柴工业是有利于国计民生的，既然国营生产很多，对私营的火柴厂就不必扶持，甚至可下令禁止其生产。对资本家提出的"不要与民（指民族资产阶级）争利"的意见，有的主张要反其道而行之，就是"只许州官放火，不准百姓点灯"，"大资本家要停工，就让他停工"，等等。

关于民主党派。一种意见认为，民主党派在历史上只不过是"一根头发的功劳"，不应在政治上去抬高他们，在组织上去扩大他们，给我们找麻烦；有的认为，民主党派是为争取民主而成立的，现在有了民主，其任务已尽；等等。

这些模糊认识表明，中共中央决定召集这次统战工作会议是非常必要和及时的。会上，周恩来作了两次报告，毛泽东也针对暴露出来的问题，有针对性地作了指示。会议开了一个半月，基本圆满结束。

此次会议之后，刘少奇仍不断关注各地在工作中取得的经验，及时加以推广。1951年3月19日，在转发《北京市政府党组与党外人士合作的报告》时，他在为中共中央起草的批语中指出：至今还有许多党员对于和党外人士在一个机关中团结合作共同工作的问题，还没有解决或没有很好地解决，各级党委应加督促，要他们仿照北京市政府党组办法加以检讨，并写一书面报告，以便有所改进。①

过渡时期有两个联盟

1953 年，中国共产党提出了向社会主义过渡的总路线。民族资产阶级事实上已经成为被消灭的革命对象，在这种情况下，统一战线工作是否还有必要，以及如何根据总路线的精神做好统战工作，又提上了日程。

5 月 16 日，中共中央统战部向中央报送了"关于召集统战工作会议的请示"。刘少奇和毛泽东、周恩来、朱德、邓小平等先后批示同意。27 日，中共中央统战部向各中央局、中央分局及省、市、区党委统战部发出"关于 1953 年度全国统战会议议程及其他事项"的通知。通知要求"参加人员于六月二十四日前到京。各统战部须就指定的议程准备意见，交出席同志带来"。

开会之前，刘少奇听取了统战工作会议领导小组对会议准备讨论的几个主要议题的汇报。

在谈到关于资产阶级的问题时，刘少奇说：劳资关系总是很复杂，要和工会的同志好好研究一下，这是有关 380 万工人的动作问题。党要经过工会去进行教育工作。

他指出：实行人民代表大会制以后对民主人士的安排，要使他们感到我们对他们是热诚的。因此，对他们的工作要做得好一点。其实他们的要求并不很高，有些人只是要求有吃有用，有些人还要求榜上有名，有些人则要求与闻政事，也有的人要求有权。对前三条要尽可

---

① 刘崇文、陈绍畴主编《刘少奇年谱（1898～1969）》下卷，第 273～274 页。

能给以满足；要有实权则需要有条件，他要有做好工作的能力，真心同我们合作，按照党的政策办事。因此，对党外人士的安排必须恰当。对几年来有进步需要提升者，应予提升。

刘少奇说：民族问题是照顾少数问题。我们应当照顾少数，否则就是不民主。我们的民主集中制，就包含照顾少数的精神。如只要少数服从多数，那一切民主只能汉人才有，少数民族就没有民主权利了。应当尊重少数的权利，否则也不符合民主的精神。

当谈到统一战线组织是否需要考虑改变中国人民政治协商会议名称时，刘少奇说："改不改名称由他们提为好，我们提要改，他们不同意怎么办？名称改也好，不改也可以，不要在这件事情上弄得他们不愉快，如改而弄得他们不愉快，不如不改。"

刘少奇向到会的同志指出，要把统战工作的必要性讲清楚，要善于向党委负责同志做宣传工作。他说：党内确有些人觉得统战工作可以不要。统战工作到底搞多久，这在党内有些同志中也是一个没有解决的问题。因此，必须在党内讲清统战工作的意义、必要性和长期性。应当明确，我们要把资产阶级、民主党派、民主人士等一直引导到社会主义，统战工作要做到社会主义。做统战工作的干部要立场坚定，作风较好，还要有灵活性。为了解决统战干部问题，可考虑采用开训练班的方法，要好好培养教育一批青年知识分子干部。[①]

6 月 25 日，全国统战工作会议正式举行。中央统战部提交会议讨论的有四个文件：《关于利用、限制和改造资本主义工商业问题的意见（草稿）》、《关于党的民族政策执行情况的初步检查》、《关于人民代表大会制实行后统一战线组织问题的意见》、《关于实行人民代表大会制时安排民主人士的意见》。

中共中央非常重视这次会议的召开，7 月 16 日，中央政治局专

---

① 　中共中央统战部研究室编《历次全国统战工作会议概况和文献》，档案出版社，1988，第 123 ~ 124 页。

门开会讨论了中央统战部提出的四个文件，毛泽东和刘少奇都发表了很多重要意见。18日，刘少奇到会讲话，他根据中央政治局讨论的精神，全面阐述了党的统一战线工作的必要性、长期性和基本方针。

刘少奇开宗明义地指出：

> 我们现在有两个联盟：一个是工农及其他劳动者的联盟，这是我们阵线的基础，是最重要的，是决定我们命运的。革命能不能胜利，政权能不能巩固，国家能不能工业化以及能不能建成社会主义，都决定于这个联盟。另一个是劳动人民和一部分可以联合的剥削者及其代表的联盟，即在工农及其他劳动者联盟的基础上，再和民族资产阶级、上层小资产阶级及其知识分子和政治代表结成联盟，此外，加入这个联盟的还有少数民族的上层分子、宗教界人士等。这就是目前我们说的人民民主统一战线。

刘少奇分析党内的思想状况说："劳动人民内部结成联盟，党内认识是一致的，没有争论的；但和一部分剥削者结成联盟的问题，党内有些同志还有不同的认识，还有分歧。……党内有一些同志认为党的统一战线工作似乎不是那么必要的，而是可有可无、可做可不做的，或者认为从现在起就可以降低统一战线工作的重要性，缩小统一战线工作的范围，甚至可以不要统一战线工作了。"他明确地指出："这些观点是和党中央的观点不一致的，是不正确的。党中央认为统一战线工作是一种必要的工作，过去是必要的，现在是必要的，将来一个相当长的时期内也是必要的，今后还进一步加强这项工作。"对此，他从多方面作了论证：

中国反帝反封建反官僚资本主义的革命虽然胜利了，而且是彻底地胜利了，但帝国主义还存在，还威胁着我们，台湾还没有解放，地主阶级、官僚资产阶级的残余还存在，还想复辟。为了对付他们，就还需要团结一切可能团结的人，需要统一战线。这是一个原因。另一个原因是中国还很落后，工业很少，特别是重工业很少，为了改变这种落后的情况，为了建设我们的国家，为了实现国家工业化和过渡到社会主义，我们也需要团结一切可能团结的人，需要统一战线。

党的总路线、总任务是要在一个相当长的时间内逐步地实现国家的社会主义工业化和社会主义的改造，逐步地过渡到社会主义社会去。为了实现这个总路线、总任务，要做很多工作：要进行大规模的工业建设；要引导个体农民和手工业者走合作化的道路；要发展国营商业和合作社商业；要对资本主义工商业实行利用、限制和改造的方针，经过国家资本主义的方式，逐步地进行社会主义改造。要完成以上各项任务，需要相当长的时间，要做很多的艰苦工作，要做很多的政治工作和经济工作，其中一项需要做的重要工作就是统一战线工作。目前人民民主统一战线工作的主要任务，就是团结、教育和改造民族资产阶级、上层小资产阶级及其知识分子和政治代表，以及加强国内各民族的工作。

要走社会主义的道路，在我国建成社会主义社会，就要消灭一切剥削阶级。消灭剥削阶级可以有两种方法：一种是采取直接剥夺的方法，我们过去消灭地主阶级和官僚资产阶级就是采用这种方法，苏联消灭地主阶级和资产阶级也是采用这种方法，东欧人民民主国家消灭剥削阶级也是采用这种方法。另一种是采取逐步改造的方法，也就是统一战线的方法，即经过教育、说理、批评和自我批评、在政治上工作上生活上进行安排等又团结、又斗争的方法，引导那些能够服从社会主义改造或不坚决反抗社会主义改造的资产阶级分子走上社会主义的道路。

我们要把资产阶级分化成两部分：一部分是能够服从社会主义改造的，使他们跟着我们走到社会主义去；另一部分是坚决反抗社会主义改造的。对待坚决反抗的这一部分，应像消灭地主阶级、官僚资产阶级那样地消灭他们。但是他们中间的另一部分（可能是大部分）由于我们执行正确的统一战线政策而有可能跟着我们走到社会主义，因为这样对于我们和他们都有利，因为我们有政治上的优势和经济上的优势，只要我们的政策是正确的，我们的工作做得好，就会使他们感到跟着我们走对他们也是有利的。因而他们能够服从社会主义改造。

所以，党的统一战线工作是实现党的总路线和总任务的斗争中的一个方面的必不可少的工作，是总斗争中的一个方面的斗争，是在中国条件下，阶级斗争的一种特殊的不可缺少的形式。

我们所以要用而且可以用这种统一战线的方法来改造民族资产阶级的大部分，又是因为殖民地半殖民地的中国民族资产阶级，过去受帝国主义、封建主义、官僚资本主义的压迫和排挤，基本上没有掌握过政权，有软弱性。民族资产阶级过去曾和我们合作，参加了反帝反封建的斗争，解放以后又参加了人民民主政权和国家建设，又肯接受国家资本主义如加工订货、公私合营等，将来也可能大部分表示服从社会主义改造。对于这样的资产阶级分子，毛泽东说过："只要谁肯真正为人民效力，在人民还有困难的时期内确实帮了忙，做了好事，并且是一贯地做下去，并不半途而废，那末，人民和人民的政府是没有理由不要他的，是没有理由不给他以生活的机会和效力的机会的。"他们不造反，并肯跟着我们一道走，我们是没有理由不要他们的。除非他们半途而废，不合作了，造反了，我们才有理由不要他们。

更重要的是，对资产阶级来说，我们已有了极大的政治上的优势，经济上的优势，国际上的优势，各种条件都使资产阶级不能不跟着我们走到社会主义。如果他们不跟着我们走，半途而废，对他们是不利的。

因此，这种统一战线工作对党对人民都是必要的，今后还要进一步加强。有人说，做这种统一战线工作是找麻烦。我们说，是找麻烦，但是又省麻烦。做统一战线工作是麻烦的，但是经过统一战线工作，资产阶级、上层小资产阶级及其知识分子和政治代表的大部分不造社会主义的反，相反的，他们服从社会主义，为社会主义服务，这就省了大麻烦。说做统一战线工作是找麻烦，只有一部分真理，没有全部真理。就是说，这些同志的意见是片面的，不全面的。还有一部分真理是省麻烦，省大麻烦。找来的是小麻烦，省去的是大麻烦，这才是全部的真理。①

　　这次全国统一战线工作会议，明确了党在过渡时期对民族资产阶级和民族工作的方针和统一战线工作的主要任务，统一了党内的思想，对贯彻党在过渡时期总路线，执行党对私人资本主义工商业利用、限制、改造方针，促进社会主义改造的顺利实现，起了重大的推动作用。

---

①　《加强党的统一战线工作》（1953 年 7 月 18 日），《刘少奇选集》下卷，第 117 ~
　　124 页。

第一部宪法和一届人大

全国政协组织法规定中国人民政协全体会议，每三年开会一次，由全国委员会召集之。1952 年，第一届政协即已到期，是继续由人民政协代行人民代表大会的职权，还是通过选举，召开全国人民代表大会，制定宪法也就提上了日程。

毛泽东主持起草宪法

关于制定中华人民共和国宪法问题，刘少奇 1952 年访苏同斯大林会谈期间，斯大林曾主动向中国共产党提起。

经过中共党内酝酿，中共中央决定向全国政协常委会提出召开全国人民代表大会的建议。

1952 年 12 月 24 日，全国政协常委会举行扩大的第四十三次会议，就中共中央提议全国政协向中央人民政府委员会提出定期召开全国人民代表大会的建议交换意见，会上周恩来代表中共中央对建议作了说明。

周恩来说：根据《共同纲领》的规定，我国的政治制度是人民代表大会制度。在建国之初，当时人民解放战争还没有结束，各种基本的政治社会改革工作还没有在全国范围内进行，经济也需要一个恢复时期，人民代表大会还没有立即实行的条件，因此，《共同纲领》又规定在全国人民代表大会召开以前，由中国人民政协的全体会议代行全国人大的职权。现在，这种过渡时期已经过去了，我国即将进入大规模的有计划的经济建设的新时期。为着适应这一新时期的国家任务，就有必要根据《共同纲领》的规定，定期召开全国人民代表大会和地方各级人民代表大会，改变现在由人民政协代行人民代表大会职权的办法，以求进一步地巩固人民民主，以便充分发挥人民群众参加国家建设的积极性。为此，中国共产党提议由全国政协向中央人民政府委员会建议，根据中央人民政府组织法第七条第十款所规定的职权，于1953年召开全国人民代表大会和地方各级人民代表大会，并开始进行起草选举法和宪法草案的准备工作。

会上，李济深代表中国国民党革命委员会、马叙伦代表中国民主同盟和中国民主促进会、许德珩代表九三学社、彭泽民代表中国农工民主党、章乃器代表中国民主建国会、赖若愚代表全国总工会、章蕴代表中华全国民主妇女联合会相继发言，对中国共产党的建议表示赞同。大家认为在三年来取得的伟大胜利的基础上，在开始大规模建设的同时，召开全国人民代表大会和地方各级人民代表大会，是完全正确的、适时的，是符合全国人民要求的。

1953年1月13日，中央人民政府委员会举行第二十次会议，讨论通过了《关于召开全国人民代表大会及地方各级人民代表大会的决议》。决议指出："中央人民政府委员会认为现在召开全国人民代表大会的条件已经具备，根据中华人民共和国中央人民政府组织法七条第十款的规定，决议于一九五三年召开由人民用普选方法产生的乡、县、省（市）各级人民代表大会，并在此基础上接着召开全国人民代表大会。在这次全国人民代表大会上，将制定宪法，批准国家五年建设计划纲要和选举新的中央人民政府。""为了进行起草宪法和选举法的工作，并决议：成立中华人民共和国宪法起草委员会，以

毛泽东为主席，以朱德、宋庆龄、李济深、李维汉、何香凝、沈钧
儒、沈雁冰、周恩来、林伯渠、林枫、胡乔木、高岗、乌兰夫、马寅
初、马叙伦、陈云、陈叔通、陈嘉庚、陈伯达、张澜、郭沫若、习仲
勋、黄炎培、彭德怀、程潜、董必武、刘少奇、邓小平、邓子恢、赛
福鼎、薄一波、饶漱石为委员组成之；成立中华人民共和国选举法起
草委员会，以周恩来为主席，以安子文、李维汉、李烛尘、李章达、
吴玉章、高崇民、陈毅、张治中、张奚若、章伯钧、章乃器、许德
珩、彭真、彭泽民、廖承志、刘格平、刘澜涛、刘宁一、邓小平、蔡
廷锴、蔡畅、谢觉哉、罗瑞卿为委员组成之。以上两个委员会应即制
定自己的工作程序。"①

在中央人民政府委员会决议成立宪法起草委员会以后，中共中央
决定成立宪法起草小组，由毛泽东亲自领导，小组成员有陈伯达、胡
乔木和田家英。另外，以政务院内务部为主，组成宪法起草办公室，
负责收集有关制定宪法的材料。

1953年12月24日晚，毛泽东率宪法起草小组乘坐专列由北京
赴浙江杭州。1954年1月15日，毛泽东致电刘少奇，向党中央报告
了宪法起草小组的工作计划。电报中说：

> 宪法小组的宪法起草工作已于一月九日开始，计划如下：
>
> （一）争取在一月三十一日完成宪法草案初稿，并随将此项
> 初稿送中央各同志阅看。
>
> （二）准备在二月上半月将初稿复议一次，请邓小平、李维
> 汉两同志参加。然后提交政治局（及在京各中央委员）讨论作
> 初步通过。
>
> （三）三月初提交宪法起草委员会讨论，在三月份内讨论完
> 毕并初步通过。

---

① 《人民日报》1953年1月15日。

（四）四月内再由宪法小组审议修正，再提政治局讨论，再交宪法起草委员会通过。

（五）五月一日由宪法起草委员会将宪法草案公布，交全国人民讨论四个月，以便九月间根据人民意见作必要修正后提交全国人民代表大会作最后通过。

为了在二月间政治局便于讨论计，望各政治局委员及在京各中央委员从现在起即抽暇阅看下列各主要参考文件：

（一）一九三六年苏联宪法及斯大林报告（有单行本）；

（二）一九一八年苏俄宪法（见政府办公厅编宪法及选举法资料汇编一）；

（三）罗马尼亚、波兰、德国、捷克等国宪法（见人民出版社人民民主国家宪法汇编，该书所辑各国宪法大同小异，罗、波取其较新，德、捷取其较详并有特异之点，其余有时间亦可多看）；

（四）一九一三年天坛宪法草案，一九二三年曹锟宪法，一九四六年蒋介石宪法（见宪法选举法资料汇编三，可代表内阁制、联省自治制、总统独裁制三型）；

（五）法国一九四六年宪法（见宪法选举法资料汇编四，可代表较进步较完整的资产阶级内阁制宪法）。

有何意见望告。①

1 月 16 日，刘少奇复电毛泽东说："此间同志同意主席所定宪法起草工作及讨论的计划。即将来电印发给在京各中委及候补中委，并要他们阅读所列参考文件。"②

毛泽东领导的宪法起草小组，经过紧张的工作，于 2 月中旬拟出了宪法草案的初稿。2 月 17 日，毛泽东致电刘少奇并书记处各同志：

①《建国以来毛泽东文稿》第 4 册，第 437～438 页。
②《毛泽东年谱（1949～1976）》第 2 卷，第 217 页。

"现将宪法初稿（五份）派人送上，请加印分送政治局及在京中委各同志，于二月二十日以后的一星期内开会讨论几次，将修改意见交小平、维汉二同志带来这里，再行讨论修改（约七天左右即够）。然后，再交中央讨论，作初步决定（仍是初稿），即可提交宪法起草委员会讨论。因此，小平、维汉原定二十日动身来此的计划，可推迟到月底动身。送初稿的人明（十八）日动身，二十日可到北京。"①

24 日、26 日毛泽东又两次致信刘少奇，谈了宪法草案初稿的修改情况。26 日的信中说："为便于中央在这几天讨论宪法草案，这里的小组赶于两天内又作了一次修改，称为三读稿，现送上，请照此印发中央各同志阅看。"②

刘少奇于 2 月 28 日、3 月 1 日主持中共中央政治局扩大会议，讨论并基本通过宪法草案初稿三读稿。会议决定：由董必武、彭真、张际春负责，以董必武为主，根据中央政治局对讨论的意见及宪法起草小组的意见，将三读稿加以研究和修改。3 月 12、13、15 日，刘少奇再次主持中共中央政治局扩大会议，讨论宪法草案初稿四读稿。会议决定：（1）以陈伯达、胡乔木、董必武、彭真、邓小平、李维汉、张际春、田家英等八人组成宪法小组，负责初稿的最后修改；（2）组成宪法起草委员会办公室，以李维汉为秘书长。3 月 23 日，刘少奇出席中华人民共和国宪法起草委员会第一次会议。毛泽东在会上代表中国共产党提出《中华人民共和国宪法草案（初稿）》。会议决定：宪法草案除宪法起草委员会全体会议讨论外，政协全国委员会也进行分组讨论，并分发各大行政区、各省市的领导机关和各民主党派、各人民团体的地方组织进行讨论。③

4 月 15 日，刘少奇主持中央选举委员会第四次会议。邓小平在会上作关于目前全国基层选举工作进展情况的报告。会议就即将召开

---

① 《毛泽东年谱（1949～1976）》第 2 卷，第 221～222 页。
② 《毛泽东年谱（1949～1976）》第 2 卷，第 222 页。
③ 刘崇文、陈绍畴主编《刘少奇年谱（1898～1969）》下卷，第 322 页。

省、市、县人民代表大会的几个有关问题作出了决定。

从 5 月 27 日到 6 月 8 日，刘少奇连续主持宪法起草委员会会议，对宪法草案（初稿）逐章进行讨论。6 月 11 日，宪法起草委员会第七次会议讨论通过宪法草案（修正稿）和关于宪法起草工作经过的报告。14 日，中央人民政府委员会第三十次会议通过《中华人民共和国宪法草案》和《关于公布中华人民共和国宪法草案的决议》，决定将宪法草案交付全国人民讨论。此后近三个月的时间，全国有 1.5 亿人参加了讨论。

在此基础上，9 月 6 日、8 日毛泽东两次在中南海菊香书屋召集刘少奇、周恩来、朱德、陈云、邓小平等开会，讨论宪法草案。9 日，毛泽东在中南海勤政殿主持中央人民政府委员会第三十四次会议，讨论并修正通过《中华人民共和国宪法草案》，决定提交即将召开的第一届全国人民代表大会第一次会议审议。①

在此期间，刘少奇主持起草了准备向第一届全国人民代表大会第一次会议作的《关于中华人民共和国宪法草案的报告》。9 月 12 日，刘少奇主持宪法起草委员会第九次会议，讨论并通过《关于中华人民共和国宪法草案的报告》，会议决定由刘少奇代表宪法起草委员会向第一届全国人民代表大会第一次会议作《关于中华人民共和国宪法草案的报告》。

刘少奇作宪法报告

1954 年 8 月 21 日，刘少奇在北京市人民代表大会第一次会议上，当选为北京市出席第一届全国人民代表大会的代表。

9 月 15 日，第一届全国人民代表大会一次会议在北京隆重开幕。大会的任务是：制定宪法；制定几个重要的法律；通过政府工作报

---

① 刘崇文、陈绍畴主编《刘少奇年谱（1898～1969）》下卷，第 326 页。

告；选举新的国家领导工作人员。毛泽东致开幕词，刘少奇作《关于中华人民共和国宪法草案的报告》，周恩来作《政府工作报告》。

毛泽东在开幕词中说："我们这次会议具有伟大的历史意义。这次会议是标志着我国人民从一九四九年建国以来的新胜利和新发展的里程碑"。他指出："我们的总任务是：团结全国人民，争取一切国际朋友的支援，为了建设一个伟大的社会主义国家而奋斗，为了保卫国际和平和发展人类进步事业而奋斗。"他号召全国人民，应当努力工作，准备在几个五年计划之内，将我们现在这样一个经济上文化上落后的国家，建设成为一个工业化的具有高度文化程度的伟大的国家。他满怀信心地宣告："我们的事业是正义的。正义的事业是任何敌人也攻不破的。领导我们事业的核心力量是中国共产党。指导我们思想的理论基础是马克思列宁主义。我们有充分的信心，克服一切艰难困苦，将我国建设成为一个伟大的社会主义共和国。我们正在前进。……我们的目的一定要达到。我们的目的一定能够达到。"①

刘少奇在《关于中华人民共和国宪法草案的报告》中，首先回顾了中国人民一百年来的奋斗历史。他指出：《中华人民共和国宪法》，是中国人民一百多年以来为新中国诞生而英勇斗争的历史性成果。他向人们追溯说：1840 年中国抵抗英国侵略的鸦片战争失败以后，许多先进的中国人，为了改变自己国家的命运，努力学习西方资产阶级国家的政治和文化，企图按照西方资产阶级国家的模式来改变中国的国家制度和社会制度。最早的代表是以康有为为首的资产阶级改良派，在 1898 年发动的变法维新运动，企图在不根本改变封建制度的前提下，立一个可以发展资本主义的宪法。这次变法运动，在当时受到许多人的赞成和拥护，是有进步意义的。但被以慈禧太后为首的反动派镇压去了。1911 年以孙中山为代表的资产阶级革命派发动的辛亥革命，推翻了清朝的统治，建立了中华民国，组成了以孙中

---

① 《毛泽东年谱（1949～1976）》第 2 卷，第 283～284 页。

山为首的南京临时政府，并产生了一个具有资产阶级共和国宪法性质的临时约法。但是不久，袁世凯篡夺了国家的权力，临时约法被撕毁。中国所有的反动统治阶级是不要宪法的。但在他们的末日即将来临的时候，却总要用一个所谓宪法来挽救他们的统治。清王朝在垮台前夕，于1908年公布了一个"宪法大纲"；北洋军阀中最后一个所谓大总统曹锟，在垮台的前一年（1923年）也公布了一个骗人的"宪法"；1946年，蒋介石的国民党政府搞过一套假民主的闹剧，公布了一个"宪法"。所有这些，都理所当然地遭到人民的反对。历史证明，只是在中国共产党的领导下，彻底推翻了压在中国人民头上的帝国主义、封建主义、官僚资本主义三座大山，确立了人民自己的统治，才有可能制定一部真正代表中国人民利益的宪法。所以说，现在提出的宪法草案乃是对于一百多年以来中国人民革命斗争的历史经验的总结，也是对于中国近代关于宪法问题的历史经验的总结。当然，又是中华人民共和国成立以来新的历史经验的总结。1949年，中国人民政治协商会议通过的《共同纲领》，就起了临时宪法的作用。

接着，刘少奇说："从中华人民共和国成立以后，我国已经走上了社会主义的道路。宪法草案序言中说：'从中华人民共和国成立到社会主义建成，这是一个过渡时期。国家在过渡时期的总任务是逐步实现国家的社会主义工业化，逐步完成对农业、手工业和资本主义工商业的社会主义改造。'从一九五三年起，我国已经按照社会主义的目标进入有计划的经济建设时期，因此，我们有完全的必要在共同纲领的基础上前进一步，制定一个象现在向各位代表提出的这样的宪法，用法律的形式把我国过渡时期的总任务肯定下来"。

然后，刘少奇对中华人民共和国国家的性质、关于过渡到社会主义的步骤、关于我国人民民主的政治制度及人民的权利和义务、关于民族区域自治等宪法草案的基本内容作了详尽的说明。

最后，刘少奇指出：宪法草案经过全国人民代表大会通过以后，将成为我国的国家根本法，它将在我国的国家生活中起巨大的积极的作用。宪法是全体人民和一切国家机关都必须遵守的。全国人民代表大会和地方各级人民代表大会的代表以及一切国家机关的工作人员，都是人民的勤务员，一切国家机关都是为人民服务的机关，因此，他们在遵守宪法和保证宪法的实施方面，就负有特别的责任。他强调中国共产党是国家的领导核心。党的这种地位，决不应当使党员在国家生活中享有任何特殊的权利，只是使他们必须担负更大的责任，必须在遵守宪法和一切其他法律中起模范作用。他号召一切共产党员都要密切联系群众，同各民主党派、同党外的广大群众团结在一起，为宪法的实施而积极努力。

刘少奇满怀信心地说："当我们庆祝宪法的制定和公布的时候，我们全国各族人民必须按照宪法所规定的道路，在中国共产党的领导下，加强团结，继续努力，谦虚谨慎，戒骄戒躁，为保证宪法的完全实施而奋斗，为把我国建设成为一个伟大的社会主义国家而奋斗。"①

"叫同志多顺口呀！"

出席第一届全国人大一次会议的代表，经过热烈而充分的讨论，通过了《中华人民共和国宪法》《中华人民共和国全国人民代表大会组织法》《中华人民共和国国务院组织法》，以及中华人民共和国人民法院、人民检察院、地方各级人民代表大会和地方各级人民委员会组织法。

大会依据宪法和有关组织法选举和决定了国家领导工作人员。根据宪法设立国家主席的规定，毛泽东被选为中华人民共和国主席，朱德为副主席。刘少奇被选为全国人民代表大会常务委员会委员长，宋庆龄、林伯渠、李济深、张澜、罗荣桓、沈钧儒、郭沫若、黄炎培、彭真、李维汉、陈叔通、达赖喇嘛·丹增嘉措、赛福鼎·艾则孜等13

---

① 《刘少奇选集》下卷，第132～170页。

人为副委员长。选举董必武为最高人民法院院长，张鼎丞为最高人民检察院检察长。根据中华人民共和国主席毛泽东的提名，大会通过决定以周恩来为国务院总理。根据周恩来的提名，会议决定任命陈云、林彪、彭德怀、邓小平、邓子恢、贺龙、陈毅、乌兰夫、李富春、李先念等 10 人为国务院副总理。宪法规定，中华人民共和国主席同时担任国防委员会主席。根据毛泽东主席的提名，决定任命朱德、彭德怀、林彪、刘伯承、贺龙、陈毅、邓小平、罗荣桓、徐向前、聂荣臻、叶剑英、程潜、张治中、傅作义、龙云等 15 人为国防委员会副主席。

至此，一届人大圆满完成了它所担负的各项重大历史任务，于 9 月 28 日胜利闭幕。这次大会的整个进程，显示了中国政治的民主性质和全国人民在民主基础上的团结一致，标志着中国人民民主制度进入一个新的发展阶段。

根据中华人民共和国宪法规定，全国人民代表大会是最高国家权力机关，是行使国家立法权的唯一机关。它的常务委员会则担负着主持全国人大代表的选举，召集全国人大会议，解释法律，制定法令，监督政府、司法和检察机关的工作，决定政府机关工作人员、驻外使节的任免等繁重工作，并同国家主席共同行使国家元首的职权。这个新的领导职务，对长期分管党中央工作的刘少奇来说，显然又是一项分量很重的经常性工作。

刘少奇虽一直是党和国家的主要领导人，但身边的工作人员总是习惯地称他为"少奇同志"。这次经全国人大选他为委员长后，是否应称呼他的"官衔"，使身边的工作人员感到为难。一次，秘书杨俊到刘少奇办公室向他报告工作，进门就叫了一声"委员长"，刘少奇似乎没有听见，仍在埋头工作。于是，杨俊又叫了一声"委员长"，刘少奇还是没有抬头。当杨俊第三次叫"委员长"时，刘少奇抬起头，不高兴地问杨俊："你怎么突然叫我委员长，不感到别扭吗?"当时，杨俊感到很窘，一时不知怎样回答才好。幸亏王光美在一旁插话说："在家里不要叫委员长嘛，还是叫少奇同志好。"这时，刘少奇也说："以后不要这样称呼，我们党内的同志，不论职务高低，都是同一个志嘛，叫同志多顺口呀。"后来，刘少奇郑重地对身边的工作人员说："在我们党内，只有三个人：一个是毛主席，一个是周总理，一个是朱总司令，大家称他们主席、总理、总司令，都习惯了，不必改，其他人，应该一律互相称同志。"①

据刘少奇身边的工作人员回忆，刘少奇担任委员长以后，群众来信日益增多。他对群众来信都是自己批复，从不要秘书代笔。一次，秘书看到来信实在太多，加上要批文件、电报，还要参加众多的会议和接待外宾等活动，未及时送交刘少奇过目，他发现后，以略带责备的口吻向秘书说，人民信任你，你就决不能辜负人民的信任。

---

① 吕星斗主编《刘少奇和他的事业》，中共党史出版社，1991，第535页。

起步探索中国自己的路

中共八大的指导思想由反对右倾保守，转到调动国内外一切积极因素建设社会主义，经历了一个过程。刘少奇找中央各部作调查研究，是促成这个转变的重要缘由，苏共二十大揭开斯大林的盖子则为这种转变提供了契机。历史地看，从毛泽东《论十大关系》到刘少奇在八大的政治报告，可以称是中国共产党在当时的历史条件下，探索中国自己建设社会主义道路的良好开端。

召开八大最初的指导思想

1955年夏季，毛泽东为农业合作化的发展速度与邓子恢的争论，在毛泽东看来，问题不是100万个还是130万个合作社，而在于通过农业合作化把资产阶级孤立起来，迫使资产阶级就范，迅速完成对生产资料私有制的社会主义改造。他认为，生产资料私有制为公有制所取代以后，将会极大地推动社会生产力的发展，有利于加快社会主义工业化的实现，一个强盛的社会主义中国即将站立在世界面前。因此，就在中共七届六中全会期间，10月28日，毛泽东指示邓小平、彭真，召集在京中委座谈资本主义工商业的社会主义改造问题。他在给邓、彭的信中说："明日下午四时勤政殿的会议，在京各中共中央委员及各副秘书长，似宜邀集到会，陈伯达亦宜通知到会。座位挤一点，能有三百人左右为宜。是否可以，请酌定。我觉得此次座谈有重要意义，时机是好的。"①

七届六中全会闭幕不久，毛泽东就去了杭州，与陈伯达、柯庆施一起，着手为中央起草关于对资本主义工商业改造的决议。11月17日，毛泽东写信给刘少奇、邓小平，其中说道：

> 送上《关于资本主义工商业改造问题的决议》草案十三份，请予审阅处理。这个文件是陈伯达、柯庆施和我三人讨论、由陈伯达执笔写成的，因为时间匆促，来不及过细修改。陈伯达可于十八日或十九日飞回，可以帮助你们再加斟酌。这个问题，因为各省市委缺乏思想准备，似以作为草案于这次会后先行发出，待明春开中央全会时再行通过，较为适宜。因为是一个大问题，故以全会决议的形式为好。这些，统请政治局加以酌定。我准备日内回京参加这次会议的末尾一、二天。
>
> 农业合作化的情况，根本好转，估计明年一年，即可达到全国基本上初级合作化，即达到百分之八十到九十的农户入社，大大有利于农业生产。为了商量这个问题，附带也谈一下工商业改造的问题，我召集了九个省的书记在这里开会一二天，情况容面报。②

11月24日，毛泽东在李维汉送来的工商管理局制作的"全国500人以上私营工厂合营情况统计表"周围，写了一些批语。他认为，统计表明，全国已有82%的大型企业实现了公私合营，全行业

---

① 《毛泽东年谱（1949～1976）》第2卷，第458页。
② 《建国以来毛泽东文稿》第5册，第437页。

公私合营的条件已经基本具备，看来是思想落后于实际了。在中共中央当天下午召开的关于资本主义工商业改造问题的会议上，毛泽东讲话说：

> 在我们党内，特别是领导机关，总是思想落后于实际情况。这种落后的情况是相当严重的。当然，我们一提出问题，很快就可以解决。比如，农业问题，上半年是一种空气，下半年是另一种空气。资本主义工商业问题，几个星期以前很悲观，以为资本家是不能改造的，是不好惹的，但是经过这几天，以在座的同志而论，似乎资本家又变了一点。知识分子问题，昨天的知识分子，跟今天周恩来同志作知识分子问题讲话以后，或许也要不同了。农民还是那个农民，资本家还是那个资本家，知识分子还是那个知识分子，为什么前后就有那么大的不同呢？就是我们原来的看法右了。右，是我们很突出的一个东西。反右，我想中央各部门、地方各级党委都是值得注意的。从这许多事情看来，我们可以得出一个结论，我们的思想落后于实际情况。[①]

在此前后，毛泽东先在杭州，后在天津，分两批召集华东、中南、东北地区 15 个省、市、自治区党委书记开会，商讨农业合作化和农业生产的发展规划，制定了一个农业发展的 17 条意见，规划了 1967 年粮食产量达到 1 万亿斤的发展目标，并以此为推动一切部门高速发展的战略设想。

11 月 30 日、12 月 1 日，毛泽东主持中共中央政治局扩大会议，讨论关于加速各方面建设，提前完成社会主义建设任务的问题。他提出党的八大的准备工作，应以这个内容为中心。毛泽东还告诫工业战线的领导者说：不要骄傲，要加油，否则就有出现两翼走在前面而主

---

① 《毛泽东年谱（1949～1976）》第 2 卷，第 470～471 页。

体跟不上的可能。

毛泽东在 12 月 27 日写的《中国农村的社会主义高潮》序言中，更具体地对这个中心思想作了阐述，他说：

> 这件事（指正在兴起的农业合作化高潮——引者注）告诉我们，中国的工业化的规模和速度，科学、文化、教育、卫生等项事业的发展的规模和速度，已经不能完全按照原来所想的那个样子去做了，这些都应当适当地扩大和加快。
>
> 现在提到全党和全国人民面前的问题，已经不是批判在农业的社会主义改造速度方面的右倾保守思想的问题，这个问题已经解决了。也不是在资本主义工商业按行业实行全面公私合营的速度方面的问题，这个问题也已经解决了。手工业的社会主义改造的速度问题，在一九五六年上半年应当谈一谈，这个问题也会容易解决的。现在的问题，不是在这些方面，而是在其他方面。这里有农业的生产，工业（包括国营、公私合营和合作社营）和手工业的生产，工业和交通运输的基本建设的规模和速度，商业同其他经济部门的配合，科学、文化、教育、卫生等项工作同各种经济事业的配合等等方面。在这些方面，都是存在着对于情况估计不足的缺点的，都应当加以批判和克服，使之适应整个情况的发展。人们的思想必须适应已经变化了的情况。当然，任何人不可以无根据地胡思乱想，不可以超越客观情况所许可的条件去计划自己的行动，不要勉强地去做那些实在做不到的事情。但是现在的问题，还是右倾保守思想在许多方面作怪，使许多方面的工作不能适应客观情况的发展。现在的问题是经过努力本来可以做到的事情，却有很多人认为做不到。因此，不断地批判那些确实存在的右倾保守思想，就有完全的必要了。①

---

① 《建国以来毛泽东文稿》第 5 册，第 484~487 页。

在此期间，毛泽东还强调，凡是办得到的，能够办的都要争取办，并要争取多，争取快，争取好。提出了社会主义建设要多一点、快一点、好一点的号召。

1955 年 3 月，毛泽东在中国共产党全国代表会议上宣布，中央决定 1956 年下半年召开党的第八次全国代表大会。同年 10 月，中共七届六中全会通过了《关于召开党的第八次全国代表大会的决议》。因此，如何开好距第七次全国代表大会已 11 年之久的第八次全国代表大会，就得开始具体准备了。

对毛泽东确定的中共八大的中心是反右的指导思想，刘少奇、周恩来、陈云等中央领导人开始也是同意的。

根据毛泽东的意见，中共中央政治局于 12 月 5 日召集有各省、市、自治区负责人参加的座谈会。到会的有在京的中共中央委员、中央党政军各部门负责人、各省市自治区负责人 100 多人。刘少奇主持会议，传达毛泽东关于准备召开党的第八次代表大会的意见，即八大的中心思想是要反对右倾思想，反对保守主义，提早完成社会主义工业化和社会主义改造，要保证 15 年同时争取 15 年以前超额完成。刘少奇提出要全党准备八大，迎接八大，使八大开好，使八大的准备工作和各地方各部门的工作结合起来。① 薄一波对少奇的传达有如下回忆：

> 毛主席说："我们要利用目前国际休战时间，利用这个国际和平时期，再加上我们的努力，加快我们的发展，提早完成社会主义工业化和社会主义改造"。关于八大的准备工作，毛主席提出"中心思想是要讲反对右倾思想，反对保守主义"。可以设想，如果不加快建设，农业和私营工商业未改造，工业未发展，将来一旦打起来，我们的困难就会更大。因此，一切工作都要反

---

① 刘崇文、陈绍畴主编《刘少奇年谱（1898～1969）》下卷，第 347 页。

对保守主义。毛主席说："我们可以有几条路前进，几条路比较一下，要选一条比较合理、正确的路线。"按常规走路，时间拉得长，成绩不大，这是保守路线。现在各方面的工作都落后于形势的发展，我们有不少同志正在走着这条保守的路线。工业部门不要骄傲，要加油，否则，就有出现两翼走在前面而主体跟不上的现象。客观事物的发展是不平衡的，平衡不断被冲破是好事。不要按平衡办事，按平衡办事的单位就有问题。①

周恩来在 1956 年 1 月举行的知识分子问题会议上，也传达了这个精神。他说：党中央决定，把反对右倾保守思想作为党的第八次全国代表大会的中心问题，要求全党在一切工作部门中展开这个斗争。②

刘少奇找中央各部作调查

关于中共八大的准备工作，中央明确分工：刘少奇负责准备中央委员会向代表大会的政治报告；周恩来负责准备关于第二个五年计划的报告；邓小平负责准备党的章程的修改报告。

把反对右倾保守作为八大的中心思想，如前所述，刘少奇是同意的。但在具体工作上，并不是盲目行事。在 12 月 5 日中共中央政治局召集的座谈会结束前，他向到会者宣布：为起草中共中央向八大的报告，准备找各部门的同志谈话，请各部同志预作准备。因此，就在毛泽东继续忙于农业发展规划，并正式形成《一九五六年到一九六七年全国农业发展纲要（草案）》时，刘少奇则开始了对中央各部的调查研究。

据资料记载：从 1955 年 12 月 7 日到 1956 年 5 月 28 日，刘少奇

① 薄一波：《若干重大决策与事件的回顾》，第 521～522 页。
② 《关于知识分子问题的报告》（1956 年 1 月 14 日），《周恩来选集》下卷，第 159 页。

先后约请中共中央、国务院 37 个部委局的 80 多位负责人到他住处的会议室，请他们汇报本系统的基本情况和存在的问题，特别是事关全局的问题。汇报座谈，经常是从白天一直到第二天凌晨，他亲自记笔记，不时地提问、插话，同部长们讨论，一起研究解决问题的办法。

在这长时间的调查研究过程中，也发生了一些有趣的插曲。据当时刚到刘少奇身边担任秘书职务的刘振德回忆：

> 有一天，他要召开一个小范围的会议，把我叫去，将要开什么会，开会的时间、地点、内容和参加会议的人等都一一告诉了我。别的我都听清楚了，就是提到出席会议的人名时，因为当时有点紧张，同时对他的口音还不完全熟悉，所以没有听清楚。这时他马上把眼前的笔和纸递给我，说："请你把我刚才说的话写在纸上，让我看看。"我立即写了出来，他看后把"陈毅同志"改成了"陈云同志"（因为是讨论经济问题的会议），笑了笑说："错的不多，只错了一个字，不过这一个字很重要，一个字就换了一个人。"听完他的话，我的紧张感立刻消失了。从此，我就在他办公桌右上角的文件夹上放了几张纸和铅笔，他交办什么事时，我尽量做记录，让他过目，漏了的补上，错了纠正，既锻炼了辨别湖南口音的听力，提高了自己的笔记速度，也避免了出差错。
>
> 少奇同志就是这样耐心细致地纠正工作人员的差错。有时，他看到工作人员有些局促紧张，还微笑着说几句幽默风趣的俏皮话，使你的心情马上轻松许多，气氛也马上活跃起来了。
>
> 一次，中南海电话局总机的一位话务员，在电话中对我说：军事科学院有位首长找刘委员长。当把电话接过来后，我一听是位操湖北或湖南口音的老同志，他问我："刘委员长不是要我们去汇报吗？请你定个时间。"因为总机事先告诉说是找刘委员长的，我也听的是那么个音，所以以为是少奇同志约好他们来汇报工作的，只是还没有定下时间。

放下电话，我就匆匆忙忙去向少奇同志报告说："军事科学院的同志不是要向你汇报工作吗，请你定个具体时间。"

少奇同志听后愣住了。过了一会儿，他反问我："军事科学院什么人要向我汇报工作？"我顿时紧张起来了，后悔接电话时连名字也没有问清楚。我如实说："没有问名字，以为你知道这事。"他回答："我没有约军事科学院的人汇报工作。"然后扬手说："你再去问问看。"

我赶快叫总机那位话务员查一查刚才那个电话是军事科学院什么人打来的。她查后才搞清楚，话务员不无歉意地说"是军科的一位首长找刘伯承院长的，对不起我把'刘院长'听成'刘委员长'了。"

我马上去向少奇同志道歉。少奇同志看我很紧张，就轻轻一笑说："音差不多嘛，以后要搞清楚。"

这次错传电话给我的教训很深刻。后来不管什么人打电话，我都要问个清楚才向少奇同志报告。①

在这次调查研究中，刘少奇对中国的社会主义建设，提出了不少新的思想观点和政策主张，主要有以下诸点。

第一，好的传统技术不能丢。

针对资本主义工商业、手工业的社会主义改造发展速度过快，各方面工作一时现得紊乱而缺少章法的情况，刘少奇在听取地方工业部副部长张劲夫，纺织工业部副部长钱之光、张琴秋，轻工业部部长贾拓夫，手工业管理局局长白如冰、副局长邓洁等汇报时指出：

改造小业主是个大麻烦，我们要不怕麻烦。他们当中有一些人是很有技术的，要注意发挥这些人的作用。一切好的人才，我们都要保留下来，一部分当职员，一部分当工人，凡是能进厂者尽量进厂当工

---

① 刘振德：《我为少奇当秘书》，中央文献出版社，1994，第17～19页。

人，合营厂放不下，就到国营厂去，这就把资产阶级分散了。

轻工业与手工业有密切的关系。中国有不少手工业的技术很好，应该把轻工业的制造技术与手工业结合起来，不要抛弃本国的传统基础，什么都学外国。

私营企业和手工业中专有一些人研究消费者的需要，想出许多新产品新花样，有些做西服的裁缝，将全世界的西装样本收集来，你要做什么式样，他就替你做什么式样。苏联派人来中国，专学人造花朵、象牙雕刻，而我们一搞社会主义，反而什么都没有了。我们除了学外国的东西外，还应该自己创造新产品。

中国设计新产品的人，往往是些不著名的人物，他们不是知识分子，但确有本事。应该设立一个机构，把这些人养起来，让他们专门想新产品新花样，还给奖金。这样，这些人的积极性就会提高。如果我们不注意培植，那么，资本主义消灭，这些人也跟着消灭了。

不要因为搞机器工业而把手工业打倒，要接受手工业的优良技术和传统，如果结合起来，在中国手工业基础上发展、提高，有很多产品是可以超过世界各国的。

手工业者组织起来以后，是集中生产还是分散生产，应该很好地研究。集中生产要根据具体情况来定，不在于是高级社还是低级社。

修修补补的、磨剪刀的、修农具的，这些分散的、流动的个体劳动者无论如何不能减少，而且要加多。分散流动，生产上门是手工业的一个好特点，要维持，要保持。

技术要提高，太落后的应加以淘汰，不很落后的要注意保存，并加以提高发展。

小商贩可以组织起来，但不要完全并掉，留下 10% 也不要紧。不要改变他们的经营方法。

在对资本主义工商业的社会主义改造中，对外要保留几块外贸信用好的招牌，以利对外活动。

第二，刺激消费促进生产。

刘少奇强调生产要注意产品质量，要重视新产品的设计，通过增加花色品种刺激消费来促进生产。他说：

纺织品和针织品的品种花色要增加。不断增加品种花色，用刺激人民更高的消费欲望来促进生产是进步的，这和腐化不同，腐化是妨碍生产，破坏生产的，而刺激生产则是进步的。

花色品种要注意。要专门搞个机构，把技术高的手工业者养起来，他们有新创造就马上奖励。妇女穿什么衣服好，鞋、帽、桌子等等如何改变样式，他们会设计。搞社会主义，不能把这些东西都搞掉。

新产品要有专门的部门来管理。比如说皮鞋，捷克斯洛伐克有几百种样子，我们就统统买来看看，全世界的鞋子也买来看看，然后再来设计，搞出各种式样的产品来。为了研究新产品，要把资本家中会搞设计的人养起来。服装设计也要搞，想花样很重要，不要以为搞时装就是资本主义。

第三，建设的投资重点。

关于今后建设的投资重点，刘少奇对财政部部长李先念、副部长金明说：今后投资的重点有两个，一个是重点建设，一个是利润大、生效快的事业。

刘少奇指示钱之光、张琴秋：沿海不进行基本建设，但也不要限死；投资少、回收快、发挥潜力大的，还是可以搞一些。

第四，要照顾农民的利益。

在听取粮食部副部长陈国栋、陈希云、喻杰等的汇报时，刘少奇就国家对农民的政策向他们提出：

农业合作化以后，粮食征购制度如何改变值得慎重研究，我国和苏联情况不一样，不要单纯学苏联的经验。我们的公粮制度好，群众习惯，国家不出钱，群众无意见，如果和征购合并成一个制度，征购粮就必须降价，农民就会有意见。

定产、定购还是肯定三年不变，销量如果要增加，可根据统购后市场收购的情况来定。城镇定量供应的制度今后不公开取消，情况好就松点，情况不好就紧点。

储备粮计划打多大？国家和农民储备多少？粮食部应研究。粮食的季节差价过去取消，主要是为了打击富农，现在农村购销差价一年到头都是8%，国家既赔钱，农民又有意见，需要研究。

第五，要学会做生意。

刘少奇认为，商业要很好地为发展生产和改善城乡人民的生活服务，可以把有经营经验的资本家请来当顾问，要把资本家做生意那套长处学过来。他在听取商业部副部长姚依林、王磊，全国供销合作总社副主任张启龙、邓辰西、邓飞，农产品采购部部长杨一辰等汇报时指出：

社会主义商业现在存在着不灵活性，愚蠢性，不能适应地方情况的变化。兰州通了火车，你们不紧跟着去降低物价，那里的布价还是那样贵。这一点，你们不如资本家，他们灵活得很。解放以前没有全国市场，仗打完后有了全国市场，地区差价也大了，私商赚了很多钱。做生意的人要很灵活，很敏感。

把全国商人中最有经验的人组织成为总公司或地方商业厅的顾问或聘为参事之类，可以起两个作用，一是统一战线的作用，一是向他们学习，他们是我们的先生、前辈。我们要把资产阶级的长处吸收过来。

工业部门要根据人民的需要进行生产，商业部门要根据人民的需要进行分配。商品积压的原因，在于不适应人民的需要，必须力求改进。这是客观规律，不能违背。

必须责成国营商业品种齐全。这是人民的需要，不能怕麻烦。如果怕麻烦，只肯搞大路货，不肯搞小百货，那么这种人就不要吃国营商业的饭。社会主义商业的货物应当比资本主义商业更齐全，这才能显示它的优越性。

铁路运输不要只重视大路货，日用百货的零担运输也要注意。人民生活越好，需要的日用百货就越多，铁路不要怕麻烦，要想办法满足群众的要求。

农民生产的粮食、棉花多了，要拿东西去换，你们可以放手向工业部门提出，增加农民需要的新产品，不要怕新产品积压。

新的工矿区成立商业局很有必要。今后只要有人去建设新工矿区，就要派一批商业工作人员去为他们服务，而且要派思想好能吃苦的人去。

在谈到供销合作社的任务和作用时，刘少奇说：

合作社在中国是一个大问题，五亿农村人口，是由合作社在做生意，零售额超过国营商业好几倍。从总体看，合作社的规模和它承担的任务，比国营商业大得多，如果没有各方面的帮助，特别是没有国营商业的帮助和支持，合作社的工作是做不好的。

商业部不论对城市还是对乡村的商业都要负责，要把合作社的事情当作自己的事情，不能推开不管。合作社也要向商业靠拢。要强调互相支援，互相帮助。

合作社的着眼点不要放在赚钱方面，应当强调把事业做得更好。

商业部要把合作社当作一个可靠的力量加以使用，要把合作社当成自己的机构一样，帮助它，支持它，要求它。

国营商业与合作社要分工，但有些东西也不可能分得那么明确。两家要搞"合作社"，不要搞"单干户"，少扯皮，多讲点友谊。要宣传友好合作，不搞友好合作的要批评。能分清的分清，分不清的大家共同去做。

第六，要重视运用市场调节。

刘少奇认为流通环节很重要，应该运用价格政策来调节和刺激生产。他说：

农产品采购是个带关键性的机构，它跟工业、出口和农民都有很大关系。它的工作有很大的政策性，搞得好，可以刺激经济的发展。

采购工作不只是个采购的问题，而且要通过采购来指导生产。采购部门只要能做到保证收购，保证价格，指导生产方法，就能促进生产的发展。

全国许多地方都可以植桑养蚕，淮河以南的 14 个省都可以种茶树。生产蚕茧、茶叶这些东西不占粮地，可以大发展。采购部门可以向农业合作社定购蚕茧、茶叶，并教给生产方法。

采购农产品需要有科研部门的协作。例如能榨油的东西多得很，南方很多野生的黄梗籽、梧桐籽都能榨油，需要科研部门加以研究。新原料的试验，要提出计划，要有试验费，试验有成绩的给以奖励。

需要在新产区推广种植的农产品，开始几年收购价格应当高一些，用价格来刺激生产，待生产发展起来以后，价格可以降低一点。

在听取中国人民银行行长曹菊如、副行长陈希愈等汇报时，刘少奇认为，银行拨款要坚持有利于勤俭节约的原则，要支持商业部门实行赊销等有利于经营的方法。他说：

各部门不重视财务，不注意节约，主要原因是财政拨款给的多了，如果少给点钱，就会注意少花钱多办事。项目计划在执行中如发现不符合实际就应该改变，否则就会妨碍办事，要不妨碍办事又能有规矩地办事才好。

预购、赊销是一种信用制度，银行不要去禁止，而要支持它的发展。有时是先收购农民的农产品再给他工业品。有时是先给了工业品再收他的农产品。中国早有这种习惯，这是个好制度，应该提高这一制度成为国家制度。

1956 年 1 月 5 日，刘少奇专就此事致信周恩来、陈云、李先念和中国人民银行党组，转述商业部和供销合作总社对银行禁止赊销一事的意见，信中说："目前国营企业还有一些产品是积压的，这些积压的产品如能用赊销或分期付款办法或其他办法推销出去是对经济上有利的。又我国还将出现很多新产品，各种新产品可能要经过一段试销时期，在试销时期也要用赊销、分期付款等办法。因此，完全禁止赊销，可能不很适当。望再研究酌定。"

第七，劳动制度要改革。

关于劳动制度，刘少奇在听取劳动部部长马文瑞及副部长刘子久、毛齐华等人的汇报时提出，应实行劳动合同制度。他说：现在采用固定工与临时工的办法是错误的，临时工到处呼吁转正式工，使企业背包袱。过剩的劳动力应由国家负责，不能叫企业包下来。今后新工人或学徒都应实行合同制。签订一年或两年合同。

在与姚依林谈话时也说道：临时工转正，要看本人是否有此要求和企业是否需要。只要企业需要就应首先增加他们；如果不需要，即使干了三五年，也不必转正。今后不应当用固定工的名义，应当学苏联的做法，一年签一次劳动合同，这种合同工也是正式工作人员。

他还认为：工人犯了错误可以开除，开除后由工会管起来，改好了再吸收，这样才能加强劳动纪律，便于改造落后工人。

第八，要重视新技术重视人才。

刘少奇非常重视现代科学技术的发展和运用，要求各部门要密切注视世界新技术的发展。他在听取铁道部部长滕代远、副部长刘建章及余光生，交通部副部长李运昌、朱理治、马辉之，邮电部副部长范式人、钟夫翔，民航局局长邝任农、副局长李平及沈图等汇报时指出：

要敏感地注意世界上最新的技术，新式的机车可以花钱买，可以仿造，自己试验。

邮电部门是技术很高的部门，特别是电讯方面，必须采用最新的技术。究竟采用那些新技术，要好好研究。

采用最新技术，就需要加强科学研究。科学研究不是只靠自己搞，主要是好好向人家学习，把人家最新的科学技术学到手，自己再搞就有基础了。向人家学习，不只是向苏联和新民主主义国家学习，也向其他国家学习。

今后尽量自己造船。现在技术水平低，多造些船就会提高。采用先进技术很重要，落后的工具也要利用。

中国是个大国，必须发展民用航空。中国没有强大的空军是不行的，强大的空军必须有强大的民用航空。

航空事业的新技术要赶快学。飞机要下决心由国内自己造，采用机型要考虑到战时的利用。

为此，刘少奇强调要重视技术人才，善于发挥他们的作用，并给以合理的待遇。他说：

要好好使用技术人员，善于发挥他们的作用。有些老干部不管人家技术水平怎样，文化水平怎样，总觉得你不是从山上下来的，在感情上就不是那样融洽，就不愿接近人家。从山上下来的也不见得没有资产阶级思想，城市里也有不少有共产主义思想的人。

多吸收一些专家参加部领导，让他们挺起胸膛讲话是有好处的，一是把外行变内行，一是把内行变为红色专家。

技术人员的工资可以高于部门或企业的领导人。如果是真正有技术的，工资可以高于厂长、部长甚至主席。

为造就大批国家建设所需要的人才，刘少奇向高等教育部部长杨秀峰及副部长刘皑风、刘子载，教育部副部长董纯才等阐述了发展中学教育和高等教育的紧迫性。他说：

应当在扫除文盲和普及教育的基础上发展中学教育。

要注意高小毕业生是不是够。要多办一些高小，如果不注意办高小，将来可能出现高小毕业生不够的问题。很大的问题是高中、初中学生不够。

有人提出是工业救国还是教育救国。这个问题应该这样看：工业救国跟教育救国没有矛盾，有工业没有教育也不行。干部决定一切。工业救国要有技术干部。要有技术干部就要发展高等教育。要发展高等教育就要发展中学教育。要发展高中就要发展高等师范学校。中学招生任务要增加，高等师范学校招生任务也要增加，不能减少。减少高等师范学校和高中招生任务，反过来就会影响高等教育，也就会影响工业的发展。中学毕业生是半成品。有了中学生才能发展高等教育，培养技术干部。

第九，要有利于百花齐放。

当时，受农业、手工业和资本主义工商业社会主义改造的影响，文化艺术界也刮起一阵把民营剧团一律改造为国营的风。针对这种现象，刘少奇在听取文化部副长钱俊瑞、陈克寒、刘芝明、夏衍等汇报时，向他们指出："几千个剧团都国营，会搞掉积极性。这不是促进，而是促退。该搞合作社，而搞了国营，这就是'左'。任何事情都一样，没有明显的优越性，不要去改，至少慢一点改。要让民间职业剧团再搞它一个时期。比如在两三个五年计划内，让它与国营剧团竞赛，看谁的观众多，看谁最能得到人民的喜爱。"

他认为："要适当组织个体劳动。有些个体劳动是长期的，如修修补补等行业。乐器制造尽可能搞些合作社。文化用品生产能搞合作社的就搞合作社，不行的就个体劳动。对于流散艺人，可让他们登记，发给执照。说鼓书也是个体劳动，要让他们到处跑跑，但要适当组织，要适应他们的活动，便于他们的精神劳动。"

他说："我们的方针是百花齐放，推陈出新。但'出新'不能勉强。文艺改革必须经过一定的努力。没有怀孕就要生孩子，这是不可能的。百花齐放，就要允许并存，各搞各的。比如洋的土的都可以搞嘛。""戏改不要大改，有害则改，无害不改。有些老戏很有教育意义，不要乱去改。新文艺工作者到戏曲剧团搞戏改，不要犯急性病，不能过早地改，改得不要过分。"

对文艺创作，刘少奇在同周扬、刘白羽谈话时说：对作家的作品，"党与政府采取政治上的干涉，有的是应当的，就是干涉得对的；但是也有的干涉是粗暴的，或者干涉错了的"。"以后如果这种干涉是正式代表组织的意见，就应有一个正式决定，来一个正式文件"。作家如果不同意，可以把决定连同自己的意见寄到中央来。或是寄到文化部、宣传部、作家协会，都可以。"作家不能不让人家提意见，不让人家讲话。自由论争就是要大家讲话。有的意见是负责同志讲的，这些负责同志的话，也应该看作是读者、观众的意见，尊重他们的意见，是完全应该的，但作家不一定要按他们的意见那样修改，作家如果不同意可以不改。"如果是政治上的错误，那就要作出决定，有正式文件。没有正式文件，你可以只当作个别意见，可以不听。

第十，新闻广播要客观公正。

刘少奇在听取新华通讯社社长吴冷西和朱穆之、缪海棱、邓岗、石少华，以及广播事业局负责人关于新闻广播工作的汇报时指出：

新华社要学习塔斯社，同时也要学习资产阶级通讯社。马克思说过，资产阶级的工厂要接收下来，资产阶级的政治经验也要接收下来。

新华社要成为世界性通讯社，新华社的新闻就必须是客观的、真实的、全面的，同时必须是有立场的。和其他通讯社相比，尽管观点不一样，但是新闻报道是客观的、真实的、公正的、全面的，这就能在世界上建立威信。

现在的新闻报道有偏向，只讲好的，有片面性。应该是好的要讲，不好的也要讲。讲坏的，不是什么都讲。什么都讲是客观主义，是有闻必录。要经过思考和观察，有自己的见解。要做到对当前有利，不被敌人和反动派利用。

新闻记者第一要有老实态度，第二要深入观察问题，不是皮毛地而是系统地了解事物的发展规律，看出事物的本质。

新闻记者要坚持真理，要有斗争性，头上要长角。不要怕人家报复，不要怕人家把你赶走。如果你的报道正确，人家把你赶走了，这是你的光荣。

刘少奇还指出：广播跟人民思想、人民生活、人民需要要有密切的联系。比如说，时装展览会，人民对它有兴趣，应该广播。又比如说，发现大脑炎、猩红热，可以请卫生部门广播一些预防常识。看起来是人民生活琐事，但很重要，这表示人民广播电台很关心人。①

刘少奇的上述观点，使起草向八大所作的政治报告更加务实。

---

① 刘崇文、陈绍畴主编《刘少奇年谱（1898～1969）》下卷，第 347～368 页。

毛泽东《论十大关系》

1956 年 1 月中旬，毛泽东从杭州回到北京不久，从薄一波那里听说刘少奇正在听取国务院一些部委汇报工作，立刻产生兴趣。他对薄一波说："这很好，我也想听听。你能不能替我也组织一些部门汇报？"① 因此，自 2 月 14 日至 4 月 24 日，毛泽东先后听取了国务院 35 个部委的工作汇报，以及国家计委关于第二个五年计划的汇报。其间 3 月 18 日、20 日、21 日、26 日，4 月 9 日、10 日，刘少奇参加毛泽东召集的汇报会，一同听取林业部、国家气象局、中共中央财贸工作部、商业部、财政部、中国人民银行负责人的汇报。正是在这次漫长的调查研究基础上，经过中共中央政治局的多次讨论，毛泽东形成了《论十大关系》的报告。中共中央对召开八大的指导思想，也由此从原来反对右倾保守的套子里走了出来，转向对走中国自己的社会主义建设道路的探索。

4 月 25 日，毛泽东在中南海勤政殿主持召开有各省、市、自治区党委书记参加的中共中央政治局扩大会议，在会上发表《论十大关系》的讲话。《毛泽东传》作者指出："毛泽东在听取三十四个经济部门汇报时，正当苏共召开二十大。苏共二十大批评了斯大林的错误，暴露了苏联在建设社会主义中间的一些缺点和错误。这些，对正在思考中国如何建设社会主义的毛泽东来说，无疑十分重要。""可以说，'以苏为鉴'，根据中国情况走自己的路，是贯穿《论十大关系》的基本思想。"②

苏联在 20 世纪 30 年代中期宣布建立了社会主义以后，经受了第二次世界大战的严峻考验，打败了德国法西斯；战后又成功地试验了

---

① 逄先知、金冲及主编《毛泽东传（1949～1976）》（上），第 470～471 页。
② 逄先知、金冲及主编《毛泽东传（1949～1976）》（上），第 483 页。

原子弹和氢弹，打破了美国对核武器的垄断局面。在一定程度上显示了它的优越性。1953 年斯大林逝世以后，苏联内部长期积压的矛盾和问题逐步被揭露了出来。这首先是农业远远落后于工业发展和人民生活需要的矛盾，1952 年粮食的计划指标为 92 亿普特，实际产量只有 56 亿普特；1953 年粮食采购总量只有 18.5 亿普特（仅相当于 1948 年的采购量），较之 1952 年下降了 12.7%，而粮食消费量较 1952 年则增长了 6.6%，国家的粮食缺额达到 16 亿普特。这说明马林科夫在苏共十九大报告中宣布的，以前认为最尖锐、最严重的粮食问题，依靠农业集体化，已经"顺利地解决了，彻底而永远地解决了"，这个赢得大会"暴风雨般的经久不息的掌声"的结论，完全是对斯大林搞个人崇拜的吹捧。接着是 30 年代肃反造成的大批冤案开始悄悄平反。1956 年 2 月举行的苏共二十次代表大会，进一步揭露了苏联社会存在的矛盾和斯大林的错误，指出：

在国家权力方面，过去把一切权力都集中在中央是不对的。要维护和加强各加盟共和国的权力，把属于它们权限内的事务交给它们自己处理；与之相应的是，把中央所属的大量工业企业转交给地方机关管理，加强地方苏维埃和企业的权利。

在农业方面，要改变农业计划工作的安排，取消一切由中央来制定计划的那种官僚主义的有害的做法，把拟定具体种植计划的事情交给集体农庄自己去办，而中央只是规定由国家征收和收购产品的数量。

在思想理论方面，斯大林在《苏联社会主义经济问题》中，关于资本主义的总危机将使资本主义国家的生产增长和技术进步停止下来的论点，未必是正确的。在理论宣传工作中存在着严重的搬用旧的引语、公式和原理的教条主义。

赫鲁晓夫在《关于个人崇拜及其后果》的秘密报告中，更揭露了斯大林破坏社会主义民主、践踏社会主义法制的严重错误。

这就打破了长期把斯大林神化了的教条主义禁锢。像斯大林这样的伟大人物也犯有错误，苏联的社会主义也不都是那么完满的，使人们意识到对社会主义的认识并没有终结，共产党人在各自国家如何搞社会主义还有待自己在实践中进行探索。这无疑是一个极大的思想解放。当时，中共中央领导人对苏共二十大破除了斯大林迷信的积极一面作了极高的评价。

正是基于苏共二十大对上述错误的揭露，毛泽东在讲话的开头就说："特别值得注意的是，最近苏联方面暴露了他们在建设社会主义过程中的一些缺点和错误，他们走过的弯路，你还想走？过去我们就是鉴于他们的经验教训，少走了一些弯路，现在当然更要引以为戒。"

《论十大关系》重点讨论经济问题，同时也包括同经济建设密切相关的国家政治生活中的一些重大问题，即重工业和轻工业、农业，沿海工业和内地工业，经济建设和国防建设，国家、生产单位和生产者个人，中央和地方，汉族和少数民族，党和非党，革命和反革命，是和非，中国和外国的关系。毛泽东说："提出这十个问题，都是围绕着一个基本方针，就是要把国内外一切积极因素调动起来，为社会主义事业服务。""我们一定要努力把党内外、国内外的一切积极因素，直接的、间接的积极因素，全部调动起来，把我国建设成为一个强大的社会主义国家。"

调动一切积极因素，最主要的是调动占全国人口大多数的工人、农民、知识分子的积极性，他们是每个生产单位的基本队伍，是生产第一线的主力军，是社会主义建设最基本的依靠力量。能否正确处理好国家、生产单位和生产者个人三者之间的关系，就是能否调动广大工人、农民、知识分子积极性的重要一环。毛泽东在《论十大关系》中提出的重要原则是"统筹兼顾"。他说："国家和工厂、合作社的关系，工厂、合作社和生产者个人的关系，这两种关系都要处理好。为此，就不能只顾一头，必须兼顾国家、集体和个人三个方面，也就是我们过去常说的'军民兼顾'、'公私兼顾'。鉴于苏联和我们自己的经验，今后务必更好地解决这个问题。"毛泽东的《论十大关系》，实际上成了中共八大的指导思想。①

既要反右倾保守又要反急躁冒进

根据毛泽东 1955 年 12 月在《中国农村的社会主义高潮》一书序言中提出的，各行各业都要反对右倾保守，都要争取办得多一点，快一点，好一点的思想，1956 年元旦，《人民日报》发表题为《为全面地提早完成和超额完成五年计划而奋斗》的社论。社论说，五万万中国农民热烈地欢迎和要求合作化，这个事实，把所谓"农业的发展必然落后于工业的发展"，"中国人口太多是件坏事"等悲观论调一扫而空。农业和资本主义工商业的社会主义改造突破了原来计划的指标向前猛进，这就给予了可能，也提出了要求，使以发展重工业为中心的社会主义工业化的工作提早完成和超额完成五年计划。这样，在工业、文教事业的面前，就摆着一个：要又多、又快、又好、又省地发展自己的事业。又多又快，是反对保守主义，又好又省，是反对潦草从事，盲目冒进，铺张浪费。又多、又快、又好、又省，这四条要求是互相结合而不可分的，遵守这四条要求，我们就能按照社会主义经济的有计划（按比例）发展的法则，来进行全面规划。这样的做法，我们就完全有可能，在工业建设和文教建设方面也提早完成和超额完成第一个五年计划，提早完成社会主义工业化的任务。

1956 年 1 月 25 日，毛泽东以中华人民共和国主席的身份，召集最高国务会议，将《一九五六年到一九六七年全国农业发展纲要》提交最高国务会议讨论。毛泽东在会上讲话说："社会主义革命的目的是为了解放生产力。农业和手工业由个体所有制变为社会主义的集体所有制，私营工商业由资本主义所有制变为社会主义所有制，必然

---

① 以上出自《论十大关系》的引文，见《毛泽东文集》第 7 卷，第 23~49 页。

使生产力大大地获得解放。这样就为大大地发展工业和农业的生产创造了社会条件。"

毛泽东认为："目前我们国家的政治形势已经起了根本的变化。去年夏季以前在农业方面存在的许多困难现在已经基本上改变了，许多曾被认为办不到的事情现在也可以办了。我国的第一个五年计划有可能提前完成或超额完成。"

据此，他提出："一九五六年到一九六七年全国农业发展纲要的任务，就是在这个社会主义改造和社会主义建设的高潮的基础上，给农业生产和农村工作的发展指出一个远景，作为全国农民和农业工作者的奋斗目标。农业以外的各项工作，也都必须迅速赶上，以适应社会主义革命高潮的新形势。"①

1月26日，中共中央公布了全国农业发展纲要草案。这实际上是向全国人民，特别是5亿农民发出了新的号召，为使粮食和棉花的产量每年以8.8%和10.5%以上的超高速度发展，1967年粮食达到1万亿斤、棉花达到1万万担的目标而奋斗。

反对"右倾保守"的巨大压力，要多快好省地办一切事业的要求，提早完成和超额完成"一五"计划、提早完成社会主义工业化的号召，12年宏大规划的鼓舞，使1956年初在社会主义改造的高潮中已经膨胀了的空气更进一步膨胀。全国第三次计划会议确定，1956年基本建设投资由原定的112.59亿元增加到147.35亿元，比上年增长70.6%，要求一年内完成整个五年计划总投资的35%左右。

由于计划指标过高，基本建设的规模定得过大，经济建设急于求成、齐头并进造成的紧张，很快就表现了出来，不但是财政上紧张，钢材、水泥、木材等各种原材料也严重不足。处在经济工作第一线的周恩来和陈云急呼全党要保持头脑清醒，从实际出发，按照经济规律

---

① 《社会主义革命的目的是解放生产力》（1956年1月25日），《毛泽东文集》第7卷，第2页。

办事。2 月 8 日，周恩来在国务院全体会议上告诫大家："不要光看到热火朝天的一面。热火朝天很好，但应小心谨慎。要多和快，还要好和省，要有利于提高劳动生产率。现在有点急躁的苗头，这需要注意。社会主义积极性不可损害，但超过现实可能和没有根据的事，不要乱提，不要乱加快，否则很危险。"

周恩来明确指出："绝不要提出提早完成工业化的口号。冷静地算一算，确实不能提。工业建设可以加快，但不能说工业化提早完成。"

周恩来要求各部门订计划，不管是 12 年远景计划，还是今明两年的年度计划，都要实事求是。他强调说："当然反对右倾保守是主要的，对群众的积极性不能泼冷水，但领导者的头脑发热了的，用冷水洗洗，可能会清醒些。"①

本着这一指导思想，2 月 10 日，周恩来再次主持召开国务院会议，把严重脱离物资供需实际和破坏国民经济整体平衡的各种计划指标，尽可能地作了压缩，最为突出的是将基本建设投资由 170 多亿减到 147 亿元，并要求国家计委按此决定，重新修订 1956 年的国民经济年度计划。②

后来，在当年举行的八届二中全会上，周恩来将这次压缩指标的会议，戏称为"二月促'退'会议"。③

但毛泽东这时则另有他的看法。4 月下旬，毛泽东在中共中央政治局会议上，主张再追加一笔大数额的基本建设投资。与会者除个别人外，都表示不同意这样做。据当年列席会议的胡乔木回忆：1956 年各条战线、各省市根据毛主席 1955 年冬在《中国农村的社会主义高潮》序言中的精神，加快速度扩大了预定的计划规模，增加了预算指标。4 月下旬，毛主席在颐年堂政治局会议上提出追加 1956 年

① 《经济工作要实事求是》（1956 年 2 月 8 日），《周恩来选集》下卷，第 190～191 页。
② 《周恩来年谱（1949～1976）》上卷，第 547 页。
③ 熊华源、廖心文：《周恩来总理生涯》，人民出版社，1997，第 127 页。

的基建预算 20 个亿，受到与会同志的反对，认为追加基建预算将造成物资供应紧张，增加城市人口，更会带来一系列困难等。毛主席最后仍坚持自己的意见，宣布散会。①

这次会议表明，中共中央领导人在经济建设的速度问题上，开始出现了明显的分歧。

5 月，刘少奇主持中共中央会议讨论了由周恩来主持起草的 1955 年国家决算和 1956 年国家预算的报告稿，出席会议的有周恩来、朱德、陈云、李富春、李先念、薄一波、李维汉和胡乔木等。周恩来代表国务院系统全面地介绍半年来经济建设中产生的种种矛盾、已经出现的不平衡问题，提出了继续削减财政支出、压缩基本建设经费的意见。会议完全赞同周恩来代表国务院提出的意见，明确提出，经济发展要实行既反保守又反冒进，坚持在综合平衡中稳步前进的方针，决定制止冒进，压缩高指标，基本建设该下马的要下马。就在这次会议上，刘少奇提议中央宣传部就此方针代《人民日报》写一篇社论。②

6 月 10 日，刘少奇主持中共中央政治局会议，到会的有周恩来、陈云、彭德怀、彭真、林伯渠、董必武、张闻天、康生、李先念、薄一波，胡乔木列席会议。会议基本通过《关于一九五五年国家决算和一九五六年国家预算的报告（初稿）》，指定胡乔木根据讨论中的意见对报告加以修改。经过此次会议讨论后的报告稿加重了反冒进的分量。③

6 月 15 日，第一届全国人民代表大会第三次会议召开，刘少奇主持开幕式。会议审议批准了 1955 年国家决算和 1956 年国家预算，讨论通过了《高级农业生产合作社示范章程》和全国人大常委会工作报告。

李先念在关于 1955 年决算和 1956 年预算的报告中指出：目前在

---

① 熊华源、廖心文：《周恩来总理生涯》，第 127 页。
② 刘崇文、陈绍畴主编《刘少奇年谱（1898～1969）》下卷，第 368 页。
③ 刘崇文、陈绍畴主编《刘少奇年谱（1898～1969）》下卷，第 369 页。

工业生产方面，除了对于没有完成产量计划的产品需要急起直追，争取完成计划以外，特别需要注意纠正一部分企业片面地追求"多"和"快"；而没有同样地着重"好"和"省"的倾向。他在列举了种种表现以后指出：由于片面地追求"多"和"快"，生产中的安全在许多企业中被忽视，人身事故和设备事故比去年同一时期有了增加。因此，在当前的生产领导工作中，必须着重全面地执行多快好省和安全的方针，克服片面地强调"多"和"快"的缺点。他强调：生产的发展和其他一切的发展，都必须放在稳妥可靠的基础上，在反对保守主义的时候，必须同时反对急躁冒进的倾向，而这种倾向在过去几个月中，在许多部门和许多地区，都已经发生了。急躁冒进并不能帮助社会主义的发展，而只能招致损失。①

人大一届三次会议批准了这个报告。在通过的《关于一九五五年国家决算和一九五六年国家预算》的决议中明确写道："在执行一九五六年国家预算过程中，必须在反对保守主义的时候，同时反对急躁冒进的倾向。"

在此之前，陆定一根据刘少奇的布置，指定中共中央宣部王宗一同志起草反冒进的社论。在社论初稿写好后，陆定一于6月12日致信刘少奇："嘱写社论，已由部王宗一同志写好。我们认为可用，转送上请阅正。"

胡乔木、刘少奇对社论初稿做了一些重要的修改。随后，刘少奇函告毛泽东："主席审阅后交乔木办。"

毛泽东审阅时，在稿纸上写了"不看了"三个大字。②

这样，6月20日，《人民日报》发表了经刘少奇审定、题为《要反对保守主义，也要反对急躁冒进情绪》的社论。社论在概述了已经出现的急躁冒进的种种表现之后，指出：

---

① 《人民日报》1956年6月16日。
② 熊华源、廖心文：《周恩来总理生涯》，第130页。

急躁情绪所以成为严重的问题，是因为它不但是存在在下面的干部中，而且首先存在在上面各系统的领导干部中，下面的急躁冒进有很多就是上面逼出来的……现在中央已经在采取一系列措施，纠正这种不分轻重缓急，不顾具体情况的急躁情绪。各个部门和各个地方的工作中的冒进倾向，有些已经纠正，有些还未纠正，或纠正得不彻底，但作为一种思想倾向，则不是一下子所能彻底克服的，需要我们在今后经常注意。

右倾保守思想对我们的事业是有害的，急躁冒进思想对我们的事业也是有害的，所以两种都要加以反对。

在反对保守主义和急躁冒进的问题上，要求采取实事求是的态度。什么是右倾保守，什么是急躁冒进，这里是有一个客观标准的，这个标准就是客观实际的可能性。正确的工作方法，就是要使我们的计划、步骤符合于客观实际的可能性。凡是落后于客观实际的可能性的，就是右倾保守；凡是超过了实际的可能性的，就是急躁冒进。在你们这个地区、这个部门中，有没有右倾保守，有没有急躁冒进，哪些是右倾保守，哪些是急躁冒进，右倾保守是主要的，还是急躁冒进是主要的，右倾保守严重到什么程度，急躁冒进严重到什么程度，这些都要具体加以分析，不能凭空想象。也可能在同一部门、同一地区的工作中，在这件事上是右倾保守，在另一件事上又是急躁冒进。我们应当根据事实下判断，有什么偏向就反对什么偏向，有多大错误，就纠正多大错误，万不可一股风，扩大化，把什么都反成保守主义，或者都反成急躁冒进。如果反得过火，就会反了一面，又造成另一方面的偏向，于工作反而有害。

我们对中央提出的"又多、又快、又好、又省"的方针要有一个正确的了解，不要把它片面化、绝对化，这样才不会走到急躁冒进。总的方针是要又多、又快、又好、又省，但在具体工作中，哪些能又多又快，哪些是现在就可以又多又快的，哪些是将来才能又多又快的，怎样才算省得恰当，怎样既多、既快、既省，而又能达到好的目的，这些都要根据具体情况仔细地、实事求是地去加以考虑，不能把问题看得太死，太简单……执行四十条的问题也是这样。四十条，各个地区、各个部门当然都是要坚决地加以执行的，但执行的方法和步骤，则是可以因各地客观条件的不同而有所不同的，用不着强求一致。总之，做任何工作，都要善于把上面的方针、要求与本地区、单位的实际情况结合起来，从实际情况出发去考虑和确定自己的工作步骤。只有这样，才不致于犯右倾保守或急躁冒进的错误。

这篇社论的要紧之处，不在于它罗列了城乡经济文化建设中急躁冒进的种种表现，也不全在于它在全国人民面前公开提出反对急躁冒进的问题，而在于它尖锐地指出，急躁冒进的问题"首先存在在上面各系统的领导干部中"，已经成了"一种思想倾向"；在于它尖锐地提出反对什么，"要采取实事求是的态度"，有多大错误就纠正多大错误，"万不可一股风，扩大化"；在于把问题提到了思想路线的高度，强调"正确的工作方法，就是要使我们的计划、步骤符合于客观实际的可能性"，这对近一年来一直强调反对右倾保守的指导思想，显然是一种纠正。

刘少奇主持中共中央政治局会议确定经济发展要既反保守又反冒进，坚持在综合平衡中稳步前进的方针，既保证了1956年经济建设工作的顺利进行，又为即将举行的中共八大制定正确的经济建设方针作了准备。

走自己道路的最初设计

1956年9月15～27日，中国共产党第八次全国代表大会在北京举行。毛泽东致开幕词，刘少奇代表第七届中央委员会向大会作政治报告，邓小平作关于修改党的章程的报告，周恩来作关于发展国民经济的第二个五年计划的建议的报告。朱德、陈云等 68 人在大会上发言，45 人向大会提交了书面发言。

毛泽东的开幕词开门见山宣称，"这次大会的任务是，总结从七次大会以来的经验，团结全党，团结国内外一切可以团结的力量，为了建设一个伟大的社会主义的中国而奋斗"。

毛泽东肯定了从七次大会到现在，党中央委员会的路线是正确的，我们的党是一个政治上成熟的伟大的马克思列宁主义的政党，我们的党已经成了团结全国人民进行社会主义建设的核心力量，然后指出："我们各方面的工作都有很大的成绩。我们的工作是做得正确的，但是也犯过一些错误。在这次大会上，需要把我们工作中的主要经验，包括成功的经验和错误的经验，加以总结，使那些有益的经验得到推广，而从那些错误的经验中取得教训。"

接着，开幕词主要讲了两个问题，一是中共七大以来取得新民主主义革命和社会主义革命决定性胜利的成功经验；二是今后面临的艰巨任务。毛泽东说：从 1945 年中共七大到 1956 年，在取得新民主主义革命胜利之后，又极其顺利地完成了对个体农业、手工业和资本主义工商业的社会主义改造，建立了社会主义的基本制度，所以在这短短的 11 年时间，取得两个革命的胜利，最基本经验是：

> 就国内的条件来说，我们胜利的获得，是依靠了工人阶级领导的工农联盟，并且广泛地团结了一切可能团结的力量。……
>
> 在国际范围内，我们胜利的获得，是依靠了以苏联为首的和平民主社会主义阵营的支持，以及全世界爱好和平的人民的深厚同情。……

据此，毛泽东指出："为了进行伟大的建设工作，在我们的面前，摆着极为繁重的任务。虽然我们有一千多万党员，但是在全国人口中仍然只占极少数。在我们的各个国家机关和各项社会事业中，大量的工作要依靠党外的人员来作。如果我们不善于依靠人民群众，不善于同党外的人员合作，那就无法把工作做好。在我们继续加强全党的团结的时候，我们还必须继续加强各民族、各民主阶级、各民主党派、各人民团体的团结，继续巩固和扩大我们的人民民主统一战线，必须认真地纠正在任何工作环节上的任何一种妨碍党同人民团结的不良现象。"

毛泽东指出：我国革命和建设的胜利，都是马克思列宁主义的胜利。把马克思列宁主义的理论和中国革命的实践密切地联系起来，这是我们党的一贯的思想原则。……但是我们还有严重的缺点。……这就是：思想上的主观主义、工作上的官僚主义和组织上的宗派主义。这些观点和作风都是脱离群众、脱离实际的，是不利于党内和党外的团结的，是阻碍我们事业进步、阻碍我们同志进步的。必须用加强党内的思想教育的方法，大力克服我们队伍中的这些严重的缺点。

鉴于原计划十五年完成的社会主义改造任务，短短三年已顺利完成，党面临的任务是"要把一个落后的农业的中国改变成为一个先进的工业化的中国"，毛泽东强调指出：

> 我们面前的工作是很艰苦的，我们的经验是很不够的。因此，必须善于学习。要善于向我们的先进者苏联学习，要善于向各人民民主国家学习，要善于向世界各兄弟党学习，要善于向世界各国人民学习。我们决不可有傲慢的大国主义的态度，决不应当由于革命的胜利和在建设上有了一些成绩而自高自大。国无论大小，都各有长处和短处。即使我们的工作得到了极其伟大的成绩，也没有任何值得骄傲自大的理由。虚心使人进步，骄傲使人落后，我们应当永远记住这个真理。①

---

① 中共中央办公厅编《中国共产党第八次全国代表大会文献》，人民出版社，1957，第 8～10 页。

　　刘少奇在政治报告中郑重宣布："改变生产资料私有制为社会主义公有制这个极其复杂和困难的历史任务，现在在我国已经基本上完成了。我国社会主义和资本主义谁战胜谁的问题，现在已经解决了。"

　　报告指出了摆在面前要继续解决的任务是：

　　在农业合作化方面，需要继续按照自愿和互利的政策，争取还没有加入合作社的少数农户入社，并且领导那些初级合作社转为高级合作社。目前最急需解决的是必须保证现有的一百万个左右合作社尽可能增加生产和增加社员收入。许多合作社过分地强调集体利益和集体经营，错误地忽视了社员个人利益、个人自由和家庭副业，这种错误必须迅速地纠正。只有使社员感觉到自己确实是合作社的主人翁，而且使社员的收入能够每年有所增加，这样的合作社才能够巩固。

　　在手工业和其他原来个体经济的改造工作方面，必须根据各行各业的特点，采取不同的形式，分别地解决各种合作组织在发展中的具体问题。在这里，不顾具体情况，采取千篇一律的形式，是错误的。各种合作组织都必须注意保持和发展原来的个体经济在生产上和经营上的优良传统。合作化以后，手工业产品的质量必须提高，品种必须增多。

　　在资本主义工商业的改造工作方面，同样地应当按照各行各业的特点和社会经济的多方面的需要，分别地解决它们发展中的具体问题，而不要轻率地作千篇一律的处理，以免造成损失。

　　报告强调指出："资方人员很多是富有管理经验和技术知识的，他们了解消费者的具体需要，熟悉市场情况，善于精打细算。因此，我们的工作人员除开向他们进行教育以外，还必须认真地向他们学习，把他们的有益的经验和知识当作一份社会遗产继承下来。资本主义工商业的改造，目前还只达到全行业公私合营的阶段。我们必须准备在将来的适当时机，把这些企业变为完全社会主义的国营企业。"

　　报告认为："只有在完成以上所说的各方面的任务以后，我们才彻底地解决了我国的社会主义改造问题。"

关于社会主义建设问题，政治报告分别就经济建设、思想文化建设、民主政治建设等方面作了论述。

关于工业化建设的方针。报告明确我国工业化建设的目标是，在三个五年计划的时期内，基本上建成一个完整的工业体系。因此，第二个五年计划的发展速度必须是积极的，以免丧失时机，陷入保守主义的错误；又必须是稳妥可靠的，以免脱离经济发展的正确比例，使人民的负担过重，或者使不同的部门互相脱节，使计划不能完成，造成浪费，那就是冒险主义的错误。

关于轻重工业的关系和建设布局。报告指出：工业化事业是以发展重工业为基础的。但如果不相应地发展轻工业，就可能出现商品不足，就会影响物价和市场的稳定，并且可能影响农业生产的发展。由于轻工业需要的投资少，企业建设周期短，资金周转快，所以资金积累也比较快，又可以帮助重工业的发展。因此，在资金、原料、市场所允许的范围内，要适当地注意发展轻工业。在工业布局问题上，目前需要注意的是沿海和内地的配合，大型企业和中小型企业的配合，中央国营企业和地方国营企业的配合。为合理布置生产力，使工业企业接近自然资源，使工业和整个国民经济得到平衡的发展，"一五"计划已经把工业建设的重点往内地转移，以改变解放前工业集中在沿海各省的畸形现象。但这决不是说可以忽视沿海各省工业的作用。为了充分利用沿海各省的有利条件，应当继续适当地发展那里的工业，以帮助内地工业的发展，加速全国的工业化。还要注意把中央各经济部门的积极性和地方经济组织的积极性正确地结合起来。报告阐明要在发展生产的基础上逐步地改善职工的生活。一方面，要向职工群众说明，要提倡艰苦奋斗，不应当只管个人利益和眼前利益，而忽视全国的和长远的利益；另一方面，片面地强调全国的和长远的利益，而忽视职工的个人利益和目前利益，也是不对的。必须坚决反对领导机关和领导干部不关心群众痛痒的官僚主义态度。

　　关于允许国家领导下的自由市场作为国家市场的补充。报告指出：社会主义商业的发展直接关系到工农业生产和人民生活，在整个国民经济中起着极其重要的作用。由于社会主义的统一市场已经形成，原来对资本主义企业实行的加工订货、统购包销，以及对粮食等农产品实行统购政策以后，对城镇市场的严格管理，对私商贩运活动的限制等措施，现在必须改变，代之以适合于目前经济情况的措施。这就是要改进现行的市场管理办法，取消过严过死的限制，并且应当在统一的社会主义市场的一定范围内，允许国家领导下的自由市场的存在和一定程度的发展，作为国家市场的补充。

　　关于繁荣社会主义科学文化的方针。报告说：为了繁荣我国的科学和艺术，使它们为社会主义建设服务，党中央提出了"百花齐放，百家争鸣"的方针。科学上的真理是愈辩愈明的，艺术上的风格是必须兼容并包的。党对于学术性质和艺术性质的问题，不应当依靠行政来实现自己的领导，而要提倡自由讨论和自由竞赛来推动科学和艺术的发展。

　　关于国家政治生活的民主化建设。报告指出：为了大大地发展我国已经开始的社会主义建设，并且彻底完成社会主义，我们必须继续加强人民民主专政，继续改进国家工作。目前在国家工作中的一个重要任务是进一步扩大民主生活，开展反对官僚主义的斗争；另一个重要任务是必须适当地调整中央和地方的行政管理职权。这也是符合于扩大民主生活、克服官僚主义的要求的。

　　关于加强国家法制建设的迫切性。报告指出：为了巩固人民民主专政，为了保卫社会主义建设的秩序和保障人民的民主权利，为了惩治反革命分子和其他犯罪分子，我们目前在国家工作中的迫切任务之一，是着手系统地制定比较完备的法律，健全我们国家的法制。

　　报告具体分析说："在革命战争时期和全国解放初期，为了肃清残余的敌人，镇压一切反革命分子的反抗，破坏反动的秩序，建立革命的秩序，只能根据党和人民政府的政策，规定一些临时的纲领性的法律。在这个时期，斗争的主要任务是从反动统治下解放人民，从旧的生产关系的束缚下解放社会生产力，斗争的主要方法是人民群众的直接行动。因此，那些纲领性的法律是适合于当时的需要的。现在，革命的暴风雨时期已经过去了，新的生产关系已经建立起来，斗争的任务已经变为保护社会生产力的顺利发展，因此，斗争的方法也就必须跟着改变，完备的法制就是完全必要的了。为了正常的社会生活和社会生产的利益，必须使全国每一个人都明了并且确信，只要他没有违反法律，他的公民权利就是有保障的，他就不会受到任何机关和任何人的侵犯；如果有人非法地侵犯他，国家就必然出来加以干涉。我们的一切国家机关都必须严格地遵守法律，而我们的公安机关、检察机关和法院，必须贯彻法制方面的分工负责和互相制约的制度。"①

经全体代表深入讨论，由代表大会通过的关于政治报告的决议，确定了建设社会主义的新方针和新政策。

其一，关于中国社会的主要矛盾和面临的主要任务。

八大郑重宣布："改变生产资料私有制为社会主义公有制这个极其复杂和困难的历史任务，现在在我国已经基本上完成了。我国社会主义和资本主义谁战胜谁的问题，现在已经解决了。"

我们国内的主要矛盾，已经是人民对于建立先进的工业国的要求同落后的农业国的现实之间的矛盾，已经是人民对于经济文化迅速发展的需要同当前经济文化不能满足人民需要的现状之间的矛盾。这一矛盾的实质，在我国社会主义制度已经建立起来的前提下，也就是先进的社会主义制度同落后的社会生产力之间的矛盾。

因此，党和全国人民的当前的主要任务，就是要集中力量解决这个矛盾，把我国尽快地从落后的农业国变为先进的工业国。这个任务是很艰巨的，我们必须在经济、政治、文化等方面采取正确的政策，团结国内外一切可以团结的力量，利用一切有利的条件，来完成这个

---

① 《刘少奇选集》下卷，第 202～276 页。

伟大的任务。

这就表明，八大正式宣告中国共产党和中国人民的任务已由阶级斗争转向以经济建设为中心了。

其二，关于经济建设的方针。

社会主义经济建设，总目标是实现工业化。八大具体确定，必须在三个五年计划或者再多一点的时间内，基本上建成一个完整的工业体系。

关于经济建设的发展速度，基于国内和国外的经验，八大提出，应遵循积极稳妥的方针，即发展速度必须是积极的，以免丧失时机，陷入保守主义的错误；又必须是稳妥可靠的，以免脱离经济发展的正确比例，使人民的负担过重，或者使不同的部门互相脱节，使计划不能完成，造成浪费，那就是冒险主义的错误。积极稳妥的建设方针，在本质上就是力求正确处理各种比例关系，使国民经济在综合平衡中稳步发展。

其三，关于改进计划经济体制的设想。

就探索中国自己的道路来说，最突出是八大对刚刚建立起来的单一公有制和计划经济体制弊端的检讨，并在此基础上提出改进经济体制的设想，其核心就是陈云概括的"三个主体，三个补充"：

在工商业经营方面，国家经营和集体经营是工商业的主体，但是附有一定数量的个体经营，作为国家经营和集体经营的补充；

在生产计划方面，全国工农业产品按照国家计划生产是主体，同时有一部分产品按照市场变化而在国家计划许可范围内自由生产作补充。

在市场流通方面，社会主义的统一市场，国家市场是主体，附有一定范围内国家市场领导的自由市场作补充。

这在一定程度上，是对单一公有制和统一计划经济体制的突破。

其四，关于国家民主和法制建设。

八大提出，进一步扩大民主生活，要加强对国家机关工作的监督，除了党的领导和监督、各级人大及其常委会的监督，还要有人民群众和机关中的下级工作人员对国家机关的监督。鉴于党和国家任务的转变，八大强调了完备法制建设的必要性，一切国家机关都必须"依法办事"，这是加强人民民主法制的"中心环节"。

其六，关于执政党建设。

鉴于中国共产党已处于执政党的地位，很容易使党员沾染上官僚主义、滋长骄傲情绪，而有脱离实际、脱离群众的危险，八大强调了加强人民群众和党外人士对于共产党的组织和党员的监督的必要性和重要性，强调了党的集体领导原则，反对个人崇拜的必要性和重要性。指出党的任务是，继续坚决地执行中央反对把个人突出、反对对个人歌功颂德的方针，真正巩固领导者同群众的联系，使党的民主原则和群众路线在一切方面都得到贯彻地执行。为了发展党内民主，八大党章还在制度上进行了改革，即实行党的全国、省和县代表大会常任制，按照不同任期，每年开会一次，以使党内民主得到重大的发展。①

由上可见，中共八大在探索中国自己社会主义建设道路上迈出了可喜的一步。

可以消灭资本主义，又搞资本主义

由于政策允许个体手工业和个体小商贩继续存在，并决定在一定范围开放自由市场，因此，个体工商户在中共八大以后，很快有了明显的增长。于是，人们又担心资本主义工商业被改造以后，重新出现资本主义。对此，1956年12月20日，《人民日报》发表社论《怎样对待手工业个体户》，指出："在合作化高潮以后，手工业个体户的

---

① 《中国共产党第八次全国代表大会文献》，第809~820页。

发展是并不奇怪的。"根本原因是："我国人口众多，对工业品和服务性行业的需要量很大，而且这种需要量年年增长着。仅靠现代工业和现有的合作社无论在产品数量或者品种方面，一时都不可能充分满足需要。承受着社会需要的日益增长，那些作为农业的副业而存在着的手工业不仅现在，将来还会逐渐从农民中分化出来，变为专业的手工业者。在少数失业或无业的城市居民当中，有一些人不仅在现在，而且在将来也还会变成手工业者。这就是说，手工业个体户的继续发展，在今后相当长的一个时期内是必然的趋势"。"手工业个体户的发展，一方面满足了人民的需要，增加了市场的商品供应；另一方面又扩大了城市的就业人数。这是对国家有利而无害的事情。"

12月，毛泽东在听到社会主义改造已经完成，可上海又有地下工厂等情况反映后，他找中央统战部、全国工商联和民主建国会负责人谈话说："现在我国的自由市场，基本性质仍是资本主义的，虽然已经没有资本家。它与国家市场成双成对。上海的地下工厂同合营企业也是对立物。因为社会有需要，就发展起来。要使它成为地上，合法化，可以雇工。……这叫新经济政策。……还可以考虑，只要社会需要，地下工厂还可以增加。可以开私营大厂，订个协议，十年、二十年不没收。……可以消灭了资本主义，又搞资本主义。"①

12月29日，在全国人大常委会第五十二次会议上，黄炎培副委员长在发言中提出私人开工厂的问题，刘少奇说道：各地地下工厂不少。天津有二百多。有些资本主义或小生产者，有什么不好呢？这对人民有利。有一些资本家，他每年分的定息很多，有分到百把万元、几百万元的，他一家子一年用不了这么多钱，如果他们要盖工厂，是否可以准许他盖呢？刘少奇肯定地说："可以的。"他认为："我们国家有百分之九十几的社会主义，有百分之几的资本主义，我看也不

---

① 《同民建和工商联负责人的谈话》（1956年12月7日），《毛泽东文集》第7卷，第170页。

怕。""有这么一点资本主义，一条是它可以作为社会主义经济的补充，另一条是它可以在某些方面同社会主义经济作比较。"①

刘少奇的这些思想不是孤立的，是和毛泽东、周恩来、陈云、邓小平等一起，对中国社会主义建设道路问题继续深入思考的组成部分。

"可以消灭资本主义，又搞资本主义"，是调动一切积极因素的需要，更是中共八以后，在实践中对什么是社会主义，如何搞社会主义继续进行探索在认识上的前进。

遗憾的是，探索没有继续沿着这个思路走下去，并很快走了回头路。其重要原因之一是，在当时的历史条件下，人们对斯大林建立的苏联社会主义模式并未从根本上产生怀疑。毛泽东等中共中央领导人虽然在吸取苏联教训的基础上，提出了很多重要原则，也相应地对具体政策作了规定，但中共八大所追求的社会主义目标模式，依旧是生产资料的单一公有制，明确规定消灭资本主义私有制和小生产私有制残余是党的今后任务。

第一代领导集体的鼎盛时期

中共七大选举产生了中央领导机构：中央委员会、中央政治局、中央书记处。选举毛泽东、朱德、刘少奇、周恩来、任弼时为中央书记处书记；选举毛泽东为中央委员会主席兼中央政治局和中央书记处主席。

中共八大通过的中国共产党章程规定：党的全国代表大会每届任期五年。全国代表大会会议由中央委员会每年召开一次。党的中央委员会任期五年。

党的中央委员会全体会议选举中央政治局、中央政治局常务委员

① 刘崇文、陈绍畴主编《刘少奇年谱（1898～1969）》下卷，第382～383页。

会和中央书记处，并选举中央委员会主席一人、副主席若干人和总书记一人。

中央书记处在中央政治局和它的常务委员会领导之下，处理中央日常工作。中央委员会的主席和副主席同时是中央政治局的主席和副主席。

中央委员会认为有必要的时候，可以设立中央委员会名誉主席一人。

对中央机构的设置和人选，毛泽东在八大召开之前的预备会议和七届七中全会上专门作了说明。

1956年9月10日，毛泽东在八大预备会议第二次全体会议上讲到中央委员会的组成时说：

> 现在是搞建设，搞建设对于我们是比较新的事情。早几年在中央范围内就谈过，我们希望建设中所犯的错误，不要像革命中所犯的错误那么多、时间那么长……搞经济，我们也有了一些经验，现在搞这些新的科学技术我们还没有经验。
>
> 我们要造就知识分子。现在我们只有很少的知识分子。旧中国留下来的高级知识分子只有十万，我们计划在三个五年计划之内造就一百万到一百五十万高级知识分子（包括大学毕业生和专科毕业生）。到那个时候，我们在这方面就有了十八年的工作经验，有了很多的科学家和很多工程师。那时党中央委员会的成分也会改变，中央委员会应该有许多工程师，许多科学家。现在的中央委员会，我看还是一个政治中央委员会，还不是一个科学中央委员会。①

9月13日，在中共七届七中全会第三次会议上，毛泽东专就设

① 毛泽东：《在八大预备会议第二次全体会议上的讲话（一九五六年九月十日）》，《党的文献》1991年第3期，第5～6页。

中共中央副主席和总书记的问题作了讲话。他提到刘少奇关于多设几个中央副主席的建议。毛泽东说：

> 我在这里还要谈一下关于设副主席和总书记的问题。上一次也谈过，中央准备设四位副主席，就是少奇同志，恩来同志，朱德同志，陈云同志。另外还准备设一个书记处。书记处的名单还没有定，但总书记准备推举邓小平同志。四位副主席和总书记的人选是不是恰当？当然，这是中央委员会的责任，由中央委员会去选举。但是要使代表们与闻，请你们去征求征求意见，好不好？对于我们这样的大党，这样的大国，为了国家的安全、党的安全，恐怕还是多几个人好。
>
> 党章上现在准备修改，叫做"设副主席若干人"。建议设四位副主席的是少奇同志。一个主席、一个副主席。少奇同志感到孤单，我也感到孤单。一个主席，又有四个副主席，还有一个总书记，我这个"防风林"就有几道。"天有不测风云，人有旦夕祸福"，这样就比较好办。除非一个原子弹下来，我们几个又都在一堆，那就要另外选举了。如果只是个别受损害，或者因病，或者因故，要提前见马克思，那么总还有人顶着，我们这个国家也不会受影响。不像苏联那样斯大林一死就不得下地了。我们就是要预备那一手。同时，多几个人工作上也有好处。设总书记完全有必要。我说我们这些人（包括我一个，总司令一个，少奇同志半个。不包括恩来同志、陈云同志跟邓小平同志，他们是少壮派），就是作"跑龙套"工作的，我们不能登台演主角，没有那个资格了，只能维持维持，帮助帮助，起这么一个作用。你们不要以为我现在在打"退堂鼓"。想不干事了，的确是身体、年龄、精力各方面都不如别人了。我是属于现状维持派，靠老资格吃饭。老资格也有好处，因为他资格老。但能力就不行了，比如写文章，登台演说，就不行了。同志们也很关心我们这些人，说

工作堆多了恐怕不好，这种舆论是正确的。那么，什么人当主席、副主席呢？就是原来书记处的几个同志。这并不是说别的同志不可以当副主席，同志们也可以另外提名，但是按习惯，暂时就是一个主席、四个副主席。我是准备了的，就是到适当的时候就不当主席了，请求同志委我一个名誉主席。名誉主席是不是不干事呢？照样干事，只要能干的都干。

请同志们酝酿酝酿，看这样是否妥当。中心的目的就是为了国家的安全，多几个人，大家都负一点责任。至于秘书长改为总书记，那只是中国话变成外国话。

这时，邓小平插话说："对总书记这一职务，我只有六个字，一不行，二不顺。当然，革命工作决定了也没有办法，我自己是诚惶诚恐的。我还是比较安于当秘书长这个职务。"

毛泽东接着话茬说："他愿意当中国的秘书长，不愿意当外国的总书记。其实就相当于中国的秘书长，中国的秘书长就相当于外国的总书记。他说不顺，我可以宣传宣传，大家如果都赞成，就顺了。"他评价邓小平说："比较会办事，比较周到，比较公道，是个厚道人。"

然后又说到陈云。毛泽东说："至于陈云同志，他也无非是说不行、不顺。我看他这个人是个好人，他比较公道、能干，比较稳当，他看问题有眼光。我过去还有些不了解他，进北京以后这几年，我跟他共事，我更加了解他了。不要看他和平得很，但他看问题尖锐，能抓住要点。所以，我看陈云同志行。至于顺不顺，你们大家评论，他是工人阶级出身。不是说我们中央委员会里工人阶级成分少吗？我看不少，我们主席、副主席五个人里头就有一个。"①

---

① 毛泽东：《在八大预备会议第二次全体会议上的讲话（一九五六年九月十日）》，《党的文献》1991年第3期，第9～10页。

9 月 26 日、27 日大会分别进行中央委员会委员和候补委员的投票选举。27 日宣布选举结果，当选的中央委员会委员 97 人、候补委员 73 人。

9 月 28 日，第八届中央委员会举行第一次全体会议，选举新的中央机构。选举结果如下：

中央委员会主席：毛泽东

副主席：刘少奇、周恩来、朱德、陈云

总书记：邓小平

中央政治局委员：毛泽东、刘少奇、周恩来、朱德、陈云、邓小平、林彪、林伯渠、董必武、彭真、罗荣桓、陈毅、李富春、彭德怀、刘伯承、贺龙、李先念

候补委员：乌兰夫、张闻天、陆定一、陈伯达、康生、薄一波

中央政治局常务委员会委员：毛泽东、刘少奇、周恩来、朱德、陈云、邓小平

中央书记处书记：邓小平、彭真、王稼祥、谭震林、谭政、黄克诚、李雪峰

候补书记：刘澜涛、杨尚昆、胡乔木

至此，新的领导机构全部产生。这一强大阵容，反映了以毛泽东为核心的中共第一代领导集体正处在鼎盛时期。

从八大文献看民主会风

由中共中央办公厅编，人民出版社 1957 年 2 月出版的《中国共产党第八次全国代表大会文献》，大概是迄今出版的最厚一本党代表大会文件集了。其中除了收有毛泽东的开幕词、刘少奇代表上届中央委员会向大会作的政治报告、邓小平关于修改党的章程的报告、周恩

来关于发展国民经济的第二个五年计划的建议的报告、董必武关于代表资格的审查报告外，还全文收录了 68 篇大会发言和 45 篇书面发言，大会通过的文件包括了一个长达 9000 多字的关于政治报告的决议，这都是历届代表大会所未曾有过的。通过这些文件的形成及其所阐述的内容，不难看出从八大的准备到大会的全过程，都充满一种民主气息。这种民主会风，是值得后人学习并加以发扬的。

推翻过来推翻过去的政治报告

中共八大的筹备工作，全部是在毛泽东的直接主持下进行的。早在 1955 年 5 月 9 日，中央政治局会议即决定，组成政治报告和修改党章报告及党的章程两个起草委员会，立即开始报告的起草工作。王稼祥、刘少奇、陈云、陈伯达、胡乔木、陆定一、邓小平等 7 人组成政治报告起草委员会；安子文、刘澜涛、宋任穷、李雪峰、胡乔木、马明方、杨尚昆、邓小平、谭震林等 9 人组成修改党章和修改党章报告起草委员会。同时决定，第二个五年计划的建议和建议的报告，由周恩来组织国家计委人员起草。

政治报告第一稿于 1956 年 7 月写成，题名《为实现过渡时期的总任务而斗争》，党章初稿和第二个五年计划的建议初稿也在此前完成。这些文件报送中央后，毛泽东、刘少奇、周恩来、朱德、陈云、邓小平等多次开会讨论，并分别对这几个文件草稿逐章、逐句、逐字作了重要修改。据中共中央工作大事记记载，1955 年 8 月 28 日至 1956 年 9 月 14 日，中共中央政治局召集研究八大事宜的各种会议、约谈、会见等 130 余次，其中商谈政治报告 40 余次，修改党章 33 次，"二五"计划 18 次，中央委员候选人名单 22 次，准备大会工作的具体事项 17 次。① 与此同时，还组织各省、市、自治区及军队大单位党委、中央国家机关党组进行讨论。1956 年 7 月以后，毛泽东

① 石仲泉等主编《中共八大史》，人民出版社，1998，第 119 页。

本人也以相当大的精力投入到文件的修改中，特别是"自始至终主持了政治报告的讨论和修改"。① 从 8 月上旬到 9 月 14 日这一个多月里，毛泽东对政治报告进行了"逐字逐句地推敲和修改"。② 据《建国以来毛泽东文稿》载录，关于政治报告的批语和修改有 52 条（处），关于党章的修改和批语 2 条，关于修改党章报告稿的批语 1 条，关于"二五"计划建议稿的修改和批语 4 条，关于"二五"计划建议的报告稿的批语 3 条。③

1956 年 8 月 22 日，政治报告初稿提交七届七中全会讨论时，仍然很不成熟，稿子长达 9 万字。在全会第一次会议上，毛泽东指出，政治报告要"大作修改"，有些地方要重写，篇幅砍掉三分之一。刘少奇也认为，这个草稿是个"毛稿"，"没有搞好"。"这个稿子是很多人写的，不是一个人写的，因为今天一定要印给大家，所以就编辑一下，凑合拢来，有点应付的味道。"他希望"大家出点力"，"集体创作"。④

根据毛泽东的意见，中共七届七中全会对政治报告提出了重大修改意见，篇幅大幅度压缩，许多部分"打乱重分"，一些部分重写。起草工作紧锣密鼓，到八大预备会议的第三天，形成政治报告第四个修改稿。此后的修改工作，在胡乔木、陈伯达等主要起草人与毛泽东、刘少奇、周恩来等中央主要领导人之间进行。主要执笔人写出修改稿，分送毛、刘、周（部分还送陈云等其他领导人）审改提出意见，再交起草人改定，打印成稿，送中央领导人。各部分稿子往往是

---

① 7 月 6～14 日，毛泽东先后 6 次召集起草委员会会议，讨论政治报告初稿。15 日和 19 日，又主持召开中共中央政治局扩大会议讨论。从 7 月 23 日起，毛泽东、刘少奇、邓小平等先后移住北戴河。在北戴河的 28 天中，毛泽东多次主持召开中共中央政治局会议和两个报告的起草委员会会议，并对政治报告、党章、关于修改党章的报告进行仔细推敲和认真修改，还常常单独同刘少奇、周恩来、邓小平等人交换意见。参见逄先知、金冲及主编《毛泽东传（1949～1976）》，第 512 页。

② 逄先知、金冲及主编《毛泽东传（1949～1976）》，第 513 页。

③ 《建国以来毛泽东文稿》第 6 册，第 136～169 页。

④ 石仲泉等主编《中共八大史》，第 122～123 页。

平行作业，交叉进行。直至 9 月 13 日，印出政治报告最后定稿的主要部分，而最后一部分"党的领导"的印出，已是八大开幕前一天（9 月 14 日）晚 23 时了。关于"二五"计划建议和关于建议的报告两份文件，以及毛泽东在八大的开幕词也都是在八大开幕前一天最后定稿付印的。八大文件的形成充分体现了一种集思广益的民主空气。

政治报告的起草，前后各种修改稿达 80 多份，整个报告经过了 5 次大的修改，其中吸收了很多人的意见。毛泽东对此很满意。他在 9 月 13 日七届七中全会闭幕会上说："第一次推翻你的，第二次推翻他的，推翻过来，推翻过去，这也说明我们是有民主的。不管什么人写的文件，你的道理对，就写你的，完全是讲道理，不讲什么人，对事不对人。"①

富有批评与建议的众多发言

八大的民主会风表现在第二方面，是代表们在大会上的发言。

9 月 15~27 日共 13 天的会议，除了主要报告以外，会议的日程基本上由 68 个大会发言和 49 个外宾致词组成。在总计 183 篇发言稿（大会发言 68 篇、书面发言 45 篇、已经准备但未刊登的 70 篇②）中，包括了中央领导人、地方各级党委负责人、中央和国家机关各部委负责人的发言，也有来自基层党组织负责人或普通党员代表的发言。大会代表发言之多、范围之广，在历届党代会中绝无仅有。尤其值得指出的是，大会发言，不是一般的政治表态，歌功颂德，而是就各自领域面临的新情况和新问题发表意见，提出建议，更有对缺点错误的批评和自我批评。

---

① 逄先知、金冲及主编《毛泽东传（1949~1976）》，第 512~516 页；石仲泉等主编《中共八大史》，第 158~168 页。
② 没有在大会发言又未作为书面发言刊登的，包括张闻天、徐向前、贺龙、聂荣臻、叶剑英、陆定一、谭震林等 70 位领导人的发言稿。参见石仲泉等主编《中共八大史》，第 238 页。

关于大会发言的准备，邓小平在七届七中全会上说："日程上整个发言时间是 8 天半，实际上发言时间只有 36 个小时，因此必须要求大会的发言短，争取比较多的发言。八九十人以上，九十几个人，每个人讲得少一点，内容生动一些，活泼一些。要求大的省市有一个主要的发言，另外再准备 1000 字左右的三篇，题目自己想，中等省准备两篇，小省准备一篇，代表很少的省，只准备一篇主要发言就够了，可以不再另外准备。这样，大体上各省、市、自治区大约有六七十篇稿子了。要选出一点精华，有的写出来不印，有的印出来不讲，有的又印又讲。"①

关于发言的指导思想，毛泽东说："对工作要有批评，要有自我批评。对工作有意见，对党的团结有意见，要有批评，要有丰富的批评。如果我们开一次会议没有批评，净讲一套歌功颂德，那就没有生气，那无非是一个'好'字就行了，还要多讲干什么？但是也不要呆板了，说每一个稿子一定要批评什么东西，如果没有就根本不许讲，那也不好。要有分析。肯定成绩，批评错误。"②

经过认真准备，代表们的发言（包括书面发言），除表示拥护开幕词、政治报告、修改党章报告和第二个五年计划建议的报告，报告了在各自领域取得工作成就的同时，还检讨了工作中存在的缺点或错误，提出了改进的措施和建议。

第一，个体农业、手工业和资本主义工商业社会主义改造高潮后，出现了一系列新情况和新问题，尤以农业、手工业和商业最为突出。对这些问题的检讨，成了多数省市和有关业务部门领导者发言的中心主题。

湖南省委第一书记周小舟、北京市委第二书记刘仁等的发言，都对农业合作化中出现的合作社越大越公越好的倾向作了检讨，指出：

---

① 石仲泉等主编《中共八大史》，第 126 ~ 127 页。
② 石仲泉等主编《中共八大史》，第 123 页。

许多合作社太强调了集中的一面，特别是那些试办起来的高级社，以为既然是完全社会主义性质的合作社，"一切都要公有化"才行，以致发生破坏生产资料的严重现象。[①] "农业社大社太多，有些增产指标订得偏高，'耕作规程'对某些农业合作社的情况并不完全合适，却曾经盲目地普遍地推广。"[②]

福建省委第一书记叶飞指出，合作社重视了粮食生产，忽视了多种经营和副业生产。在生产计划上，层层盲目地提高粮食增产指标；只有粮食增产的计划和安排，没有经济作物和副业的生产计划和具体安排；并且把劳力、土地、肥料和资金都集中地用到粮食增产方面，甚至用缩小和限制经济作物和副业生产的办法，来完成粮食增产的任务。因此，福建省几项主要山林特产到现在还未恢复到战前（指1936年）水平。叶飞说：农民对我们这种做法是不满意的，他们说"共产党领导农民办合作社，增产粮食，什么都好，就是不准搞副业不好"。这就是农民对我们的批评。[③]

江苏省委第一书记江渭清、陕西省委第一书记张德生，对合作化后农村基层干部的工作作风作了检讨，指出在农业合作化以后，基层干部中的强迫命令作风有所滋长。在"千人吃饭，一人当家"思想的指导下，开始独断专行，强迫命令之风随之而起。而领导机关的主观主义、官僚主义也助长了基层干部的强迫命令。江渭清说："江苏省的各级党、政领导机关，曾经一度发生过较为严重的急躁冒进偏向。例如：生产计划订得偏高，耕作制度改革要求过急，推广双轮双铧犁、扫除文盲、推销某些积压的商品等工作不从群众的实际需要与可能出发。领导机关把许多任务压在合作社的头上……这样，就在很大程度上直接地促成了或者间接地助长了基层干部强迫命令的错

---

① 《中国共产党第八次全国代表大会文献》，第734页。
② 《中国共产党第八次全国代表大会文献》，第302页。
③ 《中国共产党第八次全国代表大会文献》，第752页。

误。"① 张德生也说："有的主观地制定不切实际的增产指标和技术定额，而又机械地要群众执行。有的甚至订下统一的生产进度表，要求情况不同的农业社一律在某几天下种，某几天收割，以致群众说这些干部是'铁政策，死脑筋'。"②

国务院手工业管理局局长白如冰检讨了手工业改造中出现的问题，指出在手工业改造过程中，在经济改组、供销安排，以及社员的劳动收入等方面，都出现了错误和缺点。如有些地方出现了不适当地办大社、办多行业的综合社，盲目地集中生产和统一计算盈亏，以致打乱了原有的供销关系，使产品质量下降，品种花色减少。在修理服务行业中，有的地区不适当地撤销和合并服务点，既造成群众不便，又使社员收入减少。在供销关系方面，因社会主义改造消灭了自由市场，手工业者自购原料、自销产品的传统受到了种种限制，以致出现合作社停工待料，市场上手工业产品供应紧张的情况。再加上合作社公共积累偏多，使部分社员收入有所减少。③ 北京市委第二书记刘仁也指出：有些手工业合作社并社偏大，不适当地集中生产，使许多社员的家属不能参加辅助劳动，加以公共积累偏大，经营管理有缺点，使一部分社员的收入减少；有些公私合营企业不适当地打乱了原来的产销关系；有些修理业、服务业不适当地加以集中、合并，或者改为只制造，不修理，使得市民的日用家具和机关、学校的汽车、科学仪器等，没有地方修理，缺少零件也没有地方配。④

商业部部长曾山就日用工业品的生产和分配方面存在的问题发言说："近几年来，在一般日用工业品的生产和分配过程中，有部分产品的品种减少；若干产品的质量下降、质次价高；某些产品供应不及时；花色品种不对路，这里积压、那里脱销，不能满足人民日益增长

---

① 《中国共产党第八次全国代表大会文献》，第 667～668 页。
② 《中国共产党第八次全国代表大会文献》，第 296 页。
③ 《中国共产党第八次全国代表大会文献》，第 580～582 页。
④ 《中国共产党第八次全国代表大会文献》，第 302～303 页。

的需要；在这方面人民对我们提出了不少的意见和批评。这是商业工作中的一个严重问题。"① 武汉市委第一书记宋侃夫就市场过分集中造成的弊端指出：从武汉市蔬菜的供应工作来看，迫切需要取消过严过死的限制。由于过分强调了蔬菜的供应要集中交易，由国营蔬菜公司实行统购包销，增加了许多不必要的周转环节，因而形成了周转慢、消耗大、费用高的状况。居民买不到鲜嫩蔬菜，买到的是最少存了一两天的陈菜，并且常有大批蔬菜霉烂。②

食品工业部副部长胡明检讨了食品工业方面存在的缺点，特别突出的是一些名产品产量和质量下降。胡明说：中国固有的食品是丰富多彩的，是祖国宝贵的历史遗产的一部分，如全聚德的烤鸭、六必居的酱菜、金华火腿、南京板鸭、八大名酒、四川榨菜、云南大头菜以及各种豆制品等，都是利用各地特产的原料，经过特殊工艺加工，所做出的营养丰富、滋味鲜美的食品。这些食品在人民中享有很高的声誉。但是这些食品目前存在两个问题，一是某些名产产量下降，如南京板鸭，战前最高年产量为200万只，现已下降到几十万只；二是某些名产质量下降，如名酒、火腿、酱菜等质量都不如过去。原因一是原料没有保证，二是随意改变操作工艺。③

国务院副总理李先念检讨了价格政策方面的问题，指出：主要工农业产品的价格是适当的。但是，一部分农产品的收购价格偏低；有些商品在当地收购和当地销售之间差价偏大；没有认真执行优质优价的政策；地区差价不尽合理。④

陈云对上述一系列问题进行了综合分析，对现实的经济体制提出了系统的建议。归结起来就是"三个主体，三个补充"。

第二，在基本完成社会主义改造以后，经济建设成为突出重点，

---

① 《中国共产党第八次全国代表大会文献》，第639～640页。
② 《中国共产党第八次全国代表大会文献》，第597页。
③ 《中国共产党第八次全国代表大会文献》，第761～762页。
④ 《中国共产党第八次全国代表大会文献》，第386页。

各部委负责同志的发言，大多围绕这个主题总结经验，提出建议。

国家经济委员会主任薄一波总结了财经工作的经验，指出："在过去几年间，我们对积累和消费关系的处理，基本上是正确的，但也发生过某些偏差。""合理地解决积累和消费关系的意义，就是要将集体利益、长远的利益和个人的、当前的利益正确地结合起来，使之既有利于国家经济建设、特别是工业建设的迅速发展，又有利于人民消费水平的逐步提高。"而积累与消费的比例是否得当，又同国民收入和国家预算收入的比例、国家预算支出中基本建设支出和其他方面支出的比例、基本建设中工业部门支出和其他部门支出的比例是否正确有关。薄一波认为：根据几年来经济建设的实践和我国政治经济发展的情况，在今后若干年内，在国民收入中积累部分的比重，不低于20%，或者略高一点；国民收入中国家预算收入的比重，不低于30%，或者略高一点；国家预算支出中基本建设的比重，不低于40%，或者略高一点，是比较稳妥可靠的。①

国家计划委员会主任李富春在总结国民经济计划工作的经验时说：在过去的计划工作，缺点和错误是不少的。"最主要的缺点，就是我们的计划工作还不全面、不准确、不灵活和缺乏远见"。为克服上述缺点，他提出：一是通过系统地了解中国经济情况的办法，来进一步认识和掌握经济发展的客观规律；二是加强综合平衡、全面安排，掌握有计划按比例发展的规律；三是适应新的情况，按照集中统一和因地制宜相结合的原则，来改善计划工作的体制和方法。② 这里提到的"加强综合平衡、全面安排"，正是周恩来、陈云等为纠正1956年初出现的急躁冒进倾向，提出的"综合平衡，稳步前进"的重要方针。

国务院第四办公室主任贾拓夫，就优先发展重工业和大力发展农

---

① 《中国共产党第八次全国代表大会文献》，第 228、231、234、237 页。
② 《中国共产党第八次全国代表大会文献》，第 450~454 页。

业的同时，必须积极地相应地发展轻工业作了发言，对正确处理原有工业与新建工业之间、沿海工业与内地工业之间、大型工业与小型工业之间、中央工业与地方工业之间的关系，提出了全面规划、统一安排的建议。①

第三，发展生产、改善生活是和平建设时期人民关心的大事。关于国家、生产单位和个人利益之间的关系问题也是代表们发言的一项重要内容。

四川省委第一书记李井泉的发言，着重检讨了国家和农民的关系问题。他举例说：在农业合作化高潮中，由于把适合于农民个体分散经营的副业生产，统统以集体经营方式代替，这不仅减少了农民的收入，也减少了城市的供应，对社会经济生活产生了一定的影响。由于商业部门对农村小宗产品的收购价格偏低，也打击了农民的生产积极性。而对商业网点的改造，阻塞了还不可缺少的小商贩的贩运，打乱了长期的自然流转路线，把农村种类繁多、数量零星、产销关系千头万绪的小宗土特产品不加区别地按大宗产品收购经营，也影响了这些产品的正常生产和交流，使城市工业、手工业原料和人民生活资料的供应受到影响。②

中华全国总工会主席赖若愚谈了在处理国家利益和职工利益的关系方面存在的问题，指出：一些经济机关和企业的领导者，只注意完成生产计划，不考虑群众的切身利益；往往以粗暴的惩办主义的办法来对待群众，而不注意倾听群众的批评和建议。他认为"工会组织必须保护职工群众的物质利益和民主权利"。③

第四，加强和完善国家的民主法制建设，是党在全国执政后在政权建设方面的重要课题。克服党政不分，建立和健全法制，精简重叠的行政机构，充分发扬政治协商的民主传统等，是代表们对政治建设

---

① 《中国共产党第八次全国代表大会文献》，第 435～441 页。
② 《中国共产党第八次全国代表大会文献》，第 166～168 页。
③ 《中国共产党第八次全国代表大会文献》，第 401～404 页。

关注的又一个中心。

　　最高人民法院院长董必武谈了法制建设问题。他说：开国以来，党领导的人民民主法制工作是有显著成绩的。现在的问题是还缺乏一些急需的较完整的基本法规；现有的一些法规由于政治、经济情况的变化，也有待修改或重新制定。董必武在充分肯定全国解放初期接连发动的几次全国范围的群众运动的同时，明确指出："革命的群众运动是不完全依靠法律的，这可能带来一种副产物，助长人们轻视一切法制的心理，这也增加了党和国家克服这种心理的困难。"一些省市党代表大会批评地方党委党政不分，由党委直接发号施令，代替地方国家机关行政工作，董必武对此表示赞赏，他说："我认为这些检查是好的，因为这种现象的存在，会减弱党对国家机关应有的政治领导。"他强调指出："工人阶级领导的国家必须建立健全的法制，才能更有效地发挥国家的职能和保障人民的权利。一切国家机关和公民从法制中才能知道作什么和怎样作是国家允许的或不允许的。因此，我们依照法制进行工作只会把工作作得好些、顺利些，不会作得坏些、不顺利些。"①

　　监察部部长钱瑛在发言中谈了克服官僚主义的问题。钱瑛指出，"国家行政机构庞大、重叠，是官僚主义滋长的温床。因此，应该随着国家机关的行政体制的改进，随着许多工作的下放，根据各部门各地区的具体情况认真地精简一些庞大的行政和事业机构，有计划地下放一批干部，加强企业单位和农村工作的骨干"，以利于了解下情，纠正缺点，改进工作。②

　　李维汉从党的统一战线工作的角度，讲了民主监督问题。他说：充分发扬政治协商和共同工作的民主传统，有利于互相监督。"现在我们党在全国人民中居于核心领导的地位，更需要这样的内外夹攻。

　　①　《中国共产党第八次全国代表大会文献》，第257、258、259、260~261页。
　　②　《中国共产党第八次全国代表大会文献》，第710页。

我们需要来自广大劳动群众的监督，这是基本的依靠。同时我们还需要来自各民主党派和无党派民主人士的监督，因为他们代表了社会上一个方面的意见和要求，并且有一定的政治经验和业务专长，往往能够向我们提出中肯的批评和意见，即使有些批评和意见不中肯或者不正确，也有助于我们认真地分析和处理问题，保持清醒的头脑。我们必须创造一切必要的条件，以便利民主党派和无党派民主人士对我们进行监督……并形成制度。"[1]

上海市委统一战线工作部部长刘述周的发言，批评了党内存在的宗派情绪。他指出：我们有一些同志对听取党外人士的批评意见这样一个极其重要的问题认识不足。"他们甚至错误地以为发挥民主人士的监督作用就会天下大乱，不好办事。事实上，他们提的很多意见是善意的，有用的，即使不完全合乎事实甚至不正确，也可以使我们工作得更谨慎些，考虑得更周到些。""我们有些同志，平时不善于同党外人士商量办事，等到党外人士提出批评，或则无动于衷，或则产生反感。"这种宗派主义情绪是必须克服的。[2]

从以上列举不难看出，众多代表发言中提出的批评和建议，在不同领域、不同程度地触及已经建立的经济体制和政治体制的弊端，并提出了进行改革的意向和建议。

汇集群体智慧的政治报告决议

对中央委员会向代表大会作的政治报告，由大会作一个包含全部内容的《关于政治报告的决议》，这也是中共历次代表大会所未曾有过的。大会决议不只是简单地批准政治报告，因为邓小平《关于修改党的章程的报告》、周恩来《关于发展国民经济的第二个五年计划的建议的报告》和陈云等众多代表的发言，提出了很多很重要的方

---

① 《中国共产党第八次全国代表大会文献》，第 500～501 页。
② 《中国共产党第八次全国代表大会文献》，第 652 页。

针政策性意见，是对政治报告的重要补充，把这些意见与政治报告综合到一起，使政治报告的内容更丰富和完善，就十分必要了。将决议同报告比较，我们可以看到：

第一，政治报告一开头，谈了新民主主义革命的胜利、社会主义改造的基本完成，使中国社会的阶级关系发生了根本的变化，指出："我国社会主义和资本主义谁战胜谁的问题，现在已经解决了。"① 但对中国的社会现实及其主要矛盾却没有作出阐述。政治报告的决议弥补了这一重要缺陷，正式宣布："我国的无产阶级同资产阶级之间的矛盾已经基本上解决，几千年来的阶级剥削制度的历史已经基本上结束，社会主义的社会制度在我国已经基本上建立起来了。"然后指出："我们国内的主要矛盾已经是人民对于建立先进的工业国的要求同落后的农业国的现实之间的矛盾，已经是人民对于经济文化迅速发展的需要同当前经济文化不能满足人民需要的状况之间的矛盾。""党和全国人民的当前的主要任务，就是要集中力量来解决这个矛盾，把我国尽快地从落后的农业国变为先进的工业国。"②

第二，关于社会主义经济建设的方针政策，政治报告在社会主义建设一节的第一个五年计划的执行情况和第二个五年计划的准备、工业、农业、商业部分，分别有所阐述。政治报告的决议，集中明确了十条。其中关于社会主义的统一市场应当以国家市场为主体，同时附有一定范围内的国家领导下的自由市场，作为国家市场的补充；全国

---

① 《中国共产党第八次全国代表大会文献》，第24页。

② 《中国共产党第八次全国代表大会文献》，第809、810页。据石仲泉等主编的《中共八大史》，在决议中要写主要矛盾一节，可能是毛泽东提出来的。该书第178页写道：根据9月24日华北代表团讨论决议草案记录，华北团在讨论时，介绍了薄一波传达毛泽东意见的情况，其中很重要的一条意见是"要把矛盾突出一下，现在主要是先进与落后"。在此后的修改稿中，才出现了主要矛盾的内容。经过各代表团的多次讨论，毛泽东等领导人和起草委员会的多次修改，最后形成对主要矛盾的正式表述。

工农业产品的主要部分将列入国家计划，由生产单位按照计划生产，在计划许可的范围内，有一部分产品由生产单位直接按照原料和市场的情况进行生产，作为计划生产的补充；社会主义经济的主体是实行集中经营的，但是也需要有一定范围的分散经营作为补充。关于社会主义建设的发展，明确提出要随时注意防止和纠正右倾保守或"左"倾冒险的倾向，积极地而又稳妥可靠地推进国民经济的发展方针。这些都明显吸收了大会发言中的意见和建议，特别是陈云的发言和周恩来报告中的重要意见。

第三，关于国家政权建设，在强调继续加强专政职能的同时，决议明确提出：由于社会主义革命已经基本上完成，"国家的主要任务已经由解放生产力变为保护和发展发展生产力。""国家必须根据需要，逐步地系统地制定完备的法律。一切国家机关和国家工作人员必须严格遵守国家的法律，使人民的民主权利充分地受到国家的保护。"

第四，关于党的建设，政治报告说关于贯彻党的集体领导原则和扩大党内民主问题，邓小平将有报告作详细说明，因此未作展开。决议将邓小平报告中的有关内容写了进来，明确在党的会议上和党的报刊上组织关于政策问题的自由、切实的讨论，在纪律许可的范围内允许少数人保留自己的意见，允许下级向上级提出异议。并且指出：只有这样，我们才能有生动活泼的党的生活，我们的领导才不致犯了错误而不能及时改正。那种脱离群众、脱离集体、听不得反对意见、用机械的服从来维持领导威信的办法，只能妨害我们事业的发展。

这样，关于政治报告的决议，就使全党对社会主义改造基本完成后面临的社会现状，主要矛盾和今后任务，社会主义建设应取的重大方针政策，有了清醒的认识和行动的遵循，为探索中国自己的社会主义建设道路迈出了坚实的一步。这正是充分发扬党内民主取得的丰硕成果。

八大党章未写入毛泽东思想的原委

众所周知，中共七大是以确认毛泽东在党内的最高领袖地位和把毛泽东思想作为党的指导思想载入史册的。刘少奇在修改党章的报告中说："党章的总纲上确定以毛泽东思想作为我党一切工作的指针，在党章的条文上又规定：努力地领会马克思列宁主义、毛泽东思想的基础，是每一个共产党员的义务。这是我们这次修改的党章一个最大的历史特点。"①

但八大通过的党章未写毛泽东思想，在"文化大革命"中曾被作为一个严重的政治问题对刘少奇"兴师问罪"。国外学者也将此作为中共上层权力消长的一个重要信号加以研究。英国学者、美国哈佛大学教授罗德里克·麦克法夸尔在《文化大革命的起源》一书中认为，自苏共二十大起，在国际共产主义运动内部开展反对个人崇拜斗争所带来的影响，多少会传到中国共产党的最高领导层，以至动摇了毛泽东的领袖地位。刘少奇在其中扮演了一个积极和重要的角色。②实际上作者所依据的材料，完全是"文化大革命"中编造出来的。

据有关档案记载，八大新党章的修改稿由胡乔木执笔，初稿写成的时间是 1955 年 10 月 20 日。在这个修改稿中就没有七大党章中的两处提及毛泽东思想的部分。在初稿之后，新党章修改了五次，才向八大提出了修改稿。在这五次修改中，没有一位中央领导提出加进七大党章中有关毛泽东思想的部分。从执笔人和起草时间可以看出，在党章中删去"毛泽东思想"有关部分是在苏共二十大召开五个月之前，显然与苏共二十大反个人崇拜无关。

1950 年代中期，毛泽东的威望正处在高峰。在这种时候，八大

---

① 《刘少奇选集》上卷，第 332 页。
② 〔英〕罗德里克·麦克法夸尔：《文化大革命的起源　第一卷　人民内部矛盾（1956～1957）》，魏海生、艾平等译，求实出版社，1989，第 118～120 页。

对如此重大的政治问题作出变动，如果不是出于毛泽东本人的意见，为中共中央同意并在党内进行过充分的解释和说明，要在全党取得普遍理解，显然是不可能的。随着有关历史资料的陆续披露和出版，为我们弄清这些历史原委提供了可靠的依据。现就毛泽东本人关于不要再用"毛泽东思想"和改用"毛泽东著作"的若干批语，按时间顺序摘录如下。

1952 年 9 月 25 日，毛泽东对《人民日报》送审的国庆社论提纲草稿作了两处修改：一是将"这证明马克思列宁主义、毛泽东思想的无敌力量"一句中的"毛泽东思想"删去；二是将"毛泽东思想使中国人民充满着无限胜利的信心"一句改为"中国共产党及其领袖毛泽东同志使中国人民充满着无限胜利的信心"。同时批示："不要将'毛泽东思想'这一名词与马列主义并提，并在宣传上尽可能不用这个名词。"①

1953 年 4 月 10 日，在同年 4 月 3 日董必武关于中国政治法律学会召开成立会的问题给彭真并政法党组干事会的信上，毛泽东批示："凡有'毛泽东思想'字样的地方，均应将这些字删去。"②

1953 年 5 月 24 日，在同年 5 月 15 日人民革命军事委员会军训部部长萧克为报送经军委例会通过的内务条令、纪律条令、队列条令三个草案给毛泽东的报告上，毛泽东批示："凡有'毛泽东思想'字样的地方均改为'毛泽东同志的著作'字样。"③

1953 年 8 月 14 日，中共中央给中国驻越南顾问团总顾问罗贵波、副团长邓一凡的电报稿中有一段话，原文是："劳动党的党章规定'以马克思、恩格斯、列宁、斯大林主义及毛泽东思想与越南革

---

① 《对〈人民日报〉国庆社论提纲草稿的批语》（1952 年 9 月 25 日），《建国以来毛泽东文稿》第 3 册，第 563 页。

② 《关于在中国政治法律学会章程及宣言中删去"毛泽东思想"字样的批语》（1953 年 4 月 10 日），《建国以来毛泽东文稿》第 4 册，第 192 页。

③ 《关于将内务条例等文件中的"毛泽东思想"改为"毛泽东同志的著作"的批语》（1953 年 5 月 24 日），《建国以来毛泽东文稿》第 4 册，第 238 页。

命实践的结合作为党的一切行动的思想基础和指南针'。"毛泽东审阅时将这句话中"恩格斯""斯大林""毛泽东思想"等字删去。并批示："应改为'以马克思列宁主义与越南革命实际相结合'。"①

正是根据毛泽东上述一系列批示的精神，中共中央宣传部于1954年12月5日向党内正式下达了《关于毛泽东思想应如何解释的通知》。通知说："关于'毛泽东思想'，应如何解释的问题，今后可用口头答复如下：党章已明确指出：'毛泽东思想'即是'马克思列宁主义的理论与中国革命的实践之统一的思想'，它的内容和马克思列宁主义是同一的。毛泽东同志曾指示今后不要再用'毛泽东思想'这个提法，以免引起重大误解。我们认为今后党内同志写文章做报告，应照毛泽东同志的指示办理。至于讲解党章和过去党的重要文件决议时仍应按照原文讲解，不得改变，但应注意说明'毛泽东思想'就是马克思列宁主义思想，避免对两者有不同内容的可能误解。"毛泽东在批发这个通知时，又在末尾加上一句："在写文章做讲演遇到需要提到毛泽东同志的时候，可用'毛泽东同志的著作'等字样。"②此后，陈伯达为纪念中共30周年而作的《论毛泽东思想》的小册子，在重印时也正式改名为《毛泽东论中国革命》。这样，在不再用"毛泽东思想"的提法这个问题上，党内的思想就基本上得到了统一。

由此，可以得出如下结论：

第一，不要再用"毛泽东思想"的提法，是早在苏共第十九次代表大会召开之前，斯大林还健在的情况下，由毛泽东本人在1952年9月25日的批示中正式提出来的。

第二，从毛泽东一系列批示的内容看，不再用"毛泽东思想"

---

① 《在中央给罗贵波、邓一凡的电报稿上的批语》（1953年8月14日），《建国以来毛泽东文稿》第4册，第304页。

② 《在中宣部关于毛泽东思想应该如何解释的通知稿中加写的一段话》（1954年1月25日），《建国以来毛泽东文稿》第4册，第623～624页。

的提法，主要考虑的是：（1）"毛泽东思想"的内容和马克思列宁主义是同一的，在对外宣传上把两者并列起来，容易引起两者有不同内容的误解。（2）把中国共产党及其领袖摆在国际共产主义运动的恰当地位，即"毛泽东思想"是马列主义理论同中国革命实践相结合的思想，是中国共产党一切工作的指针，但不宜同马列主义并列；作为中国共产党的领袖也不应同马克思、恩格斯、列宁、斯大林平起平坐。（3）避免把"毛泽东思想"在国际共运中强加于人。（2）（3）在毛泽东1953年8月14日对中共中央给罗贵波、邓一凡电报的修改中，体现得更为直接明确。

第三，不难看出，教育中国共产党把自己摆在马、恩、列、斯学生的地位，保持谦虚谨慎，力戒骄傲，是毛泽东提出不要再用"毛泽东思想"的提法的重要出发点。当时，全党也正是这样来理解和接受的。由此，到八大时，不再提"毛泽东思想"也就完全顺乎自然，没有人提出异议了。

对上述历史原委，胡乔木也曾谈到过有苏联共产党的背景，他回忆说："这与苏联共产党对毛泽东思想的提法不感兴趣有关。""在我们党提出毛泽东思想后，苏联党始终拒绝承认这个提法。在苏联报刊上绝口不提毛泽东思想。这成了一个禁区。凡是中共文件中提了的，它在发表时都给删掉。既然苏共是如此态度，而中国革命又离不开苏联的帮助，从大局出发还必须搞好与苏共的团结，出于这样的考虑，不仅'历史决议'将毛泽东思想提法删去，并且在一九五六年八大不提了。"[①]

"文化大革命"中，江青、康生等人制造刘少奇在党的八大删去"毛泽东思想"一词的谎言，完全是栽赃陷害。

[①] 《胡乔木回忆毛泽东》，人民出版社，2003，第329页。

十四

对国际共运历史经验的总结

　　就在中共八大闭幕不久，东欧的波兰和匈牙利国内局势紧张，苏联与这些国家的民族矛盾也有所激化。苏共中央第一书记赫鲁晓夫，面对这种形势进退失据，急电中共中央要求共商对策。中共中央决定由刘少奇率团前往莫斯科。

　　1956年的国际共运出现这种形势，其深层原因，与斯大林的个人崇拜、大国沙文主义以及这些国家照搬苏联模式等错误有关，而直接诱因，则是赫鲁晓夫在苏共二十大的秘密报告。对于波匈事件的教训，刘少奇和毛泽东各有不同的思考。

　　刘少奇在中共八届二中全会的报告中，强调要接受波匈事件的严重教训，经济上，不能片面强调发展重工业，要重视发展农业和轻工业，要关心人民生活；政治上，要扩大社会主义民主，反对干部中的官僚主义特权思想，要限制领导人的权力，加强对领导人的监督。

　　毛泽东在中共八届二中全会作的总结性讲话中则认为：东欧一些国家的基本问题是阶级斗争没有搞好，那么多反革命没有搞掉，没有在阶级斗争中，分清敌我，分清是非，分清唯心论、唯物论。现在呢，自食其果，烧到自己头上来了。

　　《再论无产阶级专政的历史经验》则强调：苏联的革命和建设的

基本道路，是放之四海而皆准的马克思列宁主义的普遍真理，是反映了人类社会发展长途中的一个特定阶段内关于革命和建设工作的普遍规律，是各国无产阶级为了取得胜利都必须走的共同的康庄大道。提出在坚决反对教条主义的时候，必须同时坚决反对修正主义。

赫鲁晓夫的秘密报告

1956 年 2 月 14～25 日，苏共召开第二十次代表大会。这是自 1953 年斯大林逝世以后举行的头一次代表大会。斯大林作为苏共中央主要领导人长达 30 年之久，在这期间苏联社会积累了诸多的矛盾。对在这次代表大会上是否揭露斯大林的错误，党内意见不一，赫鲁晓夫极力主张在代表大会上公开批判斯大林；莫洛托夫、马林科夫、伏罗希洛夫、卡冈诺维奇等则对此表示强烈反对。直到二十大召开前夕，2 月 13 日的苏共中央主席团会议才达成妥协，即建议召开大会的内部会议，由赫鲁晓夫在会上作《关于个人崇拜及其后果》的报告。同日举行的苏共中央全会，通过了主席团的这个建议。①

在完成了大会预定的议程之后，2 月 24 日夜 11 时至 25 日晨，苏共二十大举行内部会议。到会的除全体代表外，有 100 名在 30 年

---

① 尼古拉·津利维奇在《权力与斗争》一书中说：当代表大会已经公布中央机关选举结果，大会实际上已经结束时，突然宣布会议休息。赫鲁晓夫来到主席团成员休息的侧厅，给大家发了一份红色的小册子。他指着这本小册子说："应该在大会上宣读。"卡冈诺维奇回忆道："我们说，不是已经讲好，在代表大会之后单独召开中央全会，在比较平静的气氛中讨论这个问题吗？现在大会已经结束，而且我们在大会上所作的发言都意见一致，没有分歧。""必须立即宣读！"赫鲁晓夫坚持说。据卡冈诺维奇讲，当时只有 15 分钟的时间，主席团成员还没有来得及看明白红色小册子上的内容，赫鲁晓夫就催促道：快点，大会还等着呢。"他后来写道，是主席团提议让他作报告的，这是撒谎，是他自己说：'我来作报告。'"德·特·谢皮洛夫也说："赫鲁晓夫根本没有跟其他中央主席团成员商量，更谈不上什么决议。他只是在大会主席团成员休息室里说：'我们已不止一次谈过这件事。现在是向共产党员们讲真话的时候了。'"见《文汇读书周报》2001 年 3 月 10 日，第 8 版。

代受到迫害已经恢复名誉，并重新回到工作岗位的党员干部列席了会议。外国代表团，除波兰统一工人党总书记、代表团团长贝鲁特，匈牙利劳动人民党第一书记、代表团团长拉科西以外，均未被邀请参加。赫鲁晓夫用了长达 4 个多小时作的《关于个人崇拜及其后果》的报告，就是历史上被称为的"秘密报告"。①

对赫鲁晓夫在苏共二十大作秘密报告的前后经过，可资参考的有当年中国驻苏联大使刘晓在回忆录中的如下叙述：

"苏共二十大自一九五六年二月十四日开至二十五日共进行了十一天。大会的主要议程是，苏共中央第一书记赫鲁晓夫作苏共中央工作总结报告，揭开了大会的序幕。苏联部长会议主席布尔加宁作有关苏联第六个五年计划（一九五六至一九六〇年）报告。最后一项议程是选举党中央领导机构。大会代表共一千四百多人，代表七百二十多万党员。有五十五个外国共产党和工人党代表团应邀出席这次大会。赫鲁晓夫在大会闭幕后，向全体代表在内部作了关于反对斯大林个人迷信问题的报告。苏共中央把这份报告复本分送给各兄弟党，也送了一份给我党代表团。我作为驻苏大使，他们也特地给我专送了一份，封面上印上了刘晓的名字。并注上最密件。

"虽然代表大会没有打算要在大会结束以前公开抨击斯大林，但赫鲁晓夫突然改变了整个形势。据了解，此事赫鲁晓夫早有打算。一九五四年在主席团的一次会议上，由赫鲁晓夫亲自提出建议说：为了对斯大林统治下发生的情况有比较清楚的了解，组织一个由波斯别洛夫主持的调查委员会。

"在代表大会临开前，召开主席团会议讨论谁作总结报告，赫鲁晓夫说，莫洛托夫是资历最老的委员，最有资格作报告人。莫洛托夫和其他人一致认为，由第一书记作报告，不会增加问题的复杂性。赫

---

① 〔法〕布兰科·拉齐奇：《赫鲁晓夫秘密报告事件始末》，夏平译，上海人民出版社，1988，第 53～125 页。

鲁晓夫遂准备了稿子，集体讨论后送中委全体会议讨论批准。报告得到良好反映，大会顺利进行。

"由于二十大是斯大林逝世后的第一次党代会，要对斯大林在世时所发生的事情和对他的政策造成的各种问题负责，所以二十大即将召开时，赫鲁晓夫急于要做这一工作。但苏共中央老主席团成员伏罗希洛夫、莫洛托夫、卡冈诺维奇对赫鲁晓夫建议多不热心，米高扬没有积极支持赫鲁晓夫，也没有反对此建议。

"在大会的一次休息期间，当室内只有主席团委员时，赫鲁晓夫突然提出对调查报告发现的问题怎么办。他说大会将闭幕，作为斯大林在世时的中央委员应讲讲那段情况，我们党内存在过专横统治，必须告知代表大会。大家对赫鲁晓夫的提议反应强烈，一致反对。伏罗希洛夫说，你以为能在代表大会上把全部东西一摊就可以脱身了吗？你可曾想过这对党和国家的威信将会产生怎样的影响？莫洛托夫责问说，你知道这样做将会带来什么后果？

"赫鲁晓夫当时说，作为十九次党代会以来的中央委员准备向党承担一部分责任，即使党认为那一段时期内所有领导人都应受到责备，也在所不顾。当时，主席团未能达成一致协议。赫鲁晓夫最后威胁说，我提醒你们，主席团每个委员都有权在代表大会上发言，并发表他自己的看法，即使所谈问题与总结报告路线不尽一致。在争论达到这样剧烈地步后，最后大家才勉强同意作个报告。主席团内部有分歧，似乎布尔加宁、别尔乌辛、萨布罗夫，可能还有马林科夫支持赫鲁晓夫的主张。

"赫建议报告由波斯别洛夫来作，但其他人反对，认为提出这样一件重要事情，若由另一名中委来作，而赫鲁晓夫的总结报告又只字不提，会产生这样印象：领导内部有分歧。最后决定为代表大会安排了一次特别秘密会议，由赫鲁晓夫作报告。

"这个报告虽然对斯大林前半生的革命活动作了一定的肯定，但重点是揭露斯大林的错误。报告指出斯大林在他后期的活动中，由于他没有个人谦虚，接受和鼓励对他个人的崇拜，忽视党的生活准则和党的领导的集体原则，往往独自对问题作决定，违背党内民主，结果导致了对革命法制的破坏，导致没有根据的镇压，以及在苏德战争爆发前没有应有的警惕等等严重错误。说这种领导方式以及这种错误给党带来了很大的损失。据米高扬说，这个秘密报告得到了代表们一致的原则上的赞同。

"苏方还决定，在二十次党代会的秘密报告中不谈那几次公开审讯的问题。作出这一决定的理由是，在审问和判决李可夫、布哈林以及其他人的时候，有兄弟党代表在场，不愿让这些参加公开审判的兄弟党代表的信誉遭受损失。苏方无限搁置了布哈林、季诺维也夫、李可夫以及其余一些人的平反。二十大标志着大的转变，触发了党内批判斯大林主义。"①

中共中央的最初反应

对苏共二十大批判斯大林，参加大会的中国共产党代表团成员刘晓回忆说：中国共产党参加苏共二十大的代表团，中央是 2 月 11 日宣布的。代表团由朱德、邓小平、谭震林、王稼祥和刘晓五人组成，以朱德为团长。这时，朱德和刘晓已在莫斯科。朱德是访问波兰后来苏联的。2 月 4 日，朱德乘坐的专列抵达莫斯科白俄罗斯车站，苏联部长会议第一副主席、苏共中央主席团委员米高扬和莫洛托夫，苏联国防部长朱可夫元帅等到车站迎接。邓小平、谭震林、王稼祥一行三人，9 日乘飞机离开北京，11 日抵达莫斯科。

苏方对朱德率领的中共代表团甚为重视，接待规格很高，苏共中央第一书记赫鲁晓夫，苏联最苏维埃主席团主席伏罗希洛夫，苏联部长会议主席布尔加宁，以及部长会议第一副主席米高扬和莫洛托夫等

---

① 刘晓：《出使苏联八年》，中共党史资料出版社，1986，第 14～16 页。

均分别会见代表团。当时赫鲁晓夫暗示要在二十大上批判斯大林搞个人迷信，这对中共代表团是一个重要信息。代表团急电请示中央，批判斯大林会议我们是否出席。中央回电，批斯会议照常参加。接中央电示后，代表团又开紧急会议研究赫鲁晓夫反斯大林，我们应采取什么态度，最后一致决定，对批判斯大林一事不表态，不发言，采取回避政策。

2月14日，赫鲁晓夫作完政治报告后，15国兄弟党代表团开始向大会致贺词。朱德被安排在第一个发言，他代表中国共产党的900万党员和6亿中国人民向大会致热烈的兄弟般的祝贺，发言内容热情友好，最后宣读了由毛泽东签名的中国共产党中央委员会致大会的贺词。朱德的讲话受到了热烈欢迎。

大会发言中，最值得注意的是米高扬的发言。他激烈地批判了斯大林，批判斯大林在理论上和实践上的错误，并提出要对斯大林的一些理论观点进行重新审查和批判。其他苏共领导人的发言，如苏斯洛夫、马林科夫甚至包括莫洛托夫，也都提出要消除个人迷信后果的问题，但说得不明确，也都未点名。米高扬打头阵开重炮，因而成为众人议论的重点。

2月25日，苏共二十大闭幕。这时中共代表团才得知赫鲁晓夫向全体代表作了揭露斯大林错误的秘密报告。苏共中央邀请中共代表团参加他们主持的一个座谈会，赫鲁晓夫强调苏共反对个人迷信的意义，说苏共中央在大会以后，还要做巨大的工作来消除个人迷信在各方面遗留的不良后果。

赫鲁晓夫的秘密报告，引起中共中央的极大关注。

刘晓回忆说：鉴于赫鲁晓夫的秘密报告在国际上引起的强烈反响，党中央指示他回国汇报各方面的反应和看法。刘晓回到北京后，即参加有刘少奇、周恩来、朱德、彭德怀、邓小平、陈毅、杨尚昆等人出席的中央会议。刘晓向中央汇报说，他认为"批判斯大林的错误是可以的，也应该批判，但把二十大开成了一个主要是反斯大林的会议，把党的建设和国家建设问题搁置于次要地位，这是不对的。何况赫的报告言过其实、功过不分，这是不公正的。另一错误是没有和兄弟党商量，没有考虑到兄弟党的不同意见和国际共运的现实，甚至没有考虑到苏共党内会引起什么后果。二十大造成了苏共党内思想混乱，国际共运内部也出现了混乱局面，从而使帝国主义有机可乘，破坏了国际共运的团结和打击了共产党的威信。我们有责任把斯大林的功过是非讲清楚，清除共运内部的思想混乱局面，不让帝国主义继续钻空子"。就在这次会上，中央决定召开政治局扩大会议，由省委书记以上的干部参加讨论二十大问题。刘晓还说：少奇同志就斯大林问题在中央扩大会议上作了报告，主要意思是说我们对斯大林的评价同苏共不完全一致，赫鲁晓夫反斯大林的报告会引起社会主义国家内部矛盾和政治上的不安定，我们要善于解决社会主义国家间的内部矛盾问题。①

有关文献记载，3 月 17 日，刘少奇出席中央书记处会议讨论这个秘密报告。18 日，毛泽东召集会议，商讨西方通讯社对苏联国内情况的报道问题。23 日，毛泽东主持中共中央书记处扩大会议，讨论赫鲁晓夫秘密报告和中国共产党的对策，王稼祥发言分析赫鲁晓夫秘密报告中的内在矛盾，刘少奇对斯大林的主要错误作了系统发言，周恩来就中共历史上几次重大错误同斯大林的关系问题发言，邓小平发言着重谈反对个人崇拜问题。

毛泽东着重讲了四点意见：

第一，共产主义运动，从马克思和恩格斯发表《共产党宣言》算起，于今只有一百年多一点。无产阶级专政的历史，从十月革命算起，还不到四十年。实现共产主义是空前伟大而又空前艰巨的事业。不艰巨就不能说伟大，因为很艰巨才很伟大。在这艰巨斗争的过程中，不犯错误是不可能的，因为我们走的是前无古人的道路。我历来

---

① 刘晓：《出使苏联八年》，第 16～21 页。

是"难免论"。斯大林犯错误是题中应有之义，赫鲁晓夫同样也要犯错误。苏联要犯错误，我们也要犯错误。问题在于共产党能够通过批评和自我批评克服自己的错误。

第二，社会主义社会，仍然存在着矛盾。否认存在矛盾就是否认唯物辩证法。斯大林的错误正证明了这一点。矛盾无时不在，无所不在。有矛盾就有斗争，只不过斗争的性质和形式不同于阶级社会而已。

第三，斯大林犯过严重错误，但他有伟大功绩。他在某些方面违背马克思主义的原则，但他仍然是一位伟大的马克思主义者。他的著作虽然包含了某些错误，但仍然值得我们学习，只不过在学习时要采取分析的态度。

第四，赫鲁晓夫这次揭了盖子，又捅了娄子。他破除了那种认为苏联、苏共和斯大林一切都是正确的迷信，有利于反对教条主义。不要再硬搬苏联的一切了，应该用自己的头脑思索了。应该把马列主义的基本原理同中国社会主义革命和建设的具体实际结合起来，探索在我们国家里建设社会主义的道路了。至于赫鲁晓夫秘密报告的失误，我们要尽力加以补救。[①]

会议结束前，毛泽东提出，对于苏共二十大赫鲁晓夫大反斯大林，我们党应当表示态度，方式可以考虑发表文章，因为发表声明或作出决议都显得过于正式，苏共还没有公布赫鲁晓夫的秘密报告，而且此事的后果仍在发展中。这篇文章可以在支持苏共二十大反对个人迷信的姿态下面讲一些道理，补救赫鲁晓夫的失误；对斯大林的一生加以分析，既要指出他的严重错误，更要强调他的伟大功绩；对我党历史上同斯大林有关的路线错误，只从我党自己方面讲，不涉及斯大林；对个人迷信作一些分析，并说明我党一贯主张实行群众路线，反对突出个人。文章不要太长，要有针对性地讲道理，一个星期内写出

---

① 《毛泽东年谱（1949～1976）》第 2 卷，第 549～550 页。

来。会议决定由陈伯达执笔，中宣部和新华社协助。①

4月3日和4日，中共中央政治局会议讨论根据毛泽东提出的观点写成的《关于无产阶级专政的历史经验》，刘少奇在会上发言说："文章在谈到错误不可免时，应补充领导人的责任是力求使某些个别的、局部的、暂时的错误不至于变成全国性的、长期的错误。还要指出剥削阶级无法克服它的错误直至最后灭亡，无产阶级能够克服自己的错误不断前进。刘少奇还说：斯大林的错误不能统统归结为个人崇拜，从根本上说还是主观不符合客观，脱离实际和脱离群众，是思想方法问题。"②

关于无产阶级专政的历史经验

1956年4月5日，《人民日报》发表了根据中共中央政治局扩大会议的讨论，写成的《关于无产阶级专政的历史经验》的长文，首次对苏共二十大和批判斯大林公开表态。

《关于无产阶级专政的历史经验》一文，首先肯定了苏共二十大反对个人崇拜，"对于自己有过的错误所进行的这一个勇敢的自我批评，表现了党内生活的高度原则性和马克思列宁主义的伟大生命力"，抨击了帝国主义借此向社会主义发起的攻击。

关于斯大林，文章首先肯定了他的历史功绩，主要是他和苏共其他领导人一起，维护和实行了列宁关于苏维埃国家工业化和农业集体化的路线，使社会主义在苏联取得了胜利，并且造成了苏联在反希特勒的战争中取得胜利的条件。进而指出，与此同时，他却接受和鼓励个人崇拜，实行个人专断，致使他在一生的后期，违反党的民主集中制，违反集体领导和个人负责相结合的制度，发生了一些重大的错

① 《毛泽东年谱（1949～1976）》第2卷，第550页。
② 刘崇文、陈绍畴主编《刘少奇年谱（1898～1969）》下卷，第364页。

误。如肃反扩大化；在反法西斯战争前夜缺乏必要的警惕；对于农业的进一步发展和农民的物质福利缺乏应有的注意；在国际共产主义运动中出了一些错误的主意，特别是在南斯拉夫问题上作了错误的决定。在这些问题上陷入了主观性和片面性，脱离了客观实际状况，脱离了群众。

对斯大林犯错误的原因，文章分析说：社会主义社会仍存在着主观和客观的矛盾，先进和落后的矛盾，社会生产力和生产关系的矛盾，个人和集体的矛盾，唯物论和唯心论的矛盾。任何党和国家的领导人物，如果脱离集体领导，脱离人民群众，脱离实际生活，他们就必然思想僵化起来，以致做出严重的错误。文章认为，苏联共产党第二十次代表大会展开的反对个人崇拜的斗争，正是苏联共产党人和苏联人民在前进道路上扫清思想障碍物的一个伟大的、勇敢的斗争。

文章强调应当用历史的观点看斯大林，对于他的正确的地方和错误的地方作出全面的和适当的分析，从而吸取有益的教训。中国共产党认为，应该经常注意反对脱离群众的个人突出和个人英雄主义，反对个人崇拜；要继续展开反对教条主义的斗争。

《关于无产阶级专政的历史经验》一文的发表，在国际上得到了很好的反应。

与各兄弟党的双边会谈

中共八大期间，毛泽东、刘少奇、周恩来、陈云等中共中央领导人，曾共同或分别会见了前来参加中共八大的各国共产党、工人党代表团，同他们交换各方面的意见。刘少奇除三次陪同毛泽东会见外宾，还八次单独会见外国党代表团。在这些会见中，苏共二十大和斯大林问题，无疑是会谈的热点。不少国家，尤其是资本主义国家的共产党代表都谈到，苏共二十大揭露斯大林的错误，来得太突然，在党内引起了很大震动；二三十年以来，第一次使党员对党的信任受到影响，对苏联的信任也受到影响；苏共二十大以后，国内党内发生了波动、混乱和危机，党处在极端困难的境地。有的代表团说，赫鲁晓夫关于斯大林问题的报告，"对于我们是一个很大的打击"。

对于各国党在苏共二十大以后面临的困难，毛泽东、刘少奇等中共中央领导人表示充分地理解和同情，并向这些兄弟党的代表耐心地谈了中共的一些看法。

关于苏共二十大，毛泽东肯定苏共二十大揭发了斯大林的错误，是做了一件好事；破除了迷信，揭开了盖子；是一种思想解放，使人能想问题了。

关于斯大林，毛泽东说：斯大林的错误，有它的历史和社会根源。如捉人、杀人、刑讯逼供均是封建主义的。在资本主义社会也有，但较少。同志之间的猜疑也是旧社会的。苏联当时所处的政治环境，如受到外国包围也是原因，但借口说因为受到敌人的包围就得大批捉人杀人，那么同样是在封建主义发达、资本主义不发达的俄国，列宁在世时杀人就少。列宁受到的包围不比列宁去世以后所受到包围更厉害些吗？斯大林犯错误的原因主要不在这里。要从认识上去找原因。斯大林在认识上离开了马克思列宁主义的原则，离开了唯物主义，犯了主观主义的错误。他还说：斯大林时期，环境更好了，阶级没有了。社会已经进入了没有阶级的社会，反革命更少了。但斯大林的思想仍停留在旧社会的时代。客观形势已经发展了，社会已经从这一个阶段过渡到另一个阶段，这时的阶级斗争已经完结，人民已经用和平的方法来保护生产力，而不是通过阶级斗争来解放生产力的时候，斯大林在思想上却没有认识到这一点，还要继续进行阶级斗争，这就是错误的根源。苏联在阶级消灭后，当国家机构的职能丧失了十分之九时，当阶级斗争已经没有或者已经很少的时候，仍在找对象，大批捉人、杀人，继续行使镇压的职能。斯大林所做的与他所讲的不一样。他说阶级斗争消灭以后，国家作为阶级斗争的工具，对内就失去了效力，只剩下对外的职能。但是他的行动与此相反，在阶级消灭后，仍大捉、大杀。有人说，斯大林性格粗暴，什么是性格粗暴？就是任性，不喜欢调查研究，也不会调查研究，不对客观情况加以总结。所以斯大林的错误是由于不符合实际的思想方法所产生的。

关于如何对待苏共二十大后的苏联，毛泽东说：一般来说，苏联总是好的。他们有四个好：马列主义、十月革命、主力军、工业化。当然也有阴暗面，有些错误。但成绩是主要的，错误是次要的。尤其是我们要支持赫鲁晓夫等同志。敌人正利用对斯大林的批评在全世界展开攻势，我们应该支持苏联。世界共产主义运动的中心在莫斯科，帝国主义怕苏联而不怕中国。列宁主义从十月革命以来已经40年了。二次大战时苏联是主要的反法西斯力量。苏联已经大大地工业化了，今天是唯一能对付帝国主义的强大力量。我们以苏联为中心，一个头。一个阵营一个头，只有它有资格。我们支持苏联为中心，这对社会主义运动有利。①

刘少奇则更多地结合中共的历史经验，向兄弟党代表谈如何接受斯大林教训的问题。

关于党的路线问题，刘少奇说：要革命首先要有正确的革命路线。路线问题是首要的问题。马克思主义有真有假，有些人口头说赞成马克思主义，说"我就是马克思主义"，而实际上却是假的，甚至是反马克思主义的，是教条主义。教条主义不是马克思主义，是反马克思主义的。经验主义也是反马克思主义的。个人崇拜是反马克思主义的，也是违反历史唯物论的，它是唯心主义历史观。

关于如何对待党内的不同意见，刘少奇说：解决路线问题，不能性急，应当慢慢来，可以展开讨论，但避免伤感情，要团结。意见不同可以争论，但应当是同志式的争论，不应当一下子把人打倒地下，如果争论引起仇恨，那就不好了。他强调：不要采取粗暴的方法。列宁是耐心等待对方的。要允许保留意见。保留有好处，因为有可能大

---

① 石仲泉等主编《中共八大史》，第278～284页。

多数决定是正确的，但也有少数情况少数意见是正确的。少数意见如果错了也让保留，等工作做了以后可以证明他的意见错了，那时他再放弃原来的意见也可以。思想问题要有个展开思想讨论的过程，不能简单解决，不能采取粗暴的办法解决，不能采取压服的办法，愈压制愈不好。当然也有个限度，公开反马克思主义、违反党章不行。党内讨论有党章为范围，不能因讨论破坏党的团结，破坏党的组织。[①]

波兰十月事件

苏共二十大对斯大林错误的揭露，对在斯大林直接影响下建立的东欧社会主义各国，不能不引起连锁反应。各国共产党相继召开党的代表大会或中央全会，领导人纷纷发表讲话或文章，公开批评和谴责斯大林的个人崇拜错误，及在各国党内造成的严重危害，使1948年苏联与南斯拉夫发生冲突之后，这些国家对党内主张走自己的社会主义道路的领导人进行镇压造成的一系列冤案，开始进行平反，成千上万在个人崇拜时期受到迫害的人恢复了名誉。与此相应的是，党内外强烈要求恢复党内的政治民主和强化国家的法制建设，经济上改变效法苏联优先发展重工业的方针。这些国家长期与苏联大国主义的矛盾也开始激化起来。一些国家出现了社会混乱和动荡。赫鲁晓夫等苏联领导人则担心东欧各国离心倾向的发展，而失去控制。

1956年10月19日，苏联驻华大使尤金向刘少奇提交了苏共中央给中共中央的一个通知。尤金说：波党中央将要召开八中全会，苏共中央在他们准备的过程中知道了。波党中央内部对于一些根本性政策产生了严重意见分歧，这关系到苏联和东欧的根本利益。波党中央一些人还准备改组中央政治局，要把罗科索夫斯基（苏联元帅，时任波党中央政治局委员、国防部长）等人开除出政治局。苏共中央

---

① 石仲泉等主编《中共八大史》，第292～295页。

于 19 日晨派出了由赫鲁晓夫、莫洛托夫、米高扬、卡冈诺维奇四人组成的代表团到达波兰，同时调动军队，对华沙形成包围。苏共中央就此行动致电中共中央，征求意见。

对当时波兰出现的情况，刘晓回忆说：

"谈波兰十月事件的情况，先要从哥穆尔卡谈起。二次大战前，一九三七年至一九三九年，波兰大部分领导人都流亡在苏联。由于斯大林肃反扩大化，导致了战前波兰党几乎解体。贝鲁特等一些同志是随苏军解放波兰前后回到波兰的。当时贝鲁特执政。哥穆尔卡一直在波兰国内坚持斗争。他可能是一九三五年到苏联学习了一年即回国。但由于党内的路线斗争，哥穆尔卡一度被投入狱中，一九五四年被释放，直到波兰十月事件前的一九五六年四月才予以宣布。以后又因苏、南关系一度紧张，哥被指控奉行亲铁托路线而被迫下台。

"苏共二十大后，波兰党第一书记贝鲁特在参加苏代表大会时患病，在莫斯科去世。奥哈布率代表团由莫斯科回波兰，发现华沙局势日趋紧张，继总罢工后，六月份波兹南等地又有骚动。奥哈布对事态发展无法控制，群众游行示威，要求苏军撤出波兰领土，要求波兰退出华沙条约，并抗议由苏联的罗科索夫斯基元帅担任波兰军队总司令。苏对此处境十分困难，而群众骚动对领导核心产生了影响，趋向以哥穆尔卡为首的新领导取代奥哈布。

"当时波共中央委员会正在华沙举行一次重要会议，苏方同华沙通了电话，明确表示迫切希望与波兰领导会晤，以便听取波方对事态发展的意见，使波方了解苏共对波兰形势的看法，并要求允许苏方代表团立即前往。波方答复，暂时不宜来。苏方决定不顾波兰的劝告，还是立即赶去。苏方组成的代表团由赫鲁晓夫率领，成员有米高扬、莫洛托夫、卡冈诺维奇和科涅夫（华沙条约国军司令）等，波方在机场欢迎苏代表团后，苏代表团立即去同波政治局举行会谈。

"会谈开始，苏方立即指责奥哈布，应对整个局势负责。但从当时情况来看，奥哈布对加强波苏关系已无能为力。波国务委员萨瓦斯基提出，当前首先需要的是同苏联保持友谊关系。波总理西伦凯维兹同时表示赞成同苏联的友好关系。苏方在同波政治局会谈期间，情况表明局势已有否定前任领导的趋向，波总理明显站在哥穆尔卡一边。

"当时苏驻华沙使馆报告说，华沙将爆发一场真正的骚乱，说华沙最大汽车厂已发了枪支，成立了自卫队，准备自卫和抵抗苏军进入华沙，群众游行示威，支持以哥穆尔卡为首的新领导，局势变得相当复杂。因波兰恰是苏联同驻民主德国苏军之间的唯一通道，苏方感到别无选择，代表团和罗科索夫斯基元帅磋商。当分析有哪些波兰部队会听罗的指挥时，局势看来有点变得暗淡，遂命令科涅夫调动部队向波兰首都华沙进迫。这样使局势又进一步复杂化。当负责波公安部队的将军向哥穆尔卡报告苏方部队正在调动时，哥穆尔卡找赫鲁晓夫，告知苏方一些部队正在向华沙移动，要求苏方命令部队停止前进，返回他们的驻地，否则会发生一场不可逆转的事件。赫鲁晓夫未予直接答复，推说可能有误会，你们得到的情报不正确。几分钟后，哥穆尔卡又找赫鲁晓夫，告知苏方的部队和坦克还都在移动，哥穆尔卡再次要求赫鲁晓夫阻止苏军行动，否则会有麻烦发生，并宣告会谈暂时休会，要求苏方对波兰的新领导及其政策作出决定，对部队行动作出决定。

"此刻，赫鲁晓夫不得不接受波方的意见，决定通知科涅夫，传达给罗科索夫斯基，下令坦克部队停止前进，避免了一场危险的事件。

"在下令苏方部队就地停止前进，并同意哥穆尔卡担任第一书记后，会谈继续下去。哥穆尔卡发言，强调波兰需要同苏联、苏共保持友好关系。哥穆尔卡正是在那个紧张时刻出任了波兰领导的。他在领导核心内，当时有左右一切的地位，绝大多数人承认哥穆尔卡的权威。波方曾交给苏方一份需要讨论的问题材料，在其中抨击了苏方同希特勒签订了导致瓜分波兰的条约（看来这是波兰事件的实质问题），并继续要求撤退苏驻军。"[1]

---

① 刘晓：《出使苏联八年》，第24～26页。

中共中央收到尤金送来的通知后，随即召集政治局会议，决定由毛泽东亲自会见苏联驻华大使，明确宣布中共中央坚决反对苏联武装干涉波兰。尤金大使来到毛泽东住所后，毛泽东严肃对他说："我们收到苏共中央征求意见的通知，说你们要出兵干涉波兰。我们政治局今天下午开会讨论了此事，我们坚决反对你们这样做。请你马上把我们的意见打电话告诉赫鲁晓夫：如果苏联出兵，我们将支持波兰反对你们，并公开声明谴责你们武装干涉波兰。"①

由于波兰党态度坚决，赫鲁晓夫终于没有敢动用武力，于10月20日返回莫斯科，并得知中共中央的明确表态。21日，波党八中全会结束。苏共中央发来电报，希望中共派一个代表团到莫斯科去参加苏波两党会谈，建议苏、波、中三党在一起协商解决苏波关系的问题，并希望刘少奇或周恩来去。

中共中央10月22日接到苏共来电，当晚召开中央政治局常委扩大会议，研究讨论苏共中央来电和波兰形势。关于中共代表团如何参加会谈的问题，毛泽东说，可以三方一起会谈，也可以不跟他们一起会谈。三方会谈是因为我们提出和平解决，但是我们不是直接有关方面，是间接有关方面。我们可以调解人的身份，而不是以当事人的身份去，不是参加他们的会谈，而是从旁调解。我们不好当波兰同志的面批评苏联同志，也不好当苏联同志的面批评波兰同志。就是说，我们只能分别同苏方或波方谈，不搞三方一起谈，这样我们可以主动一些，回旋余地大一些，说话也方便一些。大家赞同毛泽东的意见。会议决定：代表团的任务是劝和；方针是着重批评苏共的大国沙文主义，同时劝说波兰党顾全大局，总的是劝说他们协商一致，达成协议，巩固波苏友谊；方式是分别与波兰或苏联代表团谈，不参加苏波两方的会谈。② 会议决定代表团由刘少奇、邓小平、王稼祥、胡乔木

---

① 吴冷西：《十年论战——1956～1966年中苏关系回忆录》（上），中央文献出版社，1999，第39页。

② 吴冷西：《十年论战——1956～1966年中苏关系回忆录》（上），第43～45页。

组成，师哲担任翻译。

毛泽东通知尤金：中共中央已决定派代表团去莫斯科。尤金当即将毛泽东的谈话用电话向赫鲁晓夫作了报告。这时匈牙利局势也已开始出现动荡。

向苏共主席团善意进言

刘少奇一行，于 10 月 23 日一早由北京起飞前往苏联，当天午后抵达莫斯科伏努科夫机场。关于这次刘少奇访苏的情况，陪同前往的师哲有过较详细的回忆：

到机场来迎接的苏共中央领导人，只是赫鲁晓夫单独一人。少奇等一下飞机，只握了一下手，还未来得及寒暄几句，赫鲁晓夫就把少奇拉到他的汽车上，随即关上隔音玻璃同少奇谈起问题来。当时赫鲁晓夫的谈话有些杂乱无章，显得心慌意乱，毫无主意。到达下榻的别墅，赫鲁晓夫继续向客人诉说东欧事态的发展变化。其根本意图是希望中共能支持他，给他出主意。据赫鲁晓夫介绍，他们最初对波兰事件有一些没有根据的怀疑，即怀疑波兰要脱离社会主义阵营，走到美国方面去，因此采取了粗暴的办法，调动了军队。苏共代表团同波兰领导人经过激烈的争论，发现自己的怀疑没有根据，于是改变了方针，准备承认波兰的新领导。但是赫鲁晓夫说：苏联对波兰不大好讲话，你们中国是好讲话的，波兰同志对你们比较信任，对你们好，希望中国同志能够劝劝他们，那样对苏联、对社会主义阵营都有好处。

鉴于苏共中央在处理波兰问题上的方针，大体上同我们已经一致，刘少奇、邓小平当即表示：我们支持你们。这样，赫鲁晓夫心里的一块石头才落了地。不久，赫鲁晓夫接到有关匈牙利情况的汇报，随即对刘少奇说，匈牙利的情况，你们还不知道，我们现在也不征求你们的意见了。明天主席团开会，请你们参加。

10 月 24 日，刘少奇和中共代表团成员列席苏共中央主席团会议，参加讨论波兰、匈牙利事件的对策。会上赫鲁晓夫首先介绍了匈牙利的情况，称苏军已经出动，进入布达佩斯，社会秩序已基本恢复，只有广播电台等少数几个据点没有拿下来，其他问题都已解决了。匈牙利人民欢迎苏联红军，欢迎苏联的坦克。赫说，波兰事件是党内问题，是正确与错误的问题，匈牙利则出现了反革命的征兆。因此，对匈牙利的处理不能同波兰一样。他表示希望中国同志能理解。赫还说，苏共中央主席团的意见是一致的。莫洛托夫、布尔加宁、马林可夫等都讲了话。

随后，刘少奇在会上作了长达两个小时的发言。他转达了中共中央、毛泽东对波兰事件的意见，表示同意苏共中央对波兰事件采取的方针。接着，少奇说，波兰已经稳定下来了，但还要总结一下，分析事态的原因，找出经验教训，并就这方面的问题谈了中国共产党的看法：

刘少奇指出，社会主义国家之间有一个相互关系问题，相互之间的关系应依据什么样的原则来处理？大国的党，较老的党，最先取得政权的党，理所当然应多承担义务，做出较好的榜样。苏联长期以来诚心诚意地帮助其他社会主义国家，包括波兰、匈牙利、中国在内，而且帮助很大。但是关系还是搞不好，波兰还是发生这样的事情，匈牙利也发生这样的事情。因此，就值得研究一下，是不是一切事情已做得尽善尽美，是不是其中还有一些缺点或者还有一些错误。请苏联同志考虑，苏联在斯大林时期，是不是犯有大国沙文主义、大民族主义的错误，致使社会主义国家相互之间的关系处于一种不正常的状态。这也是波兰事件、匈牙利事件发生的根本原因之一。

刘少奇说，我们中国也要引以为戒。我们八大就公开提出了反对沙文主义、大民族主义，在人民中间广泛进行教育。

刘少奇指出，有不少苏联同志处理许多国际事务时有缺点，有错误。有些国际会议不是采取认真协商的方式，常常是把自己的意志强加于人。有时也有协商的形式，但明天甚至当天就要通过决议，事先既没有个别谈话，又不作集体商谈，人家根本没有时间考虑，就是要别人听你的话。不听你们就要整人。世界工联、世界妇联、世界青联、世界和平运动中，都有这种情况，特别是世界工联。少奇看着什维尔尼克说，什维尔尼克同志，很多事情我们是不同意你们的，但是我们举了手，举手是勉强的。试问，如果中国代表不举手，你们怎么办？就很难办了吧。

刘少奇还批评说：你们还随便在报纸上发表文章批评外国的兄弟党，如1950年1月《日本形势》一文，批评日共。这种文章是不应该发表的，不适当的。这回《真理报》批评波兰，也在波兰引起很大反感。何必这样呢？这种事情要很慎重，这种方式要改变。必须学会同兄弟党、兄弟国家间协商、合作、协同动作；只想到自己，只考虑自己而不考虑别人的做法，是极其严重的错误，会给我们的共同事业带来极大的害处和恶果。

刘少奇建议，在同各兄弟党之间的来往关系中，要多进行磋商，多征求对方的意见，听取各方面的呼声；苏共应主动作自我批评，设法消除相互关系中存在的不健康的成份或某些不良现象，充分表明自己谦虚谨慎的态度，让兄弟党无拘无束地讲出自己的意见，讲出自己的心里话。不要老是自以为是，不要觉得超人一等，凌驾于他人之上。要坚持互相学习，各取所长，补己不足，互帮互助，互相合作，平等互利，不干涉他国内政等原则，要把共产主义、国际主义精神的准则贯彻到兄弟党、兄弟国家间关系的全部实践中去。

刘少奇最后讲，无论国际形势有怎样的变化，或者我们之间有什么不同的意见，我们保证中共会跟苏共站在一起。国际共运的中心只能是你们。陶里亚蒂曾提出多中心的议论，我们跟意大利同志谈过，我们不赞成这个多中心。中心只有苏联，十月革命四十年，第一个社会主义国家，经验最多，工业化程度最高。帝国主义最怕苏联，不怕中国，不怕波兰。但是，有不同的意见，我们应该讲清楚。两党团结是压倒一切的大原则，大方向。如果我们两党的关系破裂了，帝国主义就要大加利用，大肆进攻。我们正是从这个大局出发，才在会议上举手同意你们的决议。[①]

刘少奇这篇出之善意、言之有理的长篇发言，使过去从来没有听到过批评意见的赫鲁晓夫等苏共领导人，不得不承认他们过去确实有强加于人和大国沙文主义的错误。赫鲁晓夫表示，两党关系不能再建立在这个基础上，否则，长久是一定会破裂的。刘少奇笑着说，不会的，就是有更大的问题，我们也还是站在一起的。因为这是决定世界形势的大局。为了社会主义的利益，为了反对帝国主义的利益，我们需要站在一起，这是压倒一切的大原则、大道理，其他的争论都是小问题。

最后，赫鲁晓夫表示完全同意刘少奇所提的意见，并说他可以举出更多的例子和事实，来证明刘少奇讲的都是对的。他表示以后还要同中共代表团继续交换意见。

中共代表团还同哥穆尔卡为首的波兰统一工人党代表团进行了会谈。刘少奇首先表示中共中央支持波兰党反对苏联干涉波兰党事务的立场，并介绍了中共中央政治局曾严厉警告苏联不要武装干涉波兰的经过。同时刘少奇也劝波兰同志以大局为重，改善波苏关系，加强与苏联合作，度量要大一点，不要计较苏联过去对波兰的许多错误做法，要以和为贵，向前看，希望波兰与苏联的关系搞好，因为波兰是东欧最大的国家，与苏联关系的好坏对整个社会主义阵营关系甚大。中共对波兰寄予希望，也想信波兰同志会按照无产阶级国际主义的原则处理好苏波关系。哥穆尔卡一再感谢中国的支持，表示他要努力改善与苏联党的关系，加强波苏两党在无产阶级国际主义基础上的团结。[②]

经过苏波、中苏、中波三方轮番双边会谈，一致达成两点共识，一是苏波两党尽快再举行一次正式会谈，协商解决分歧并达成协议；二是苏联单独发表一个关于社会主义国家关系的宣言。刘少奇表示，

---

① 参见师哲回忆，李海文整理《波匈事件与刘少奇访苏》，《百年潮》1997 年第 2 期，第 14～15 页。

② 吴冷西：《十年论战——1956～1966 年中苏关系回忆录》（上），第 46 页。

在苏联发表宣言后，中国政府即发表声明表示支持。① 代表团于 29
日将上述情况电报中央。

10 月 29 日，赫鲁晓夫、莫洛托夫、布尔加宁到别墅来看望中共
代表团。赫鲁晓夫说：最近波兰、匈牙利都要求苏联军队从它们国家
撤出，这个问题涉及整个华沙条约，如果其他国家也要求苏军撤出，
那整个华沙条约就垮了，这只对帝国主义有利。其间，毛泽东同在莫
斯科正与赫鲁晓夫、莫洛托夫、布尔加宁会商的刘少奇通电话，要刘
少奇跟苏方商量，苏联是不是可以对其他社会主义国家在政治上、经
济上放手，放开，让这些国家独立自主。②

刘少奇根据毛泽东的精神，向苏方领导人表示，希望苏联对其他
社会主义国家在政治上经济上一律平等，更加放开些，驻军也应该撤
离，让这些国家独立自主。赫鲁晓夫、莫洛托夫、布尔加宁等则解释
说，现在一切都平等了，如果说经济上不平等，那就是人家揩我们的
油，甚至掠夺我们，使苏联吃了大亏。至于大国沙文主义，以前有，
现在没有了，完全平等了。针对这种情况，刘少奇向苏方建议，是不
是可以发表一个声明，宣布所有社会主义国家都是平等的，顾问可以
撤回，因为人家要求的就是政治上经济上平等嘛。毛泽东同志讲过，
社会主义国家之间也可以实行和平共处的五项原则。如果不让步，不
撤军，人家退出华沙条约怎么办？比如匈牙利，如果退出华沙条约的
政府取得群众的拥护，你们怎么办？这个责任可要加在你们身上了。

经过长时间的交谈，赫鲁晓夫等终于接受了中方的建议，表示政
治上可以放手，经济上可以放手，军事上也可以放手。华沙条约国家
可以召开会议，重新商量，哪个国家不愿在它的国家驻军，苏军可以
撤出来。赫鲁晓夫还同意发表一个宣言，阐明处理社会主义国家之间
关系的基本准则。

---

① 　吴冷西：《十年论战——1956～1966 年中苏关系回忆录》（上），第 47 页。
② 　《毛泽东年谱（1949～1976）》第 3 卷，第 18 页。

苏联政府发表宣言

10月30日晚，刘少奇等再次同赫鲁晓夫、莫洛托夫、布尔加宁等会谈，双方讨论了苏方起草的《苏联政府关于发展和进一步加强苏联同其他社会主义国家的友谊和合作的基础的宣言》。宣言经苏共中央主席团讨论通过后，于当晚由苏联广播电台向全世界播出，并于10月31日见报。

苏联政府的宣言，明确阐明和平共处五项原则是社会主义各国相互关系的基础。过去在这方面曾有过有损社会主义国家之间关系平等原则的错误，苏共二十大坚决谴责了这种错误，并决议在充分尊重每一个社会主义国家主权的基础上，为进一步加强社会主义国家之间的友好和合作创造条件。宣言指出：最近的情况表明，有必要作适当的声明，说明苏联对苏联同其他社会主义国家之间的关系，首先是经济和军事方面的关系所抱的态度。

宣言声明：

苏联政府准备同其他社会主义国家的政府共同来讨论一些措施，保证进一步发展和加强社会主义国家之间的经济联系，从而消除破坏国家主权、经济上的互利和平等这一原则的任何可能性。

鉴于现在各人民民主国家在经济和军事建设各方面已经培养出了熟练的本国干部，苏联政府认为，迫切需要同其他社会主义国家共同研究关于苏联顾问继续留在这些国家是否适宜的问题。

在军事方面，苏联和人民民主国家关系的一个重要基础是华沙条约，缔约国根据这个条约承担了相应的政治义务和军事义务，其中包括"加强它们的防御能力的必要配合措施，以便保障它们的人民的和平劳动，保证它们的疆界和领土的不可侵犯性并确保对可能的侵略的防御"。

为了保证社会主义国家的共同安全，苏联政府准备同其他社会主义国家——华沙条约参加国研究驻扎在匈牙利、罗马尼亚、波兰三国领土上的苏联军队。苏联政府遵循的原则是，任何一个华沙条约参加国的军队驻扎另一个华沙条约参加国的领土，应根据所有条约参加国之间的协议，并且必须取得这些军队根据请求已经驻留或者准备驻留的国家的同意。

宣言对匈牙利事件的发展导致流血表示遗憾，说明苏军应匈政府的请求，进入布达佩斯帮助维持秩序。鉴于苏军继续留在匈可能导致局势更加紧张，苏联政府已下达指示，一俟匈政府认为必要，即将苏军撤出布达佩斯市。苏联政府还准备同匈政府及华沙条约其他参加国就苏军留驻匈领土问题进行谈判。①

这个宣言的发表，对消除苏联同东欧社会主义各国间的紧张气氛，产生了积极的影响。

10 月 31 日晚，毛泽东会见波兰驻中国大使基里洛克，周恩来、朱德、陈云在座。

毛泽东说：现在问题已经解决了，苏联已经发表了宣言，大体上是和平共处五项原则的精神，就是我们跟印度提出的那个五项原则。这一来，不仅你们波兰，所有社会主义国家都自由、独立了。关于苏联驻军问题，苏联政府的宣言是这么说的，"任何一个华沙条约参加国的军队驻扎在另一个华沙条约参加国的领土，应该根据所有条约参加国之间的协议，并且必须取得这些军队根据请求已经驻留或者准备驻留的国家的同意"。（陈云插话说：意思就是各国协议和本国同意）就是这样。就是完全有自由。比如你们波兰，你们认为有必要，他们就驻，认为不必要，他们就不驻，你们可以自己决定。宣言还检讨了一些错误，承认对兄弟国家关系有错误。我们代表团完全支持这个宣言，同这些意见一致。我们庆贺你们的胜利，庆贺整个社会主义阵营这种协调的胜利。团结起来，一致对付帝国主义。应该估计到，我们

---

① 《人民日报》1957 年 11 月 1 日。

这方面缓和了，没有紧张局势了，帝国主义之间的矛盾就要尖锐化了，就紧张起来了。我们松了一口气。

基里洛克表示非常感谢中共中央和毛泽东同志。他当场宣读了波兰统一工人党中央政治局致中共中央和毛泽东的电报，内称："波兰统一工人党中央政治局对中国共产党和毛泽东同志本人，对波兰目前政治局势的变动所表示的关怀，以及你们提出的意见，表示衷心的感谢。中国同志的这些意见，对于维护波苏友谊，对于波兰的发展，对于社会主义事业的发展，都是极有教益的。"

谈话中，毛泽东还讲到党与党之间、国家与国家之间的平等关系问题。毛泽东说："这些问题，主要是要解决社会沙文主义，尤其是大国主义。大国容易产生这种东西。这个问题不解决，别的问题都不能解决，还会发生一系列的错误，甚至非常荒谬的错误。反对个人崇拜，并没有提出本质的问题。要反对主张沙文主义的个人崇拜，要反对个人专制和个人独裁的崇拜。不讲本质不行。我们不是也崇拜马克思吗？波兰人民现在不也是崇拜哥穆尔卡吗？比如，在中国，人们也崇拜我，崇拜朱德同志、崇拜刘少奇同志、崇拜周恩来同志。每个工厂有个领袖，每个合作社有个领袖，但是，要搞独裁就不行。斯大林就是搞社会沙文主义。斯大林做了许多好事，但是，他犯了大国主义的错误，在苏联国内各民族之间的关系问题上，有民族沙文主义的错误，在国与国之间有大国沙文主义的错误。我们中国也在注意这个问题。今年我们党的八大特别提出这个问题。对外反对大国沙文主义，在国内，在对待少数民族的关系问题上提出反对大汉族主义，也就是国内的沙文主义。在汉族内部，我们反对专制主义，要真正实行民主集中制，不然也是沙文主义。苏联现在在对外关系问题上还没有提出反对沙文主义。请你告诉哥穆尔卡同志，我们大家都要做工作，来帮助苏联同志。这一次，你们的工作做得很好。"[1]

---

[1] 《毛泽东年谱（1949～1976）》第3卷，第19～20页。

11月1日，中国政府发表声明，对苏联政府的宣言表示支持。
声明指出：苏联政府在1956年10月30日发表了关于发展和进一步
加强苏联同其他社会主义国家的友谊和合作的基础的宣言。中华人民
共和国政府认为苏联政府的这个宣言是正确的。这个宣言对于改正社
会主义国家相互关系方面的错误，对于增强社会主义国家之间的团
结，具有重大的意义。

支持苏联出兵匈牙利

在这过程中，匈牙利局势严重恶化，即于10月23日开始，为纠
正拉科西等人所犯的严重错误，为保卫民族独立和国家主权而掀起的
群众运动，到30日，演变成严重的武装冲突。

关于匈牙利事件的有关情况，吴冷西在他所著的《十年论战》
一书中有如下记述：

"匈牙利事件也是苏共'20大'以后开始的。在苏共'20大'
开过不久，1956年3月中旬，匈牙利一些知识分子（其中许多人是
党员）组织了一个裴多菲俱乐部，进行一系列的活动，召开各种座
谈会，要求所谓'民主'、'自由'。① 匈牙利当时许多人思想混乱，

① 裴多菲俱乐部原是一个知识分子学习小组，成立于1954年底，归属相当于共青团
的劳动青年联盟布达佩斯委员会领导。它的前身是解放前地下党控制的一个从事
资助工农子弟上大学的慈善团体，后来将其改建成裴多菲俱乐部的目的，是想在
现行制度允许的范围内为党内年轻的知识分子提供一个讨论问题的场所。该俱乐
部的20名委员中有17名是共产党员。苏共二十大之前，匈牙利一直是"全盘苏
化"和迫害无辜共产党人在东欧的领头羊，但在苏联国内掀起反对"左倾极端主
义"、"斯大林主义影响"，波兰等东欧各国也在报刊上公开批评党和国家领导人
错误的同时，拉科西则仍在批判"右倾"是主要敌人，并把过去破坏法制的责任
诿过于人，这不能不激起广大党员和人民的不满。裴多菲俱乐部正是在这一背景
下开始活跃起来，先后举办了一系列大型研讨会，参加研讨会的有著名经济学家、
历史学家、哲学家等社会名流，青年知识分子和大学生，甚至还有人民军军官等。
研讨会上的发言者，无一例外都是共产党员，其中有一些是解放前就加入地下共
产党的党员。5~6月的多次研讨会，内容涉及经济、哲学、农业、历史、新闻等

大学生也开始闹事。在这种形势下，7月间，苏共派米高扬去匈牙利，要求匈牙利党的领袖拉科西下台，认为他实行斯大林式的领导，把匈牙利局势搞糟了。匈牙利党改选格罗为党的第一书记，兼任部长会议主席。

"从这时起，匈牙利开始平反冤狱、错案。其中最重要的是为拉伊克平反。他曾经是匈党领导人之一，后来被诬陷为反革命分子，判处死刑。在10月间，匈当局不仅为他平反，而且举行国葬。在匈牙利首都布达佩斯，送葬队伍浩浩荡荡，形同大规模的示威游行。差不多同时，纳吉也恢复了党籍，他也是匈牙利的著名人物，第二次世界大战中参加苏联红军，战后回国，当农业部长，1953年7月当了匈牙利部长会议主席；1956年4月下台。当时，匈牙利党中央指责纳吉搞资本主义复辟活动，并把他开除出党，10月间又恢复他的党籍。这时匈牙利的局势已经很混乱。

"10月20日哥穆尔卡在波兰当选为波兰党的第一书记，并且发表了'波兰的社会主义道路'的演讲。此事也冲击了匈牙利。当时裴多菲俱乐部发动游行，布达佩斯的大学生上街，示威群众要求纳吉上台。匈牙利政府开始下令禁止示威游行，后来又撤销这个禁令。但公安部队已和示威群众发生冲突。一些反革命分子从中煽动，情况变得越来越复杂。10月23日，示威游行的规模更大，冲突更加严重。这时匈牙利党宣布撤换原来的总理格罗（他当时任党的第一书记，但有名无实），由纳吉当总理。政府宣布戒严，同时邀请苏联军队帮助恢复布达佩斯的秩序。根据苏联和东欧人民民主国家签订的华沙条约，苏联在

专题。裴多菲俱乐部讨论会产生的影响，迅速产生了连锁反应，首都以外的各大城市纷纷效法建立了类似的俱乐部，这些俱乐部的活动促进了反对派力量的迅速壮大与加强，反对"拉科西主义"的活动虽然还没有走向街头，但已扩展到党外。总起来看，这些讨论会上的发言，向人们指出了社会面临的危机，猛烈冲击了拉科西权力的基础，全面阐述了对社会进行实质性改革的理念与设想，为国家勾画了一幅社会改革的蓝图。参见侯凤菁《燃烧的多瑙河——匈牙利1956年事件真相》，新华出版社，2009，第69~74页。

匈牙利境内驻有军队，但在首都布达佩斯并无驻军。10 月 24 日，苏联军队进驻布达佩斯。这时匈牙利的军队一批又一批参加示威群众行列。[①]

"10 月 24 日，米高扬和苏斯洛夫又飞到布达佩斯，参加匈牙利工人党中央的会议。会议选举卡达尔来代替格罗当第一书记。但是群众的示威和骚动仍继续不断，反革命叛乱分子混在示威群众中，挑起同公安部队冲突，[②] 情况越来越严重，整个布达佩斯一片混乱。

"10 月 25 日，新任总理的纳吉发表广播讲话，要求苏军撤出匈牙利，并宣布实行戒严。即使这样，罢工还是在全国范围内不断发生。反革命分子的夺权活动非常猖獗，甚至在首都以外的一些省都宣布'解放'。布达佩斯到处听到枪声。

[①] 匈牙利军队的大多数官兵起初虽然对示威者抱有同情，但是很少有人直接参加战斗。但是，苏联的军事干涉成了催化剂，使那些本来举棋不定的军人仓促作出坚定的选择。于是，开始有整营整营的军人集体投向起义者。特别是军事院校的大部分学员同起义者站在一起，兹里尼军事学院的全体学生在院长马尔通·安德拉什上校的率领下集体倒戈。参见侯凤菁《燃烧的多瑙河——匈牙利 1956 年事件真相》，第 117 页。

[②] 10 月 23 日上午，匈劳动人民党中央机关报《自由人民报》编辑部工作人员举行会议，决定派代表团去党中央，警告格罗一伙尽快采取缓和局势的措施，不然后果不堪设想。格罗等人在接见《自由人民报》代表团时，"态度冷漠、高傲"。"他指责来访者丧失理智，低估了无产阶级政权的力量。"他说："党和政府有办法对付制造混乱者，游行将被坚决禁止"。代表团中有人问如果青年们不顾禁令坚决游行怎么办？格罗毫不犹豫地回答："那就开枪。"下午 3 时，青年们开始举行示威活动，他们喊出了"以波兰为榜样，走匈牙利道路！""波匈友好！""自由！""独立！"等口号；后来升级为"推倒斯大林像！""苏联军队滚回去！""纳吉·伊姆雷进政府，拉科西进多瑙河！""谁是匈牙利人，同我们在一起！"等等。到晚间，游行群众奔向国会大厦，最多时达 30 万之众。晚 8 时，电台播放格罗的讲话，他声称："人民公敌今天的主要目的是要埋葬工人阶级的政权，松懈我党和光荣的苏联苏党之间的关系。我们谴责那些滥用国家给予工人阶级的民主权利来制造民族主义示威的人们。"格罗的这番讲话，无疑成了引爆群众激烈情绪的导火索。为阻止群众的行动，守卫广播电台的保安部队在楼外使用了催泪弹和防火水龙头，士兵们端着上了刺刀的步枪，呼喊着向群众逼近。晚上 9 时，广播电台响起枪声。从此，枪声不止，布达佩斯群众由和平示威转为武装起义。最初，年青的学生从不愿与他们作战的士兵和警察手里得到武器，不久，切佩尔和新佩斯两个兵工厂的工人用卡车从兵工厂仓库和各大工厂的民兵武器库运来了大批步枪、机枪和子弹，起义的学生、工人如虎添翼。参见侯凤菁《燃烧的多瑙河——匈牙利 1956 年事件真相》，第 90、93、99、101 页。

"许多匈牙利流亡分子通过匈牙利与奥地利的边境涌入匈牙利，西方的记者也大批地涌进匈牙利。西方的电台鼓动匈牙利人举行反苏起义，匈军一些部队与叛乱分子站到一起。

"10月27日，苏联军队基本上控制了布达佩斯，匈牙利群众与苏联军队的关系比较融洽，互相开玩笑，小孩爬到苏军坦克上玩。看来当时群众还是拥护苏联军队平息叛乱的。

"这一天纳吉宣布成立新政府，免去了好几位共产党员部长的职务，而吸收一些非党员参加政府。

"28日，匈牙利党中央又举行会议，成立六人小组代行中央职权，以纳吉为首，把卡达尔排挤出中央领导层。这次会议要求所有各方停火，并要求成立新的军队，要改变国徽、国庆日，要求苏军撤出布达佩斯。这时匈牙利各省都宣布'解放'，广播电台掌握在叛乱分子手中，要求苏军立即撤退。整个局势非常混乱，许多共产党员、公安人员和群众被叛乱分子抓住吊死，街头电线杆上、树上到处挂着许多尸体。① 显然，反革命暴乱越来越严重，而纳吉政府却采取节节退

---

① 匈牙利国家安全保卫局是一支完全由共产党控制的武装部队，其成员由政治侦探、穿蓝色制服的保安部队和穿绿色制服的边防军三部分组成，人数超过正规军，享受各种优惠待遇。这支归内务部国家保安局管辖的独立部队，是拉科西等迫害无辜的有力工具，他们权力很大，作风骄横，在那个恐怖时期，国家保安局扮演了不光彩的角色，不仅制造假案，还到处抓捕和残酷地折磨无辜者。由于国家保安局的特殊地位和帮凶作用，它遭到群众的憎恨。其总部设在前匈牙利法西斯组织箭十字党总部的旧址，这更使人们心目中把国家保安局和当年的法西斯画了近似的等号。10月23日晚9时左右，广播电台响起枪声，受惊的群众愤怒高喊："保安局是刽子手！""杀死保安部队！"这时，驻扎在国家博物馆院内和邻近广场的保安部队朝着附近街道扫射，企图阻止更多的群众涌向广播电台。保安部队向学生开枪的消息很快传遍全城，更使群众对国家保安人员憎恨到极点。在1956年事件中，国家保安人员一旦在街上被辨认出来，等待他们的只能是套在脖子上的绞索。有些被错认的人往往也不容分说地成为这种报复行为的牺牲品。既有正派的工人、学生，也有一定数量的流氓、法西斯分子和在10月23日以后随同政治犯一起从监狱释放出来的刑事罪犯，他们更残暴地将搜查出的国家保安局人员以私刑处死。可见，把吊死街头的人员简单说成杀害"共产党人"并不真实。参见侯凤菁《燃烧的多瑙河——匈牙利1956年事件真相》，第20～21、99～101、158页。

让的方针。

"正是在这样的紧急关头，米高扬和苏斯洛夫于 10 月 29 日再次飞到布达佩斯。他们在同匈牙利当局会谈时说苏联党和政府准备从匈牙利撤兵。这是我党代表团在莫斯科调解苏波纠纷时，从苏联方面得到的通知。我们代表团认为此事很重要，立即报告中央，请求中央指示对此事应采取的方针。"①

中共代表团对匈牙利事态的发展深感意外。讨论中分析了两种办法：一是苏军撤出来，让反革命分子在那里统治，结果是多少万人头落地，那种情况我们是经历过的；二是苏军不撤，参加到群众中去，采取进攻的政策，把反革命镇压下去。这两种办法各有利弊。刘少奇打电话同毛泽东交换了意见，毛泽东表示，可以把两种办法都向苏方提出来，跟他们商量。毛泽东本人倾向于进攻。他说，最好等反革命多暴露一些，在人民看得更清楚的时候再行动为好。

10 月 30 日晚，中共代表团再次参加苏共中央主席团会议。刘少奇在会上向他们转达了中共中央的意见。刘少奇在发言时明确表示：对匈牙利的局势，是不是还有挽救的机会？不要就这样放弃了，放弃了可能要犯错误。邓小平更明确提出先要掌握住政权，不让政权落到敌人手里。苏军部队应当回到原来的位置上去，坚决维护人民政权。赫鲁晓夫听后，感到非常为难，他说：出兵就意味着要对匈牙利实行全国占领，那样我们就变成征服者了。我们主席团已经考虑过了，大家都认为，这样很不利，因此，一致主张退让。刘少奇严肃表示，如果你们真是现在撤兵，对匈牙利撒手不管，那么你们将要成为历史的罪人。苏方对此没有表态。中共代表团决定 31 日离开莫斯科回国。

10 月 31 日傍晚，苏方要求中共代表团提前一小时到达机场，苏共领导人将在机场同代表团进行会晤。参加机场会谈的有赫鲁晓夫、布尔加宁、马林科夫、卡冈诺维奇、谢皮洛夫。赫鲁晓夫向中共代表

---

① 吴冷西：《十年论战——1956～1966 年中苏关系回忆录》（上），第 48～51 页。

团通报说：今天，苏共中央主席团开了一整天会，决定在匈牙利采取进攻的方针。赫说：苏联有那么多军队在那里，如果在这个时候，在这种情况下撤退放弃匈牙利，全世界的革命者、共产党员都要骂我们，说我们是傻子。所以，我们决定采取进攻的政策。刘少奇听了以后说：你们一夜之间来了个一百八十度的大转弯，变得很快，但很正确，我们支持你们。不过，这里还有个时机问题，什么时候办？一是要有政府邀请才好去；二是要有群众基础，群众赞成才好去。事实上，苏联红军这时已经在匈牙利行动了。①

对这次机场会谈的情况，刘晓在回忆录中也有涉及。他说：刘、邓抵机场不久，以赫鲁晓夫为首的苏共中央主席团在莫斯科的全体成员都来机场送行，双方在机场贵宾室举行了一次时间很短的会谈。赫鲁晓夫首先发言，他介绍了匈牙利武装动乱的新情况，并说苏联根据匈新政府卡达尔政府的要求，援助平定匈事件，苏共主席团委员一致同意赫鲁晓夫的意见。刘少奇对匈形势作了简要分析后，重申支持苏联解决问题方案，援助匈牙利平定匈事件。双方意见一致，会谈就告结束。赫鲁晓夫等人一直把刘少奇和邓小平同志送到舷梯边，直等飞机起飞后他们才离去。②

波匈事件引发的不同思考

刘少奇率代表团返回北京以后，未及休整，于 11 月 2 日出席中共中央政治局扩大会议，向中央汇报在莫斯科与苏共中央磋商的情况和匈牙利问题。

11 月 10～15 日，中共举行八届二中全会，着重讨论国际形势和 1957 年度国民经济计划的安排问题。刘少奇向全会作了关于目前时

---

① 参见师哲口述、李海文整理《中苏关系见证录》，当代中国出版社，2005，第 232～234 页。

② 刘晓：《出使苏联八年》，第 23 页。

局问题的报告，报告了他不久前访问苏联，就波兰、匈牙利事件等与苏共领导人会谈的情况，着重谈了波匈事件产生的原因和我们应采取的方针。

关于波匈事件的性质，刘少奇指出：波匈事件的共同特点是"广大群众的反苏运动，是社会主义内部的问题"；"波兰事件非马克思主义有一些"，而"匈牙利事件是反革命取得领导权，是全国各阶层广大人民的运动，但反革命分子有一个时期在运动中占优势"。

有关这次"共产主义内部最严重的事件"发生的原因，刘少奇分析有三个远因和三个近因。远因之一是波兰、匈牙利都是苏联解放的，两国的党都没有采取群众路线，在对地主、资产阶级斗争中，没有把工人和农民组织起来，也没有划清社会主义和资本主义的界限；知识分子没有进行思想改造；肃反中犯了错误，整了好人如卡达尔、哥穆尔卡，真正的反革命没有肃清；对资产阶级进行了没收，把土地送给农民，但工农缺乏阶级觉悟。远因之二是重工业投资过多，不重视轻工业、农业，人民生活没有改善，领导人有特权，人民生活苦，群众不满，走上马路。远因之三是这些国家搞教条主义，照搬苏联不灵，便失去信心；苏联又干涉其内部事务，有大国沙文主义错误，损害了这些国家的民族尊严。近因之一是苏共二十大批判斯大林的错误，在这些国家的党员中引起混乱；斯大林垮了，这些国家领导人跟着垮；二十大后控制不住了，煽起反苏、反斯大林的浪潮。近因之二是波匈事件发生初期，苏联处置不恰当，特别是波兰事件，与情报局压南斯拉夫差不多。近因之三是南斯拉夫进行煽动。

对波兰、匈牙利事件的教训，刘少奇认为，根本问题就是要防止党和国家领导机关和各级领导人员脱离工农劳动群众。刘少奇指出：鉴于若干社会主义国家的情况，国家的领导人员有可能成为一种特殊的阶层，特殊的"统治阶层"。"在帝国主义国家有这种可能，那么在工人阶级执政的国家里面，就是说在我们社会主义国家里面是不是也有一种可能，也有一种条件，产生工人贵族这种阶层？如果我们不注意，让其自流的话，在我们这些国家也可能产生一种新的'贵族阶层'。在工人阶级里面可以产生，在共产党里面也可以产生，我想是有这种可能性的。但是我们注意了的话，如果我们采取一些办法的话，也不一定产生，是可以避免的。"

关于防止新贵族阶层产生的措施，刘少奇认为，首先是必须对权力有所限制，对人民实行民主。他提出："国家领导人员的权力应该有一定的限制，什么事情他有多大的权力，什么事情不准他做，应该有一种限制。我们是人民民主专政的国家，只能对反革命阶级、反动势力和反革命分子实行专政，对人民群众不能用专政的办法，在人民内部只能实行民主。当然，这是有领导的民主，不是有些人所讲的大民主，无领导的民主。对于这一点，恐怕有些干部在观念上不那么清楚，一说我们要控制局面，就要实行专政，对群众也实行专政。对人民群众不能采取专政的办法，只能实行民主的、说服的、教育的办法。"其次，"我们国家领导人员的生活水平应该接近人民的生活水平，不要过分悬殊"。这包括缩小工资差别，取消特权——如领导干部的轿车等。刘少奇说："这些事情我们不注意，不知不觉地享受了这些特权。人民没有提出来还不要紧……一闹起事情来，一上了马路，这个问题就大了，因此，这些特权原则上应该取消。"进而，刘少奇谈到了取消干部终身制的问题，认为这方面可以参考西方国家的做法，他列举了美国政界要人华盛顿、艾森豪威尔、马歇尔的例子，并引用毛泽东的话说：资产阶级民主，特别是初期，有那么一些办法，比我们现在的办法更进步一些。我们比那个时候不是更进步了，而是更退步了。

最后，刘少奇谈了有关经济建设发展的方针问题，他强调说："我们工业建设的速度要放在一种稳妥可靠的基础上。什么叫稳妥可靠呢？就是群众不至于上街游行，不至于闹事，还比较高兴，能保持群众的那种热情和积极性。"他明确表示赞同陈云的意见，经济建设速度宁可"慢一点","稳当一点"。①

12月4日，刘少奇在中共中央召开的各省、市、自治区党委组织部长会议上，再一次系统地阐述了反对脱离群众、反对官僚主义的重要性。

他说："现在干部有脱离生产的道路，却没有回到生产中去的道路。应该有两条路，而我们只有一条路，这是不好的。脱离生产很容易，回到生产中去却很难，只进不出，脱离生产的人越来越多，官僚主义越来越多，脱离群众的危险也越来越严重，这是一个大问题。"

刘少奇认为："现在我们的国家已经组成了，这个国家机构有两条任务：一条是实现专政；另一条是组织社会生活。第一条任务愈来愈小了，不是愈来愈大了。阶级斗争基本结束，反革命分子少了，刑事犯也少了，所以国家专政的机构可以缩小，但是工作质量要提高。"

刘少奇指出："最危险的是犯了可以避免但没有避免的错误，例如脱离群众的错误是可以避免的而且也应该避免。脱离群众是根本性的错误，是十分危险的错误。"为此，他要求组织部门的工作就是要把干部管好，首先是要把成为"统治阶层"的几十万干部管好。要经常了解他们的思想情况，了解他们的工作和生活状况，看看他们是否脱离群众，是否有特权，并且规定一些制度，限制他们的权力，要他们把工作做好，要他们永远不脱离群众。这是组织工作、干部工作的根本问题，做好这件事，便是很大的成绩。②

12月17日，刘少奇召集中央工人阶级十人小组和中共中央工业交通部负责人李雪峰、李立三、谭震林、安子文、刘子久、曾山、赖若愚、张铁夫等，座谈劳动调配、工业基地、企业民主管理等问题。座谈中，刘少奇对这些问题分别谈了自己的意见。

---

① 《中共八届二中全会记录：刘少奇报告》（1956年11月10日），转引自沈志华《思考与选择——从知识分子会议到反右派运动》，第425～427页。

② 刘崇文、陈绍畴主编《刘少奇年谱（1898～1969）》下卷，第380页。

关于工人阶级和工会问题，刘少奇认为：我们对这个问题不够熟悉，要有一次集中的讨论。中央要全面讨论，就要作全面的准备，全面提出问题，全面看。工人阶级的各种问题都可提出来，能解决的应作出决定加以解决，不能解决的要有交待。

他说："现在工人只要一进厂，就包下来（当然应当包，包了有好处）。但总要使工厂有个机动性，要的时候有地方来，不要的时候有地方送。如果只能进来，不能出去，这会把人胀死的。"刘少奇问："你们研究过劳动合同没有？恐怕这些东西我们执行了就好了。合同签了六个月，到期双方愿意，再签，不要就辞退，当然要有地方去。"

关于建立新工业基地，刘少奇指出要研究轻重工业的配合问题。他说："有轻无重或有重无轻，都是营养失调。建一新基地，服务业投资占多少，这是个紧急问题。现在存在问题不少：没有房子，没有菜吃，没有交通工具，有男没女或有女没男，小孩子没有书读等等，这些问题如何解决？不解决要出乱子。"

关于工厂成立职工代表大会和管理委员会的问题，刘少奇认为，"职工代表大会和管理委员会，它又是领导，又是监督，主要是监督，是权力和监督机关。可以作决议。厂长提出的东西经它批准，不批准就不合法，就不能做。厂长没有提的，也可以督促和帮助厂长提出来。厂长由谁当、干部的任免，要经职工代表大会决定或选举。其他如生产计划、职工升级、增加工资、厂长基金的支付等等，都要经职工代表大会通过。管委会主要是修改、批准厂长的东西。代表大会、管委会和厂长的关系，就像过去股东大会、董事会和厂长的关系一样；像人大常委会与国务院的关系一样。代表大会、管委会不参与执行，不妨碍厂长的日常事务"。①

对于怎样吸取波匈事件尤其是匈牙利事件的教训，毛泽东也有多

---

① 刘崇文、陈昭畴主编《刘少奇年谱（1898～1969）》下卷，第381～382页。

次谈话。

10月31日，毛泽东会见波兰驻华大使基里洛克，在基里洛克谈到波兰目前经济困难，必须削减基建投资，用这些财力改善人民生活时，毛泽东说："应该多搞些轻工业和农业。我们也有这个问题，我们正在注意轻工业和农业，重工业不能搞得太多。苏联牺牲轻工业和农业来搞重工业的这条路，恐怕不那么合适。过去，批评资本主义国家，说他们是先搞轻工业后搞重工业。结果，社会主义国家重工业搞起来了，轻工业很差，人民不满意，农民不满意。斯大林错误中，恐怕也要算进这一条。"①

11月4日，毛泽东主持中央政治局常委扩大会议，讨论匈牙利问题。毛泽东说："在匈牙利，完全照过去一套是不行的，而新的一套还要靠匈牙利的同志自己去摸索，我们也要支持他们。波匈事件应使我们更好地考虑中国的问题。苏共二十大有个好处，就是揭开盖子，解放思想，使人们不再认为苏联所做的一切都是绝对真理，不可改变，一定要照办。我们要自己开动脑筋，解决本国革命和建设的实际问题。我们四月间发表了一篇文章，评苏共二十大，讲的道理现在看来还是对的，在国际上也是有影响的。但是经过半年时间，特别是经过波匈事件，原来文章所谈的已经不够了，需要再写一篇。根据波匈事件的教训，好好总结一下社会主义究竟如何搞法。矛盾总是有的，如何处理这些矛盾，就成为我们需要认真研究的问题。"②

11月8日，毛泽东在中南海颐年堂邀集准备出席或列席中共八届二中全会的部分省市委书记柯庆施、曾希圣、陶铸、李井泉、林铁、欧阳钦、王任重座谈。毛泽东讲话说："现在天下基本上太平了，阶级斗争基本上过去了，还有一部分没有过去，那就是资产阶级思想、小资产阶级思想还存在，这是一个长期的斗争。百家争鸣，小

---

① 《毛泽东年谱（1949～1976）》第3卷，第20页。
② 《毛泽东年谱（1949～1976）》第3卷，第23页。

资产阶级都跑到街上来了，无产阶级要辩论，要反驳，你们要写文章，三百字五百字都要写。……波兰一股风，匈牙利一股七级风，把一些人吹动摇了，思想混乱。一个制度要经过考验，光说社会主义如何好，可是好处人们还没有充分看到。思想领导不能放松，要用马克思去和孔子对抗，争取群众，你有孔夫子，我有马克思。要辨别风向，才好写文章。我也想写，想辞去国家主席，当主席写篇短文好像不像样子。一个人经不起风不行。我叫孩子们去算命，让他们取得经验。动摇分子有风就动摇。有些党内的高级知识分子提意见，要'议会民主，新闻自由，言论自由'。有人说我们应该搞大民主。"①

11月15日，毛泽东在中共八届二中全会上作总结性讲话。

在谈到国际形势问题时，他说："总的看来是好的。现在有两个地方发生问题，一个是东欧，一个是中东。波兰、匈牙利出了乱子，英、法武装侵略埃及，我看这些坏事也都是好事。坏事有两种性质：一种性质就叫坏，我们说还要加一个意义，它又是好事，这就是所谓'失败是成功之母'。匈牙利事件教育了匈牙利人民，同时教育了苏联的一些同志，也教育了我们中国的同志。我们就要从这些事情中得到教育。将来全世界的帝国主义都打倒了，阶级没有了，那个时候还有生产关系同生产力的矛盾，上层建筑同经济基础的矛盾。生产关系搞得不对头，就要把它推翻。上层建筑（其中包括思想、舆论）要是保护人民不喜欢的那种生产关系，人民就要改革它"。

关于苏共二十大，毛泽东说："说到苏共二十次代表大会，我想讲一点。我看有两把'刀子'：一把是列宁，一把是斯大林。现在，斯大林这把刀子，俄国人丢了。列宁这把刀子我看也丢掉相当多了。十月革命还灵不灵？还可不可以作为各国的模范？苏共二十次代表大会赫鲁晓夫的报告说，可以经过议会道路去取得政权。这个门一开，列宁主义就基本上丢掉了。东欧一些国家的基本问题是阶级斗

---

① 《毛泽东年谱（1949～1976）》第3卷，第25～26页。

争没有搞好，那么多反革命没有搞掉，没有在阶级斗争中分清敌我，分清是非，分清唯心论和唯物论。现在呢，自食其果，烧到自己头上来了。"

关于大民主小民主问题，毛泽东说："有几位司局长一级的知识分子干部，主张要大民主，说小民主不过瘾。他们要搞的'大民主'，就是采用西方资产阶级的国会制度，学西方的'议会民主'、'新闻自由'、'言论自由'那一套。这是缺乏马克思主义观点，缺乏阶级观点，是错误的。"

关于脱离群众的官僚主义等问题，毛泽东说："我们一定要警惕，不要滋长官僚主义作风，不要形成一个脱离人民的贵族阶层。谁犯了官僚主义，不去解决群众的问题，骂群众，压群众，总是不改，群众就有理由把他革掉。我说革掉很好，应当革掉。我们准备在明年开展整风运动。整顿三风：一整主观主义，二整宗派主义，三整官僚主义。官僚主义就包括许多东西：不接触干部和群众，不下去了解情况，不与群众同甘共苦，还有贪污、浪费，等等。整风是在我们历史上行之有效的方法。"①

以上所引刘少奇和毛泽东的谈话，可以看到有关波匈事件的发生，既有苏联的大国沙文主义，又有照抄照搬苏联的一套等原因。从接受教训的角度，毛泽东与刘少奇都谈到了要记取苏联的教训，注意关注人民的生活，应该多搞些轻工业和农业。我们也有这个问题，我们正在注意轻工业和农业，重工业不能搞得太多。苏联牺牲轻工业和农业来搞重工业这条路，恐怕不那么合适，同时强调要反对脱离人民群众的官僚主义。但毛泽东与刘少奇也有着明显的不同点。

为防止领导机关和领导人脱离群众，刘少奇提出加强制度建设的重要性，即要加强人民群众对领导机关的监督，定出一种群众监督的制度，使我们的领导机关和领导人员接近人民群众；同时国家领导人

---

① 《毛泽东年谱（1949～1976）》第3卷，第33～34页。

的权力应有一定的限制；国家领导人员的生活水平应该接近人民的生活水平，不要过分悬殊，一些特殊的待遇应该取消，此外还有警卫制度等，在人民中间引起不好影响的也应取消。刘少奇甚至提出建立退休制度的问题。

毛泽东则强调"东欧一些国家的基本问题是阶级斗争没有搞好"，认为现在天下基本上太平了，阶级斗争基本上过去了，还有一部分没有过去，那就是资产阶级思想、小资产阶级思想还存在，这是一个长期的斗争。百家争鸣，小资产阶级都跑到街上来了，无产阶级要辩论，要反驳。波兰一股风，匈牙利一股七级风，把一些人吹动摇了，思想混乱。要辨别风向。对领导的官僚主义、宗派主义、命令主义的问题，毛泽东主张运用整风的办法解决，认为"整风是在我们历史上行之有效的方法"。

以上表明，刘少奇和毛泽东对如何吸取波兰、匈牙利两国共产党执政的教训，加强自身执政党建设的问题上，确有着不同的思考。

再论无产阶级专政的历史经验

匈牙利事件的发生，西方资本主义世界再次向社会主义发起猛烈攻击。对于导致匈牙利事件的原因，国际共运内部认识也不尽一致。

11 月 11 日，南斯拉夫共产主义者联盟主席、南斯拉夫社会主义联邦共和国总统铁托，就波兰、匈牙利事件的根源，在普拉发表演说。从 1948 年铁托因为了保持南斯拉夫独立，按照本国的具体情况建设社会主义，被斯大林革出"教门"说起，认为波匈事件的根源是照搬了斯大林那一套。他指出：苏共二十大"谴责了斯大林的行动和直到那时（指斯大林去世前——引者注）的政策，但是他们错误地把整个事情当作一个个人崇拜问题。而个人崇拜，实际上，是一种制度的产物。""根源就在这里，这就是需要不断地坚持地根除的东西，而这也是最难以作到的事。这些根源在哪里呢？在于官僚主义组织机构，在于领导方法和所谓一长制，在于忽视劳动群众的作用和愿望……西方和东方国家的党的其他领导人，他们抗拒民主化和二十次代表大会的决议，而且他们对斯大林制度的巩固出了不少力，他们今天正在努力恢复这个制度，使它继续占上风。根源就在这里，这就是需要纠正的。"①

铁托的普拉演说，引起了苏联和东欧各国的极大关注。11 月 24 日、25 日，毛泽东连续主持中共中央政治局常委扩大会议，讨论苏联《真理报》批评铁托的普拉演说和波苏关系问题。27 日、29 日，毛泽东先后召集刘少奇、陈云、邓小平、陆定一、张闻天、康生、王稼祥、胡乔木、吴冷西、田家英开会，商谈就目前东欧一些国家所发生的事件，再写一篇文章的问题。30 日，毛泽东和刘少奇、陈云、邓小平、张闻天、王稼祥一起会见苏联驻华大使尤金时，谈到铁托的普拉演说，毛泽东说："演说的基本论点没有促进社会主义国家的团结，反而破坏了这种团结。它不利于社会主义，而有利于帝国主义。最近，我们才收到铁托演说的全文，我们也看到了苏联对此发表的文章，现正在研究。此外，我们还在读其他国家发表的文章，我们都想研究一下。我们过几天也准备发表一篇文章，用马克思的口号作为标题，就是'全世界无产者，联合起来'。基本论点是：十月革命是各国必经的道路，这就是阶级斗争、推翻旧政权、进行革命、建设新政权、实行无产阶级专政，这就是马列主义的总路线。十月革命不是个别现象，而是一个国际现象。第二个论点是：各国有各国不同的面貌和特点，各国有不同的具体办法来解决各自的问题。有共同性，也有差别。只讲差别，不讲共同性，铁托的演说就是如此。苏联建设时期，斯大林执政期间的根本方针和路线是正确的，是应当加以肯定的。苏联成为世界上第二个现代工业化的国家，打败了法西斯主义。

———————————

① 铁托 1956 年 11 月 11 日在普拉发表演说的全文，参见《中共党史教学参考资料》第 21 册，第 588~589 页。

当然，在这期间也有些缺点，专政过火了。斯大林并未破坏全部法制，他只破坏了一部分法制，民法未破坏，刑法破坏了一部分。……苏联的制度是好的，但其中一部分是不好的，那就是内务部。斯大林在这方面犯了错误。我们向世界上各个国家，甚至帝国主义国家，都提议要共同缓和紧张局势，为什么我们社会主义国家内部就不能缓和紧张局势呢？我们可以用和平协商的办法来解决自己内部的一切问题。在解决内部问题方面，我们有批评和自我批评的武器。我们应当区分敌人和自己同志，不能用对待敌人的办法来对待自己的同志。民主和专政都是上层建筑，它们是手段，而不是目的，是为基础服务的，是基础的工具。"①

12月2日，毛泽东召集刘少奇、陈云、陆定一、王稼祥、杨尚昆、胡乔木、吴冷西开会，讨论胡乔木起草的《全世界无产者团结起来》的初稿。毛泽东说：文章的题目可以考虑用《再论无产阶级专政的历史经验》，和4月写的文章相衔接，表示我们在苏共二十大后写的文章的连续性，而且用这个题目理论性更强一点。这篇文章形式上面向国内，实际上面向世界。

接着，毛泽东提出文章的要点：一是要讲世界革命的基本规律、共同道路。要遵循十月革命的基本规律，然后讲各国革命的具体道路，马列主义的基本原理要和各国具体实际相结合。二是讲清什么是斯大林主义，为什么把共产党分为斯大林分子和非斯大林分子是错误的。所谓非斯大林主义化就是非马克思主义化，就是搞修正主义。三是讲清沙文主义。大国有沙文主义，小国也有沙文主义。要提倡国际主义，反对民族主义。四是先要分清敌我，然后在自己内部分清是非。要指出敌我矛盾和人民内部矛盾是两种性质根本不同的矛盾，要采取不同的方针、不同的办法，解决不同性质的矛盾。五是既要反对教条主义，也要反对修正主义。六是文章从团结讲起，最后也落脚到

① 《毛泽东年谱（1949～1976）》第3卷，第39页。

团结。①

12 月 9 日，刘少奇会见巴西、巴拉圭、哥斯达黎加、玻利维亚四国共产党代表，在谈到革命道路问题时说："现在世界共产主义运动中有这样一个问题，在走向社会主义时各有各的道路，各国自己创造道路。有这样一个口号：'各国走自己的社会主义道路'，这句话有一定的道理。但除了自己的道路以外，各国有一个共同的道路。有人讲可以不走十月革命的道路，这话不对。"②

刘少奇先后于 12 月 19 日、20 日、23 日、25 日、26 日出席毛泽东主持的中共中央政治局扩大会议，讨论《再论无产阶级专政的历史经验》（以下简称《再论》）一文。经反复讨论修改，由第一稿到第八稿。12 月 27 日，刘少奇、陈云、邓小平、张闻天、陆定一、康生、王稼祥、胡乔木、吴冷西、田家英共同对第八稿进行讨论，最后由胡乔木、吴冷西、田家英根据讨论的意见作最后一次修改。毛泽东阅后决定 28 日晚上广播，29 日《人民日报》发表。③

《再论》一文，于 29 日以《人民日报》编辑部名义发表。

《再论》开宗明义提出本文要回答的问题，指出："在一九五六年四月间，我们曾经就斯大林问题讨论过无产阶级专政的历史经验。从那个时候以来，在国际共产主义运动中，继续发生了一系列引起我国人民关切的事件，铁托同志在十一月十一日的演说和各国共产党对于这篇演说的评论，在我国报纸发表以后，再一次使人们提出了许多需要加以答复的问题。我们这篇文章将着重地讨论以下一些问题，就是：第一，关于苏联的革命和建设的基本道路的估计；第二，关于斯大林的功过的估计；第三，关于对教条主义和修正主义；第四，关于各国无产阶级的国际团结。"

接着，《再论》指出，在观察现代国际问题的时候，必须首先从

---

① 《毛泽东年谱（1949～1976）》第 3 卷，第 40～41 页。

② 刘崇文、陈绍畴主编《刘少奇年谱（1898～1969）》下卷，第 380～381 页。

③ 《毛泽东年谱（1949～1976）》第 3 卷，第 56～57 页。

这样一个最基本的事实出发，就是帝国主义侵略集团同全世界人民力量之间的对立。帝国主义从来就反对各国人民的解放和一切被压迫民族的独立、从来就把最坚决地代表人民利益的共产主义运动看作眼中钉。在一系列的社会主义国家成立以后，它对于社会主义阵营所进行的明目张胆的破坏活动，更成为世界政治中异常显著的现象。据此，文章对匈牙利事件作了如下表述："帝国主义在一九五六年十月的匈牙利事件中的活动，是帝国主义在侵朝战争以后对于社会主义阵营一次最严重的进攻。正如匈牙利社会主义工人党临时中央委员会的决议所说，匈牙利事件是由内部和外部的几方面原因造成的，任何片面的解释都是不正确的，在这些原因中，国际帝国主义'起了主要的决定性的作用'。"

基于对匈牙利事件性质的判断，《再论》指出：在我们面前有两种性质不同的矛盾。第一种是敌我之间的矛盾。它表现在帝国主义阵营同社会主义阵营之间，帝国主义同全世界人民和被压迫民族之间，帝国主义国家的资产阶级同无产阶级之间，等等，这是根本的矛盾，它的基础是敌对阶级之间的利害冲突。第二种是人民内部的矛盾。即在这一部分人民和那一部分人民之间，共产党内这一部分同志和那一部分同志之间，社会主义国家的政府和人民之间，社会主义国家相互之间，共产党和共产党之间，等等。这是非根本的矛盾，它的发生不是由于阶级利害的根本冲突，而是由于正确意见和错误意见的矛盾，或者由于局部性质的利害矛盾。人民内部矛盾的解决，首先必须服从于对敌斗争的总的利益，并应该从团结的愿望出发，经过批评或者斗争获得解决，从而在新的条件下达到新的团结。同时，文章指出："实际生活的情况是复杂的，有时为了对付主要的共同的敌人，利害根本冲突的阶级也可以联合起来。反之，在特定情况下，人民内部的某种矛盾，由于矛盾的一方逐步转到敌人方面，也可以逐步转化为对抗性的矛盾。到了最后，这种矛盾也就完全变质，不再属于人民内部矛盾的范围，而成为敌我矛盾的一部分了。"具体到匈牙利事件来说，最初为纠正拉科西等前领导人的错误进行的斗争，所要解决的矛盾是人民内部的矛盾。但由于采取了错误的斗争方式，逐步演变成对抗，使矛盾性质最后也转化了。

《再论》强调："一个人只要站在人民的立场上，就决不应该把人民内部的矛盾同敌我之间的矛盾等量齐观，或者互相混淆，更不应该把人民内部的矛盾放在敌我矛盾之上。否认阶级斗争、不分敌我的人，决不是共产主义者，决不是马克思列宁主义者。"不解决这个根本立场问题，"我们必然会迷失方向，就不可能对于国际现象作出正确的解释"。

《再论》认为：正确地估计苏联的革命和建设的基本道路，是马克思列宁主义者必须正确回答的重要问题之一。苏联在革命胜利以后的三十九年中获得了巨大成就，是不可争辩的事实。关于苏联革命和建设的经验，就它们的国际意义来说，有几种不同的情况。在苏联的成功经验中，一部分具有基本的性质，在人类历史的现阶段具有普遍意义。这是苏联经验中的首要的和基本的方面。另一部分不具有这种普遍意义。此外，苏联还有一些错误的、失败的经验。

什么是苏联革命和建设的基本经验呢？《再论》概括了五条：（1）无产阶级的先进分子组织成为共产主义的政党；（2）无产阶级在共产党领导下，联合劳动人民，经过革命斗争从资产阶级手里夺取政权；（3）在革命胜利以后，无产阶级在共产党领导下，以工农联盟为基础，联合广大人民群众，建立无产阶级对地主、资产阶级的专政，镇压反革命分子的反抗，实现工业的国有化，逐步实现农业的集体化，从而消灭剥削制度和对于生产资料的私有制度，消灭阶级；（4）有计划地发展社会主义经济和社会主义文化，并且积极准备条件，为过渡到共产主义社会而奋斗；（5）坚持反对帝国主义，坚持无产阶级国际主义。

《再论》强调：我们所说的十月革命的道路，就是指的这些基本的东西，这"都是放之四海而皆准的马克思列宁主义的普遍真理"。

每个国家的革命和建设的过程，除了有共同的方面，还有不同的方面。但是从基本原理上说来，"十月革命的道路却是反映了人类社会发展长途中的一个特定阶段内关于革命和建设工作的普遍规律。这不但是苏联无产阶级的康庄大道，而且是各国无产阶级为了取得胜利都必须走的共同的康庄大道"。保卫十月革命所开辟的这一条马克思列宁主义的道路，在目前的国际形势下具有特别重大的意义。帝国主义者声言要"改变共产主义世界的性质"，他们所要改变的正是这条革命道路。几十年来，一切修正主义者对马克思列宁主义所提出的修正意见，所传播的右倾机会主义思想，也正是想避开无产阶级解放的这条必由之路。一切共产主义者的任务，就是团结无产阶级，团结人民群众，坚决地击退帝国主义者对于社会主义世界的猖狂进攻，坚决地沿着十月革命所开辟的道路前进。

关于斯大林问题，《再论》重申了《关于无产阶级专政的历史经验》的分析："斯大林所以赢得苏联人民的拥护，在历史上起了重要的作用，首先就是因为他和苏联共产党的其他领导人一起维护了列宁的关于苏维埃国家工业化和农业集体化的路线。苏联共产党实行了这条路线，使社会主义制度在苏联取得胜利，并且造成了苏联在反希特勒的战争中取得胜利的条件，而苏联人民的这一切胜利是同全世界工人阶级和一切进步人类的利益相一致的。因此，斯大林这个名字也就很自然地同时在世界上享有很高的荣誉。但是斯大林在苏联的内外政策方面都犯了一些严重的错误。"

针对铁托关于斯大林的问题不单纯是个人崇拜问题，而"是一种制度的产物"的说法，《再论》评论说："斯大林的错误，是不是由于苏联的社会主义经济制度和社会主义政治制度已经过时，而不能再适应苏联发展的需要了呢？当然不是如此。苏联这个社会主义社会还是年轻的，它所走过的时间还不到四十年。苏联经济迅速发展的事实证明，苏联的经济制度基本上是适合于生产力的发展的，苏联的政治制度也是基本上适合于经济基础的需要的。斯大林的错误并不是由社会主义制度而来；为了纠正这些错误，当然不需要去'纠正'社会主义制度。""有些人想用社会主义的国家政权对于经济事业的管理来解释斯大林的错误，认为政府管理了经济事业就必然成为妨碍社会主义力量发展的'官僚主义机构'，这也无法令人信服。谁也不能否认，苏联经济的巨大高涨正是劳动人民的国家政权有计划地管理经济事业的结果，而斯大林所犯的主要错误，却很少同管理经济的国家机关的缺点有关。"①

《再论》最后强调指出："斯大林的错误的一个严重后果是教条主义的发展。各国共产党的队伍在批判斯大林的错误的同时，展开了克服教条主义的斗争。这个斗争是完全必要的。但是一部分共产主义者由于对斯大林采取了否定一切的态度，由于提出了反对'斯大林主义'的错误口号，因而帮助了对于马克思列宁主义的修正主义思潮的发展。这种修正主义的思潮无疑是有利于帝国主义对于共产主义运动的进攻的，而事实上，帝国主义也正在积极地利用这种思潮。我们在坚决反对教条主义的时候，必须同时坚决反对修正主义。"

《再论》的发表，在当时维护了苏联的历史地位、维护了赫鲁晓夫的地位，更维护了社会主义阵营和整个国际共产主义运动的团结，起到了无可替代的积极作用。据刘晓回忆，赫鲁晓夫在除夕宴会上，把刘晓请上了主席台，一再对刘说：《再论》一文写得很有水平，他同意中方的看法，并请刘将他的意见转告中共中央。席间，苏联《真理报》总主编萨丘科夫告诉刘晓，有一些相当有水平的苏共中央报告员表示，《再论》是创造性地运用马列主义解决国际共运中问题的典范，我们不能不对中国同志表示感激。② 在1956年国际局势复杂多变的当时，中国共产党能应付裕如，起到了中流砥柱的作用，确实又是不易的，因而极大地提高了中国共产党和毛泽东在国际共运中

---

① 《社会主义教育课程的阅读文件汇编》第1编（上），人民出版社，1957，第398页。
② 刘晓：《出使苏联八年》，第22页。

的地位。

然而，对苏共二十以后，毛泽东提出"以苏为鉴"到中共八大确定的一系列新方针、新政策，起步探索中国自己的社会主义道路来说，《再论》把"实现工业的国有化，逐步实现农业的集体化，从而消灭剥削制度和对于生产资料的私有制度，消灭阶级"认定是"人类社会发展长途中的一个特定阶段内关于革命和建设工作的普遍规律。这不但是苏联无产阶级的康庄大道，而且是各国无产阶级为了取得胜利都必须走的共同的康庄大道"。也就是说，各国搞社会主义，都必须遵循这条道路，否则就是背叛马克思列宁主义的修正主义。这就不可避免地使中共八大这一良好探索的起步步入尴尬境地。

结　语

　　站在 21 纪的时代高度，回顾刘少奇在新中国成立之初的岁月，可以看到一代伟人在为中国的独立富强探索新路的艰辛历程，既可看到老一辈革命家的智慧，做出的努力和贡献，也可以看到难以超越的历史局限。

　　历史表明，从 1949 年中共七届二中全会决议、制定《共同纲领》、实行土地改革到推进农业互助合作、实行对资本主义工商业的社会主义改造，刘少奇和毛泽东是紧密配合，协力共进的。在社会主义改造基本完成，开始全面社会主义建设的时刻，刘少奇和毛泽东为中国自己道路共同进行的探索，在 1956 年召开的中共八大，也已结出了初步的丰硕成果。但是，不可否认，在实施由建设新民主主义到向社会主义过渡的总战略，以及如何吸取波兰、匈牙利事件的教训等方面，刘少奇和毛泽东也曾有过不同的思路。

　　关于新民主主义建设，基本纲领应该是 1949 年 3 月由毛泽东主持的中共七届二中全会的决议。但在具体落实建设新民主主义诸方面的政策上，刘少奇提出了自己的思路和主张，即正确区分资本主义剥削和封建主义剥削的不同，在新民主主义中国，资本主义剥削的存在、发展对中国社会的发展有功劳，而不是有罪过；保护富农经济是一项长期的政策，在整个新民主主义阶段中，都是要保护富农经济的；党现在是为巩固新民主主义制度而斗争，将来要为转变到社会主义而斗争；旗帜鲜明地批判了党内的农业社会主义思想；等等。应该说，这既符合毛泽东的新民主主义理论，更是中共七届二中全会决议的题中应有之义。

但在1952年秋，毛泽东提出不是十年、十五年以后再向社会主义过渡，而是从现在开始向社会主义过渡的设想以后，刘少奇不仅赞同毛泽东的意见，而且从1954年2月纪念列宁逝世30周年的讲话到1955年中央召开的对资本主义工商业改造会议上的讲话，多次从马克思列宁主义理论上作了阐述。

1956年苏共二十大以后，刘少奇和毛泽东等一起在吸取苏联和东欧社会主义各国经验教训的基础上，探索中国自己的社会主义建设道路，中共八大集中央领导的集体智慧，提出在生产资料所有制关系上，应该是以公有制为主体，允许个体经营作补充，以至可以消灭资本主义，又搞资本主义；经济管理体制方面，在整个社会的主要产品以计划生产为主的前提下，允许与人民日常生活多种需要有关的产品生产，由工厂企业根据市场需求自行决定，作为整个计划生产的补充；市场运作，以国家的统一市场为主，允许在国家市场领导下的一定范围的自由市场作补充；以及扩大民主，加强法制，活跃思想文化等方面的方针政策等。可以认为，当年苏联和东欧各国都试图在原有制度下进行改革时，中国共产党迈出的步伐是更为清晰和踏实的。

对1956年秋发生的波兰、匈牙利事件，刘少奇和毛泽东的共同认识是，苏联的大国沙文主义和社会主义建设照搬苏联优先发展重工业的模式，导致波匈人民对党和政府不满；但关于匈牙利人民由游行示威发展到武装对抗的深层原因，刘少奇认为主要是匈牙利共产党领导的错误引发的，因此他提出：

为了把我们的工作做好，要特别注意一个问题，就是我们党的以及我们国家的领导机关和各级领导人员，无论如何也不要脱离工农群众。这是一个根本问题。

为了防止在我们的国家里面产生一种站在人民头上的特殊阶层，首先要在人民和干部中间进行教育，要批判特权思想、站在人民头上的思想、社会沙文主义的思想、主观主义和命令主义的思想、官僚主义的思想；其次……在人民中间引起不好影响的也应取消。

他还设想，"资本主义国家的有些制度，例如退休制度等，我们也可以参考"。[①]

值得注意的是，刘少奇在这里特别提到了要从制度建设上来防止领导脱离群众，即"加强人民群众对领导机关的监督，订出一种群众监督的制度，使我们的领导机关和领导人员接近人民群众；同时国家领导人的权力应有一定的限制；国家领导人员的生活水平应该接近人民的生活水平，不要过分悬殊，一些特殊的待遇应该取消；此外还有警卫制度等"。

毛泽东虽然也曾指出引发波兰、匈牙利人民对党和政府不满的重要原因，是照抄苏联优先发展重工业，忽视农业和轻工业的发展，导致人民生活没有改善，但认为匈牙利人民由游行示威发展到武装对抗，是匈牙利共产党执政后阶级斗争搞得不彻底的结果。他的结论是：东欧一些国家的基本问题是阶级斗争没有搞好，那么多反革命没有被搞掉，没有在阶级斗争中，分清敌我，分清是非，分清唯心论和唯物论。现在呢，自食其果，烧到自己头上来了。

毛泽东、刘少奇和中共中央政治局成员共同讨论定稿的《再论无产阶级专政的历史经验》，针对南斯拉夫总统铁托关于斯大林的错误"是一种制度的产物"的观点，强调指出："斯大林的错误的发

[①] 金冲及主编《刘少奇传（1898～1969）》（下），第807～809页。

生，是不是由于苏联的社会主义经济制度和社会主义政治制度已经过时，而不能再适应苏联发展的需要了呢？当然不是如此。苏联这个社会主义社会还是年轻的，它所走过的时间还不到四十年。苏联经济迅速发展的事实证明，苏联的经济制度是适合于生产力的发展的，苏联的政治制度也是基本上适合于经济基础的需要的。斯大林的错误并不是由社会主义制度而来；为了纠正这些错误，当然不需要去'纠正'社会主义制度。"

进而，《再论》认定，苏联走过的道路"都是放之四海而皆准的马克思列宁主义的普遍真理"。每个国家的革命和建设的过程，除了有共同的方面，还有不同的方面。但是从基本原理来说，"十月革命的道路却是反映了人类社会发展长途中的一个特定阶段内关于革命和建设工作的普遍规律。这不但是苏联无产阶级的康庄大道，而且是各国无产阶级为了取得胜利都必须走的共同的康庄大道"。

据此，《再论》提出在坚决反对教条主义的同时，也要坚决反对修正主义。

鉴于上述共识，刘少奇和毛泽东就把自己的思想和在中国的实践，重新拉回苏联模式的框框里，使中共八大探索自己道路的起步很快发生逆转。

龚育之在《中国共产党的七十年》一书中，对1956～1966年这"社会主义建设在探索中曲折发展"的十年，提出"党的指导思想的两个发展趋向"的重要论断。他将两个发展趋向概述为："一个发展趋向是正确的和比较正确的趋向……另一个发展趋向是错误的趋向。……这十年探索中，正确的发展趋向和错误的发展趋向并不是截然分开的，许多时候都是相互渗透和交织的，不但共存于全党的共同探索中，而且往往共存于同一个人的认识发展过程中。"[1] 1995～1998年，龚育之在主持编写1949～1978年的中共党史书稿期间，对

---

[1] 胡绳主编《中国共产党的七十年》，中共党史出版社，1991，第534～535页。

1949～1956 年的历史发展，也曾说过，其实这七年党的指导思想就存在"两个发展趋向"。

通过前面的概述，我们可以清晰地看到这七年，一个趋向是，先建设新民主主义再向社会主义过渡；社会主义建设要以苏为鉴，走中国自己的路；要接受波匈事件，尤其是匈牙利事件的教训，"要加强人民群众对领导机关的监督，订出一种群众监督的制度"，对"国家领导人的权力应有一定的限制"等。

另一个趋向是不经过十年或十五年的新民主主义阶段，而直接向社会主义过渡；强调苏联的道路是人类社会发展的普遍规律，是各国无产阶级为了取得胜利都必须走的共同的康庄大道；斯大林的错误并不是由社会主义制度而来，为了纠正这些错误，当然不需要去"纠正"社会主义制度。

值得指出的是，上述两个不同发展趋向，并非简单地是刘少奇和毛泽东两人不同思考的反映，而往往同时反映在他们同一人的先后思考与选择中。而最终统一于从现在开始向社会主义过渡，并坚持认定苏联的道路是人类社会发展的普遍规律，是各国无产阶级为了取得胜利都必须走的共同的康庄大道，则源于包括毛泽东、刘少奇、周恩来等一代共产党人关于什么是社会主义的共识。

什么是社会主义？

1953 年 9 月 8 日，周恩来在一届政协全国委员会第四十九次常委扩大会议上作过渡时期总路线的报告，其中说道："什么叫做社会主义？社会主义最基本的就是完成了社会主义改造，就是取消了生产资料的私人资本主义所有制，归国家所有了，就是农业、手工业集体化了。"① 换句话说，社会主义，主要是消灭生产资料私有制，实行生产资料的公有制（国家所有制和农民的集体所有制）。

毛泽东在讲过渡时期总路线时，有过类似的话。1953 年 6 月 15

---

① 《周恩来选集》下卷，第 105 页。

日，毛泽东在中共中央政治局扩大会议上关于过渡时期总路线的讲话中，就说到十年到十五年资本主义绝种。同年 10 月 15 日，他在同中央农村工作部负责人谈话中说："总路线也可以说就是解决所有制的问题。"11 月 4 日的谈话中毛泽东又说："总路线就是逐步改变生产关系。斯大林说，生产关系的基础就是所有制。"①

刘少奇更明确指出，社会主义就是消灭私有制，这是马克思列宁主义的基本点。1954 年 1 月 20 日，他在纪念列宁逝世 30 周年大会上的讲话中说：列宁的过渡时期学说教导我们，"建设社会主义就是要最后消灭一切形式的生产资料的私有制度，要使生产资料的公有制度成为全社会的唯一基础"。②

这种对社会主义的认知，在中国共产党第一代领导人中，可以说从最初接受马克思主义时起就已形成，并下定要为在中国实现而奋斗终生的决心。20 世纪 30 年代中期，斯大林宣布在苏联建立了社会主义，更使中国共产党人有了具体的榜样。

从这个基本的理论认识出发，既然搞新民主主义的目标就是为实现社会主义创造条件，而毛泽东认为，到 1953 年，我们已经找到了向社会主义过渡的具体道路，那么，包括刘少奇在内的其他中央领导人也赞同从现在起就开始向社会主义过渡，就没有什么奇怪的了。

1955 年，批判邓子恢在农业合作化问题上的"右倾"，即所谓"小脚女人"走路，引发农业合作化运动的急速发展，为回答人们思想深处的疑虑，刘少奇在 11 月中共中央召开的有各省、市、自治区党委代表参加的关于资本主义工商业社会主义改造问题会议上，更作有坚定明确的说明：

> 要建成社会主义社会，就要改变资本主义所有制和个体所有

---

① 《毛泽东文集》第 6 卷，第 301、305 页。
② 《新华月报》1954 年 2 月号，第 12 页。

制，建立全民所有制和集体所有制。只要我们抓紧了这一点，在这一点上不动摇，那末，我们就基本上没有违背马列主义，就不会犯重大错误。至于用什么方法，采取什么形式，用多少时间来改变这两种所有制，特别是废除资本主义所有制，这是可以根据各国的客观条件来决定的。①

在这里，社会主义是目标，建立生产资料公有制被认为是社会主义的本质，是最根本的，第一位的；"至于用什么方法，采取什么形式，用多少时间"，则处于从属的地位，是服从和服务于前者的需要的，因而是次要的、第二位的。这即是当年的理论和政治的逻辑。

应该说，1953 年斯大林逝世和 1956 年苏共二十大对斯大林错误的揭露，为中国共产党人从这种思维模式中解放出来提供了契机。1955 年底到 1956 年春，刘少奇、毛泽东先后进行调查研究，毛泽东《论十大关系》的报告，中共八大刘少奇的政治报告，邓小平的修改党章报告，周恩来关于第二个五年计划建议的报告，陈云等在八大的发言，刘少奇等在中共八届二中全会上的讲话，年底毛泽东、刘少奇关于可以允许资本家重新开办工厂企业的谈话等，也确有突破传统社会主义理论框框的气势。问题在于，苏共二十大以后，尽管提出了"以苏为鉴"的问题，但在当时的历史条件下，人们对斯大林建立的苏联社会主义模式并未从根本上产生怀疑。因而，中共八大虽然在吸取苏联教训的基础上，对具体的经济政策作出了很多灵活的规定，但八大所追求的社会主义目标模式，依旧是生产资料的单一公有制。这一点，刘少奇在八大政治报告中对党在今后任务的论述是说得非常明白的。他说：

"改变生产资料私有制为社会主义公有制这个极其复杂和困难的历史任务，现在在我国已经基本上完成了。我国社会主义和资本主义

---

① 《刘少奇选集》下卷，第 177 页。

谁战胜谁的问题，现在已经解决了。

"这不是说，我们在社会主义改造方面的任务已经全部完成。在我们的面前还摆着许多迫切的重大的问题。什么是我们今后的任务呢？

"在农业合作化方面，我们需要按照自愿和互利的政策，争取还没有加入合作社的少数农户入社，并且领导那些初级合作社转为高级合作社。……

"资本主义工商业的改造，目前还只达到全行业公私合营的阶段。我们必须准备在将来的适当时机，把这些企业变为完全社会主义的国营企业。

"只有在完成以上所说的各方面的任务以后，我们才彻底地解决了我国的社会主义改造问题。"①

中共八大通过的中国共产党章程总纲中规定："现在，我国的社会主义改造在各方面都已经取得了决定性的胜利。中国共产党的任务，是继续采取正确的方法，把资本家所有制的残余部分改变为全民所有制，把个体劳动者所有制的残余部分改变为劳动群众集体所有制，彻底消灭剥削制度，并且杜绝产生剥削制度的根源。在建成社会主义社会的过程中，应当逐步实现'各尽所能，按劳取酬'的原则；对于一切原来的剥削分子，应当通过和平的道路，把他们改造成为自食其力的劳动者。党必须继续注意从经济方面、政治方面和思想方面克服资本主义的因素和影响，同时必须坚决努力，动员和团结一切可能动员和团结的积极力量，以争取伟大的社会主义的完全胜利。"②

这就清楚地表明，消灭仍然存在的私有制残余，使资本主义绝种，小生产也绝种，以铲除产生资本主义的基础，使生产资料公有制成为中国社会唯一的经济基础，仍被认为是不可动摇的现实社会主义

---

① 《刘少奇选集》下卷，第218～221页。
② 《中国共产党第八次全国代表大会文献》，第822页。

目标。

可见，《再论无产阶级专政的历史经验》确认，苏联走过的道路"都是放之四海而皆准的马克思列宁主义的普遍真理"，"反映了人类社会发展长途中的一个特定阶段内关于革命和建设工作的普遍规律"，"是各国无产阶级为了取得胜利都必须走的共同的康庄大道"。从而，把社会主义就是要实现单一公有制和计划经济的经济制度，提到神圣不可侵犯的高度，强调这是区别马克思主义和修正主义的试金石、分水岭，就毫不足怪了。

这样，当中共八大规定的那些允许个体经营和私人经营、市场调节等灵活政策一旦付诸实践，就出现不可克服的矛盾，被看成一种"资本主义逆流"，从而不可避免地将这些正确政策停止执行而束之高阁，继续推行改造一切私有制残余的政策，并由改造私有制残余发展到割除资本主义尾巴，终于失去了适时地向符合中国实际的社会主义模式进行转换的机会。

作为第一代领导集体重要成员的邓小平，正是在深刻反思和总结历史经验的基础上，在 1982 年中共十二大开幕词中说："我们的现代化建设，必须从中国的实际出发。无论是革命还是建设，都要注意学习和借鉴外国经验。但是，照抄照搬别国经验、别国模式，从来不能得到成功。这方面我们有过不少教训。把马克思主义的普遍真理同我国的具体实际结合起来，走自己的道路，建设有中国特色的社会主义，这就是我们总结长期历史经验得出的基本结论。"①

历史的发展尽管历经曲折，然而，当我们从中国共产党把马克思主义中国化，走中国革命和建设自己道路的历史长河来看，不难看出，刘少奇关于正确认识和对待资本主义，以及有关社会主义制度建设的思想观点的深意，这正是研究刘少奇与探索新中国之路的意义所在。

———————————

① 《邓小平文选》第 3 卷，人民出版社，1993，第 3 ~ 4 页。

在全书的末尾，回顾新中国头七年在探索自己建设道路中曾存在两个发展趋向，绝非是要苛求前人。因为，任何伟大的历史人物，终究是在一定的历史条件下进行活动的，人们的认识也就不能不受到这一定历史条件的制约。诚如列宁说过的："判断历史的功绩，不是根据历史活动家没有提供现代所要求的东西，而是根据他们比他们的前辈提供了新的东西。"① 我们在充分肯定革命前辈历史功绩的同时，对前辈所受的历史局限的探究，只是为了更全面地继承前辈为我们提供的历史经验，使后人比前人站得更高，看得更远，把前辈终生为之奋斗的事业更好地继续推向前进。这就是笔者为纪念刘少奇诞辰 120周年，回顾刘少奇与探索新中国之路的初衷！

---

① 《列宁全集》第 2 卷，人民出版社，1984，第 154 页。

图书在版编目（CIP）数据

刘少奇与探索新中国之路：1949—1956 / 林蕴晖著
. -- 北京：社会科学文献出版社，2019.7（2025.3 重印）
ISBN 978 - 7 - 5201 - 4410 - 0

Ⅰ.①刘…　Ⅱ.①林…　Ⅲ.①刘少奇（1898 - 1969）
 - 社会主义建设 - 思想评论　Ⅳ.①D610

中国版本图书馆 CIP 数据核字（2019）第 037145 号

刘少奇与探索新中国之路（1949～1956）

著　　者 / 林蕴晖

出 版 人 / 冀祥德
责任编辑 / 邵璐璐
文稿编辑 / 肖世伟
责任印制 / 王京美

出　　版 / 社会科学文献出版社·历史学分社（010）59367256
　　　　　　地址：北京市北三环中路甲 29 号院华龙大厦　邮编：100029
　　　　　　网址：www. ssap. com. cn
发　　行 / 社会科学文献出版社（010）59367028
印　　装 / 三河市龙林印务有限公司

规　　格 / 开　本：787mm × 1092mm　1/16
　　　　　　印　张：22.5　字　数：311 千字
版　　次 / 2019 年 7 月第 1 版　2025 年 3 月第 2 次印刷
书　　号 / ISBN 978 - 7 - 5201 - 4410 - 0
定　　价 / 79.00 元

读者服务电话：4008918866

▲ 版权所有 翻印必究